150 petites expériences de psychologie

pour mieux comprendre nos semblables

150 petites expériences de psychologie

pour mieux comprendre nos semblables

Serge Ciccotti

DUNOD

Illustration de couverture :

Laurent Audouin

ISBN 2 10 048458 3

À Nina,
à Louenn

Table des matières

Avant-propos 1

Chapitre 1
Perception, attention, mémoire et intelligence 5

1 Êtes-vous plus intelligent que vos parents ?
L'effet Flynn 9

2 Avez-vous grandi de quelques centimètres le jour où vous avez eu votre bac ?
L'accentuation sociale 11

3 Pourquoi vaut-il mieux que votre meilleure copine soit laide ?
L'effet de contraste 13

4 Qui sont ces personnes capables de voir de nuit la flamme d'une bougie à 48 kilomètres ?
Les seuils absolus 17

5 Pourquoi trouvez-vous votre robe plus transparente lorsque vous mourez de soif ?
L'impact du besoin sur la perception 18

6 Sommes-nous tous mythomanes ?
Les faux souvenirs 22

7 Pourquoi papa fait-il « moui, moui » quand il lit son journal ?
L'effet Cocktail Party 26

8 Pourquoi y a-t-il un sac-poubelle sur les panneaux récemment implantés ?
La cécité aux changements et la cécité attentionnelle 31

9 Pourquoi les escaliers sont-ils subitement plus raides quand vous portez vos courses ?
L'influence de l'action sur la perception 35

10 Est-ce si facile que cela de se souvenir du sens de rotation des objets ?
Mémoire et sens de rotation 36

11 Pourquoi utilisez-vous parfois le sel à la place du sucre ?
L'esprit passif 39

12 Qu'est-ce qui vous aide à vous souvenir d'un mot que vous avez sur le bout de la langue ?
Le mot sur le bout de la langue 42

13 Pourquoi les radiologues ont-ils arrêté de fumer ?
L'information « vivante » 44

14 Pourquoi parlons-nous avec les mains ?
Le lien entre les gestes et la pensée 46

15 Pourquoi est-ce que tout ça, vous le saviez déjà ?
Le biais de connaissance après les faits 49

Chapitre 2
Jugements, attributions et explications 55

16 Pourquoi tous les feux sont-ils rouges lorsque vous êtes pressé ?
Les corrélations illusoires 59

17 Pourquoi trouvez-vous la poupée Barbie si belle ?
Attraction physique et théorie de l'évolution . . . 68

18 Pourquoi restez-vous plus détendu si le dentiste vous donne la possibilité d'arrêter sa « roulette », même si vous ne le faites pas ?
L'illusion de contrôle 70

19 Pourquoi vos amis ne suivent-ils pas vos conseils et préfèrent-ils persister dans l'erreur ?
La confirmation des hypothèses 74

20 Pourquoi tout ce que vous prédisez se réalise-t-il aussi souvent ?
Les prophéties qui s'autoréalisent 78

21 Pourquoi pensons-nous que si une femme se fait violer, c'est que, « quelque part », elle a dû le chercher ?
L'erreur fondamentale 83

22 Pourquoi sommes-nous plus généreux avant d'aller voir le chirurgien ?
La croyance dans la justice du monde 87

23 Comment les magazines populaires s'y prennent-ils pour fabriquer des tests de personnalité qui reflètent aussi bien ce que nous sommes ?
L'effet Barnum 91

24 Faut-il croire les personnes qui disent ne pas aimer les homosexuels ?
Homophobie et excitation sexuelle 96

25 Pourquoi votre sœur préfère-t-elle sa petite bicoque à votre belle et grande demeure ?
L'effet LAP et l'effet de dotation 99

26 Pourquoi devez-vous rire à gorge déployée ?
L'attrait pour différents types de rires 102

27 Pourquoi est-ce que c'était mieux avant ?
L'effet de simple exposition 104

28 Confieriez-vous davantage votre portefeuille à votre sosie qu'à une autre personne ?
Confiance et similarité 106

29 Un « ordinateur flatteur » peut-il vous émouvoir ?
L'effet de la flatterie informatique sur le jugement 109

Chapitre 3

Gestion de l'image de soi 113

30 Pourquoi est-ce de la faute du professeur si vous ratez votre examen ?
Le biais d'autocomplaisance 115

31 Quel est le nombre de mensonges que vous commettez en dix minutes ?
Mensonges et présentation de soi 119

32 Les actrices et acteurs qui reçoivent un César sont-ils sincères quand ils disent que, sans les autres, ils n'y seraient jamais arrivés ?
La présentation stratégique de soi 121

33 Pourquoi préfère-t-on se comparer au clochard du coin plutôt qu'au président de la République ?
La comparaison sociale 130

34 Vous avez une poignée de main molle comme un paquet de saucisses, cela peut-il nuire à votre image ?
Poignée de main et formation d'impression 136

35 Pourquoi certaines personnes pensent-elles que vous aimez le civet de lapin au chocolat ?
Les biais de fausse unicité et de faux consensus 139

Chapitre 4
Influence des schémas (stéréotypes, heuristiques) sur les jugements et les comportements 143

36 Pourquoi tous les gitans jouent-ils de la guitare ?
L'influence des stéréotypes sur les jugements ... 145

37 Pourquoi les femmes doivent-elles éviter de pratiquer l'humour ?
Humour et stéréotypes 151

38 Pourquoi regardez-vous sous votre lit après avoir vu *L'Exorciste* ?
Les heuristiques de jugement 153

39 Pourquoi trouvez-vous que tous les Chinois ont la même tête ?
L'impact des préjugés raciaux sur « l'effet de race » 160

40 Pourquoi votre grand-père ne veut-il pas vous laisser jouer avec Rachid ?
La difficulté d'inhibition chez les personnes âgées 162

41 Avoir une vision négative de la vieillesse peut-il raccourcir l'espérance de vie ?
L'influence des stéréotypes sur nos comportements 164

42 Pourquoi est-il si difficile de chasser une idée de notre tête ?
Les effets rebonds 169

43 Faut-il croire les gens quand ils disent ne pas faire de discrimination entre les handicapés et les autres ?
Le poids des préjugés 174

44 Pourquoi le rap est-il déconseillé aux racistes ?
Les conséquences interraciales de la musique ... 177

Chapitre 5

Influences sociales, pouvoirs et manipulation 181

45 Comment faire pour obtenir de gros pourboires ?
Norme de réciprocité et carré de chocolat 185

46 Pourquoi vaut-il mieux éviter de faire ses courses en survêtement ?
L'impact de l'attraction du client sur le comportement des vendeurs 188

47 Comment faire pour que votre enfant avale ses brocolis, sans que vous soyez obligé de le punir par des chocs électriques d'intensité croissante ?
Pouvoir et obéissance 190

48 Pourquoi sont-ce toujours les mêmes qui ne fichent rien ?
La différenciation des rôles sociaux 199

49 Pourquoi trouverez-vous que les sauterelles ont meilleur goût si le cuisinier est exécrable ?
La dissonance cognitive 204

50 Bien que vous soyez inflexible, pourriez-vous résister à la pression de 50 000 personnes ?
L'impact du bruit de la foule sur les décisions des arbitres 209

51 Pourquoi suivons-nous l'avis du public dans les jeux télévisés ?
Le conformisme 211

52 Est-il possible de convaincre vos amis, lorsqu'ils pensent tout le contraire de ce que vous pensez ?
L'influence minoritaire 216

53 Pourquoi ça va moins vite à deux ?
La paresse sociale 218

54 Pourquoi devez-vous travailler tout seul
si vous êtes nul ?
La facilitation sociale 221

55 Pourquoi ne faut-il pas accepter de se faire
toucher ?
Contacts physiques et comportement d'achat ... 226

56 Pourquoi votre ami rit-il de la même façon
que vous ?
L'effet caméléon 231

57 Pourquoi est-ce aussi difficile de sortir
dans la rue en chaussons ?
L'effet projecteur 235

58 Pourquoi devez-vous vous méfier
des demandes exagérées ?
La technique de la « porte au nez » 238

59 Pourquoi devez-vous éviter d'accepter de donner
l'heure dans la rue à une personne que
vous ne connaissez pas ?
La technique du « pied dans la porte » 241

60 Pourquoi personne ne bouge quand
une grand-mère se fait piquer son sac ?
Le comportement d'aide 245

61 Pourquoi nous marions-nous aussi rarement
avec nos amis d'enfance ?
L'effet Westermarck 250

62 Pourquoi, au restaurant, les dernières places
sont-elles les plus mauvaises ?
Le choix des places dans un lieu public 252

63 Lors d'un entretien, devez-vous soutenir votre regard ou baisser les yeux ?
L'impact du regard 254

Chapitre 6
Motivation, émotion et personnalité 257

64 Une personne ouverte et chaleureuse à 20 ans peut-elle devenir hostile et acariâtre à 40 ?
Le développement de la personnalité 259

65 Pourquoi ne faut-il pas regarder *Le père Noël est une ordure* avant d'aller travailler ?
L'effet de l'humeur sur l'activité 262

66 Pourquoi vaut-il mieux embrasser votre prétendant au sommet de la tour Eiffel que sur le Champ-de-Mars ?
L'attribution émotionnelle 265

67 Pourquoi vaut-il mieux ne jamais être payé pour faire ce que l'on aime ?
La motivation intrinsèque 268

68 Pourquoi les enfants aiment-ils jouer avec les allumettes ?
La réactance 271

69 Pourquoi bâillez-vous lorsque vous voyez quelqu'un bâiller ?
Bâillements et empathie 275

70 Pourquoi vous êtes-vous fait « braconner » votre conjoint ?
Style d'attachement et braconnage humain 280

71 Pourquoi trouvez-vous la soupe meilleure si vous mettez vos mains sous le plateau de la table et que vous le poussez vers le haut ?
Les effets d'incorporations 286

Chapitre 7
Quelques différences hommes/femmes... 293

72 Pourquoi dit-on que les filles sont des commères ?
Genres et médisances 295

73 Pourquoi est-ce aussi difficile d'être le copain du premier de la classe ?
Performance scolaire et comportement social . . . 298

74 Pourquoi les garçons sont-ils forts en science ?
L'attrait des matières scientifiques 301

75 Les filles sont-elles plus disciplinées que les garçons devant un pot de fleurs ?
Espace vert et autodiscipline 303

76 Les filles sont-elles vraiment plus souriantes que les garçons ?
Le sourire : différences hommes/femmes et formation d'impression 305

Conclusion générale 309

Index des auteurs 313

Index des notions 321

Avant-propos

Les progrès réalisés par la psychologie scientifique depuis plusieurs décennies ont apporté un éclairage nouveau sur la façon dont nous nous comportons dans notre vie quotidienne. Ce livre fait état de ces progrès, en présentant de nombreuses recherches et expériences, toujours passionnantes, parfois contre-intuitives, et issues d'une littérature scientifique récente. Que vous soyez étudiant, psychologue ou tout simplement un lecteur intéressé, cet ouvrage vous aidera à vous informer sur vous-même et sur autrui. Vous découvrirez les explications qui se cachent derrière certains comportements que vous avez peut-être déjà pu observer chez vos semblables.

Lors de cette lecture, vous serez surpris de voir que nous ne fonctionnons pas toujours de façon très rationnelle, c'est-à-dire comme le ferait un scientifique. Mais vous comprendrez au fur et à mesure que nos comportements ont leur rationalité propre, et qu'ils sont généralement dictés et motivés par des mobiles qui ne sont pas nécessairement observables de prime abord.

Certes, il ne s'agit que d'un aperçu très parcellaire de la somme des travaux effectués en psychologie. J'ai tenté d'apporter quelques éléments de réponse à des questions simples, en m'appuyant sur des expériences élaborées par des chercheurs souvent très inventifs.

Un point sur la méthode…

La psychologie intéresse et intrigue de nombreuses personnes, mais face à tout ce qui est présenté au public dans ce domaine, il est souvent difficile pour les novices de reconnaître ce qui est valide de ce qui ne l'est pas, difficile de séparer le bon grain de l'ivraie.

C'est la raison pour laquelle les différents éléments abordés dans cet ouvrage ne sont issus que de faits réellement établis et publiés dans des revues scientifiques avec comité de lecture indépendant. Et même si les conclusions de ces recherches sont parfois amusantes, voire résolument surprenantes, ces travaux font appel à une démarche sérieuse et répondent à des problématiques qui ne le sont pas moins.

La méthode scientifique est la seule qui garantisse une distinction entre le vrai et la croyance. Elle permet d'établir des relations authentiques entre les faits et ainsi de tester véritablement des hypothèses. De cette façon, nous pouvons distinguer si la cause que nous soupçonnons est bien responsable de l'effet que nous observons.

Les travaux présentés ont la plupart du temps recours à des expérimentations menées dans le cadre de laboratoires de recherches, mais vous verrez qu'elles peuvent également très bien s'exporter en milieu « naturel » (bureau, supermarché, etc.). D'autres études encore reposent sur de longues séries d'observations systématiques qui ont permis de mettre à jour certains phénomènes.

Si j'insiste autant sur la rigueur de la méthode, c'est qu'elle est essentielle pour se prémunir des erreurs que l'on peut commettre en échafaudant, par exemple, une théorie à partir d'une ou deux observations. Ce type d'égarement est hélas fréquent en psychologie. D'ailleurs, si l'on devait décerner la palme du plus beau désastre causé par l'utilisation d'une méthode douteuse, le lauréat serait certainement le psychanalyste Bruno Bettelheim[1]. En effet, sur la base de trois cas, cet auteur élabora une conception de l'autisme, dans laquelle il attribuait les troubles des enfants à l'attitude froide et distante de leurs mères (théorie de la « mère réfrigérateur »). Cette spéculation se diffusa dans le milieu médical comme une vérité absolue. Il aura fallu attendre que des scientifiques s'intéressent à ce trouble en effectuant des études sérieuses pour que l'on s'aperçoive que les parents d'enfants autistes étaient aussi équilibrés que les autres parents. D'autres recherches révéleront plus tard que l'autisme provient d'un dysfonctionnement neurologique et immunitaire[2] et que l'on ne peut en aucune façon incriminer la relation mère/enfant. Entre-temps, combien de parents ont-ils culpabilisé en s'attribuant la responsabilité des troubles de leur progéniture ?

Un point sur la forme…

Cet ouvrage est construit sous forme de fiches, ce qui vous permet de vous référer simplement à une question ou à un sujet, sans avoir nécessairement recours à une lecture complète du livre.

Même si j'ai tenté d'être le plus fidèle possible aux auteurs, il est parfois difficile de synthétiser un corpus de recherches sans en réduire leur complexité. C'est pourquoi je vous invite à lire les articles référencés d'où sont tirées les expériences décrites – signalées ici par un filet.

J'ai voulu rendre l'approche de cet ouvrage attrayante afin de défendre l'idée que la science est loin d'être ennuyeuse, même si sa méthode est rigoureuse. C'est la

1. Bruno Bettelheim, *La Forteresse vide,* Paris, Gallimard, 1967.
2. Jacqueline Nadel et Bernadette Rogé, « Autisme : L'option biologique. 1. Recherche », *Psychologie française,* tome 43, n° 2, Grenoble, PUG, 1998.

raison pour laquelle certaines fiches sont parfois accompagnées de questions, de tests ou d'exemples amusants.

Bonne lecture…

Pour les lecteurs qui ne seraient pas familiarisés avec les recherches effectuées en psychologie, il est important de préciser quelques points :

- les participants[1] des expériences citées sont « manipulés », c'est-à-dire qu'ils n'ont pas connaissance du véritable but de la recherche. Parfois, ils n'ont même pas conscience qu'on les observe. Cependant, en toute fin d'expérience, les psychologues informent toujours leurs « victimes » de l'objectif réel de l'étude (« débriefing ») ;
- lorsque dans ce livre, vous lirez : « Dans une condition, les participants devaient…, dans une autre condition, ils devaient… », il s'agit de personnes différentes d'une condition à l'autre, qui, de plus, effectuent l'expérience généralement chacun leur tour ;
- afin de ne faire émerger que la cause véritable, les chercheurs contrôlent[2] autant que possible les facteurs « parasites » qui pourraient, selon la nature des travaux, également expliquer les résultats (milieu social, âge, sexe, bruit, etc.). Les différences observées entre les conditions s'effectuent « toutes choses étant égales par ailleurs » (à l'exclusion, bien entendu, de la cause manipulée).

1. Que l'on nomme également « sujets ».
2. De façon à éviter qu'un facteur intermédiaire ne se glisse entre la cause supposée et l'effet, les chercheurs ont recours à différentes stratégies comme la répartition au hasard des participants dans les conditions expérimentales (randomisation), l'introduction de la variable parasite en covariance dans l'analyse statistique, l'utilisation de groupe témoin, le contrôle par constance, par appariement, etc.

1

Perception, attention, mémoire et intelligence

Sommaire

▶ **1** Êtes-vous plus intelligent que vos parents ?
L'effet Flynn 9

▶ **2** Avez-vous grandi de quelques centimètres le jour où vous avez eu votre bac ?
L'accentuation sociale 11

▶ **3** Pourquoi vaut-il mieux que votre meilleure copine soit laide ?
L'effet de contraste 13

▶ **4** Qui sont ces personnes capables de voir de nuit la flamme d'une bougie à 48 km ?
Les seuils absolus 17

▶ **5** Pourquoi trouvez-vous votre robe plus transparente lorsque vous mourrez de soif ?
Impact du besoin sur la perception 18

▶ **6** Sommes-nous tous mythomanes ?
Les faux souvenirs 22

▶ **7** Pourquoi papa fait-il « moui, moui », quand il lit son journal ?
L'effet Cocktail Party 26

▶ **8** Pourquoi y a-t-il un sac-poubelle sur les panneaux récemment implantés ?
La cécité aux changements et la cécité attentionnelle . . . 31

▶ **9** Pourquoi les escaliers sont-ils subitement plus raides quand vous portez vos courses ?
Influence de l'action sur la perception 35

▶ **10** Est-ce si facile que ça de se souvenir du sens de rotation des objets ?
Mémoire et sens de rotation 36

▶ **11** Pourquoi utilisez-vous parfois le sel à la place du sucre ?
L'esprit passif 39

▶ **12** Qu'est-ce qui vous aide à vous souvenir d'un mot que vous avez sur le bout de la langue ?
Le mot sur le bout de la langue 42

▶ **13** Pourquoi les radiologues ont-ils arrêté de fumer ?
L'information « vivante » 44

▶ **14** Pourquoi parlons-nous avec les mains ?
Le lien entre les gestes et la pensée. 46

▶ **15** Pourquoi est-ce que tout ça, vous le saviez déjà ?
Le biais de connaissance après les faits 49

1 Êtes-vous plus intelligent que vos parents ? *L'effet Flynn*

Votre fils est-il plus intelligent que vous ? Même si certains adultes ont parfois du mal à accepter que les enfants puissent être plus intelligents que ceux qui les ont conçus, les études montrent le contraire : il existe une progression constante de l'intelligence depuis le début du siècle dernier.

Un psychologue (Flynn, 1984, 1987) a recueilli les résultats de tests d'intelligence[1] administrés depuis 1930 à toutes sortes de populations, dans différents pays : Australie, Autriche, Belgique, Brésil, Grande-Bretagne, Canada, Chine, Danemark, Allemagne de l'Est, France, Israël, Japon, Pays-Bas, Nouvelle-Zélande, Irlande du Nord, Norvège, Suède, Suisse, États-Unis et République Fédérale d'Allemagne.

Flynn s'est aperçu qu'en général entre deux générations (30 ans), il existait une augmentation du quotient intellectuel (QI) qui s'étendait de 5 à 25 points, l'augmentation étant la plus haute en Belgique, aux Pays-Bas et en Israël (en moyenne, 20 points par génération).

1. Matrices progressives de Raven, Stanford-Binet et tests de Wechsler.

Flynn constata également que, curieusement, il n'y avait pratiquement aucune amélioration sur les tests mesurant le vocabulaire, l'arithmétique et la culture générale. Les gains reposaient surtout sur le potentiel d'apprentissage, l'intelligence spatiale et l'aptitude à résoudre des problèmes (ce qui est l'essence même de l'intelligence générale).

L'effet Flynn est un phénomène mondial qui se produit dans tous les groupes socioéconomiques. En moyenne, entre deux générations, le QI augmente de 3 points tous les dix ans.

Si l'intelligence évolue à ce point, est-ce à dire que Léonard De Vinci ou Newton ne seraient pas considérés comme aussi brillants s'ils avaient vécu aujourd'hui ? C'est ce que suggère Flynn qui conclut qu'une personne classée (grâce aux tests) parmi les meilleures (10 %) il y a seulement cent ans, serait aujourd'hui classée dans la catégorie des 5 % les plus faibles.

L'effet Flynn est un phénomène déroutant pour ceux qui estiment que les tests de QI représentent une mesure vraie de l'intelligence humaine, car il suggère que les gens sont aujourd'hui considérablement plus intelligents que ceux des générations précédentes. En réalité, Flynn pense que seules quelques capacités améliorent les points des tests.

Conclusion

Même si l'on réajuste la norme des tests régulièrement de façon que le taux moyen soit toujours de 100, il y a bel et bien une évolution de l'intelligence telle qu'elle est mesurée par les tests. Cette progression entraîne donc en moyenne 8 points d'écart entre un enfant et ses parents, si ceux-ci l'ont conçu vers 25 ans.

Finalement, on ne sait pas précisément à quoi est dû l'effet Flynn. Différentes causes ont été évoquées comme l'alimentation, l'accroissement de la culture ou encore la télévision (ce qui peut sembler paradoxal tant on a l'habitude d'affirmer que la télé abrutit). On peut également penser que la cause est inhérente à notre société moderne (besoin plus important de pensée abstraite, présence des ordinateurs, culture davantage de type visuel).

Toujours est-il que pour Flynn, cette progression est trop rapide pour que l'on puisse l'attribuer à l'évolution des gènes…

Pour en savoir plus

FLYNN J.R. (1984). « The Mean IQ of Americans : Massive Gains 1932 to 1978 », *Psychological Bulletin*, *95*, 29-51.

FLYNN J.R. (1987). « Massive IQ Gains in 14 Nations : What IQ Tests really Measure », *Psychological Bulletin*, *101*, 271-293.

2 Avez-vous grandi de quelques centimètres le jour où vous avez eu votre bac ? *L'accentuation sociale*

Pensez-vous avoir gagné quelques centimètres aux yeux des autres depuis que vous avez eu une promotion ? Aussi étonnant que cela puisse paraître, on doit pouvoir répondre par l'affirmative, si l'on se fie aux travaux de Dannenmaier et Thumin (1964).

> Ces chercheurs ont demandé à 46 élèves infirmières d'estimer la taille de plusieurs personnes appartenant à leur institut de formation. Sans l'aide d'un quelconque instrument de mesure,

> les étudiants devaient évaluer la hauteur du sous-directeur, de leur professeur, ainsi que celle de deux de leurs camarades de classe.
>
> Dannenmaier et Thumin ont remarqué qu'il existait un rapport entre le statut de la personne à évaluer et l'estimation de la taille : plus la personne a de l'autorité, plus grand est l'écart entre sa taille réelle et celle estimée par les étudiants.

Il ressort de cette expérience que la taille perçue peut être liée à l'importance sociale attribuée. Ainsi, la signification sociale ou encore l'importance que nous donnons aux gens et aux objets peut parfois influencer notre perception. C'est ce qu'une autre expérience tend également à prouver…

> Bruner et Goodman (1947) ont montré dans une série de travaux que les enfants étaient tout à fait capables d'estimer sans trop de difficultés le diamètre d'un cercle de carton. Cependant, lorsqu'il ne s'agit plus de carton mais d'une pièce de monnaie, la taille de cette dernière est alors surestimée. Bien qu'elle soit aussi grande que le disque de carton, les enfants la perçoivent comme plus grande.
>
> Ce qui est encore plus troublant, c'est que le diamètre perçu des pièces de monnaie peut être influencé par la valeur subjective d'achat : dans leur expérience, les enfants issus des familles les plus pauvres, pour qui la valeur d'achat de la pièce est relativement élevée, estiment son diamètre comme sensiblement plus important que les enfants issus des familles plus riches.

Bien que les résultats de Bruner et de Goodman n'aient jamais pu être reproduits de façon convaincante, ils ont néanmoins suscité un grand nombre de travaux soutenant le phénomène de l'accentuation sociale (Lilli, 1975).

Conclusion

Finalement, nous avons tendance à percevoir comme plus grands, plus gros et peut-être même plus lourds les objets et les gens qui possèdent une valeur sociale importante. D'ailleurs, ne dit-on pas dans certains pays d'Afrique que l'on reconnaît l'importance d'un homme à la place (surface) qu'il occupe ?

Pour en savoir plus

LILLI W. (1975). *Soziale Akzentuierung*, Stuttgart, Berlin, Köln, Mainz, Kohlhammer.

BRUNER J.S., POSTMAN L. (1948). « Symbolic Value as an Organizing Factor in Perception », *Journal of Social Psychology*, *27*, 203-208.

DANNENMAIER W.D., THUMIN F.J. (1964). « Authority Status as a Factor in Perceptual Distortion of Size », *Journal of Social Psychology*, *63*, 361-5.

3 Pourquoi vaut-il mieux que votre meilleure copine soit laide ? *L'effet de contraste*

Réalisez l'expérience suivante : prenez trois récipients. Remplissez le premier d'eau froide, le deuxième d'eau chaude et le dernier d'eau tiède. Plongez en même temps votre main droite dans l'eau froide et votre main gauche dans l'eau chaude. Laissez mijoter quelques instants… Plongez ensuite vos deux mains dans le récipient d'eau tiède.

Que se passe-t-il ? Vous êtes surpris de constater que la température de l'eau tiède paraît bouillante à votre main droite et glaciale à votre main gauche. Vous venez d'expérimenter l'effet de contraste…

Ce petit jeu montre qu'un même objet, ici l'eau, peut être perçu de façon très différente selon la nature de l'événement qui précède. Les recherches effectuées autour de ce phénomène indiquent que l'effet de contraste s'applique à toutes les formes de perceptions…

Dans l'une de leurs expériences, des chercheurs ont diffusé à des résidents masculins d'une cité universitaire deux programmes télévisuels différents (Kenrick et Gutierres, 1980). La moitié d'eux visionnait un épisode de *Drôles de dames* (*Charlie's Angels*), l'autre, un épisode d'une émission quelconque. Ils ont ensuite demandé aux étudiants d'évaluer la photographie d'une inconnue et de lui donner une note.

Il est amusant de constater que ceux qui avaient regardé un épisode de *Drôles de dames* jugeaient l'inconnue beaucoup moins séduisante que ceux qui avaient suivi un autre programme. Il semble que la beauté des actrices de la série ait, par contraste, fait apparaître l'inconnue moins attirante…

Dans d'autres études, ces mêmes chercheurs ont constaté que non seulement l'effet de contraste influence les évaluations que nous faisons des étrangers, mais également la façon dont nous percevons notre propre pouvoir de séduction (Kenrick, Neuberg, Zierk et Krones, 1994).

Kenrick et ses collègues ont simplement demandé à des femmes d'observer des photographies d'autres femmes.

Dans une condition, la photo représentait une personne très belle, alors que pour les participantes de l'autre condition, il s'agissait de la photo d'une personne banale. Les chercheurs ont ensuite demandé aux femmes de s'autoévaluer sur différentes dimensions.

Les résultats ont montré que les participantes qui avaient été préalablement exposées à des photos de femmes fortement attirantes, se jugeaient moins attractives et comme étant des

> compagnes moins acceptables, que ne l'ont fait les femmes qui avaient vu des photos de femmes plus ordinaires...

Cela dit, l'effet de contraste peut tout autant jouer en notre faveur. Ainsi, une femme (ou un homme) dont le physique est « moyen » semblera plus attirante, si elle (il) entre dans une salle où ne sont présentes que des femmes (hommes) sans attrait.

> Dans une étude de Morse et Gergen (1970), des participants croyaient se présenter à un entretien d'embauche pour un nouveau travail. Chacun d'eux devait attendre seul dans une pièce avant de voir le recruteur. Au bout de quelques instants, un autre postulant (complice) entrait et s'asseyait sur une chaise.
>
> Dans une condition, ce nouveau venu était très élégant, avec une petite mallette qu'il ouvrait de temps en temps pour laisser voir son contenu : du matériel de bonne qualité, bien rangé. Dans une autre condition, la personne était très négligée. Elle portait un pull plein de taches et semblait ne pas s'être rasée depuis plusieurs jours. On distribuait ensuite différents documents à remplir aux sujets de l'expérience dont une échelle permettant d'évaluer l'estime de soi.
>
> Les résultats montrèrent que l'entrée de « M. Propre » avait conduit à une baisse importante de l'estime de soi des participants, et celle de « M. Sale », à une augmentation...

L'effet de contraste peut également être un obstacle à l'évaluation. C'est notamment le cas chez les enseignants.

> La personne qui corrige un devoir sera souvent influencée par la qualité de la copie précédente. Par exemple, des copies de très bonne qualité entraîneront une sous-estimation de la copie suivante (Noizet et Caverni, 1978).

Conclusion

Sachez tirer parti de l'effet de contraste et méfiez-vous des situations commerciales qui en usent. Supposez, par exemple, que vous ayez besoin d'un nouveau costume ou d'un nouvel ensemble. Vous vous rendez alors dans une boutique spécialisée. La technique du vendeur consistera bien souvent à vous présenter les articles les plus chers dans le but d'augmenter la probabilité de vous vendre un autre produit moins onéreux mais pas encore suffisamment abordable pour que vous l'achetiez d'emblée. Si vous avez compris l'effet de contraste, vous admettrez que le professionnel aurait tout à perdre en inversant l'ordre de présentation des produits…

Pour en savoir plus

KENRICK D.T., GUTIERRES S.E. (1980). « Contrast Effects and Judgments of Physical Attractiveness : When Beauty Becomes a Social Problem », *Journal of Personality and Social Psychology, 38*, 131-140.

KENRICK D.T., NEUBERG S.L., ZIERK K.L., KRONES J.M. (1994). « Evolution and Social Cognition : Contrast Effects as a Function of Sex, Dominance, and Physical Attractiveness », *Personality and Social Psychology Bulletin, 20*, 210-217.

MORSE S., GERGEN K.J. (1970). « Social Comparison, Self-Consistency, and the Concept of Self », *Journal of Personality and Social Psychology, 40*, 624-634.

NOIZET G., CAVERNI J.-P. (1978). *La Psychologie de l'évaluation scolaire*, Paris, PUF.

4 Qui sont ces personnes capables de voir de nuit la flamme d'une bougie à 48 kilomètres ? *Les seuils absolus*

Quand vous observez votre chien, vous dites-vous que, comparativement aux autres animaux, nos sens sont bien peu développés ?

Sachez que les études effectuées en psychologie sur les « seuils absolus » (Galanter, 1962) ont montré que si vos capacités sont normales :

- vous entendrez le bruit d'une montre à 6 mètres dans une pièce silencieuse ;
- vous serez capable de détecter la flamme d'une bougie à 48 kilomètres la nuit, par temps sombre ;
- vous trouverez que l'eau est sucrée, alors que la quantité de sucre n'est que d'une cuillerée à café pour 7,5 litres d'eau ;
- vous percevrez que l'eau est salée, si seulement 1 gramme de sel se trouve dans 500 litres d'eau ;
- vous sentirez la présence d'une goutte de parfum répandue dans un appartement de trois pièces ;
- vous serez également capable de sentir le contact avec l'aile d'une abeille qui vous tombe sur la joue à une hauteur de 1 centimètre.

En revanche, nous surestimons souvent notre capacité sensorielle à distinguer des différences entre deux éléments…

Vous préférez peut-être la marque de cola la plus connue à la seconde marque la plus vendue (si vous voyez ce que je veux dire !). Une recherche a montré que si l'on vous présente trois verres contenant ces produits et même si vous pouvez les goûter plusieurs fois, vous serez, en général, incapable de faire la différence entre ces deux marques (Solomon, 1979).

Pour en savoir plus

GALANTER E. (1962). « Contempory Psychophysics », *in* R. Brown, E. Galanter, H. Hess et G. Mandler (éds.), *New Directions in Psychology*, New York, Holt, Rinehart and Winston, 87-1563.

SOLOMON P.R. (1979). « Science and Television Commercials : Adding Relevance to the Research Methodology Course », *Teaching of Psychology*, *6*, 26-30.

5 Pourquoi trouvez-vous votre robe plus transparente lorsque vous mourez de soif ? *L'impact du besoin sur la perception*

La soif modifie-t-elle la façon dont nous percevons le monde qui nous entoure ? C'est ce que suggèrent les études qui montrent que, lorsque nous avons très soif et que nous ouvrons notre réfrigérateur, nous remarquons plus facilement que d'habitude la petite cannette rouge cachée derrière les légumes…

Aarts et ses collègues (2001) ont fait croire à une soixantaine d'étudiants que la recherche à laquelle ils allaient participer portait sur la reconnaissance de mots et de lettres. En réalité, les chercheurs s'intéressaient à l'impact de la soif sur la perception.

Afin d'induire la soif à leur insu, les chercheurs ont remis à chaque participant trois bonbons excessivement salés et contenant de la réglisse. Chacune de ces « friandises » comportait une lettre dessinée sur l'un des côtés. Les étudiants avaient comme consigne (bidon) de détecter cette lettre avec leur langue en moins d'une minute. Dans une autre condition, les participants devaient accomplir la même tâche mais avec des bonbons non salés.

Ces deux groupes d'étudiants ont ensuite réalisé chacun leur tour une seconde tâche (décision lexicale). Il s'agissait de dire le plus rapidement possible si chacun des mots présentés sur un écran était un mot réel (table, lampe) ou un mot inventé. Huit des mots réels étaient liés à l'action de boire (verre, tasse, jus).

Les résultats ont montré que les participants assoiffés répondaient beaucoup plus rapidement aux mots liés à la boisson qu'aux autres mots. Ils se sont également montrés plus rapides sur ces mots que les participants qui n'avaient pas sucé de bonbons salés.

Dans une seconde expérience, les chercheurs ont invité 84 participants à dessiner les trois figures représentées sur les trois bonbons. Afin de réaliser cette tâche, chaque étudiant était isolé pendant quatre minutes dans un bureau où huit articles liés à la boisson avaient été placés là, de façon innocente... À leur retour, l'expérimentateur demandait aux participants (surpris d'une telle demande) de se rappeler autant d'articles du bureau que possible. Conformément aux résultats de la première expérience, les participants qui avaient sucé les bonbons salés se sont rappelé davantage d'articles liés à la boisson que ceux qui avaient sucé les bonbons sucrés.

Cette expérience suggère que la sensation de soif, ainsi que la motivation à l'épancher, accentue la perception de tout ce qui peut combler ce besoin.

Pensez-vous que la soif puisse également vous inciter à voir de l'eau là ou il n'y en a pas, comme les voyageurs perdus dans le désert et victimes de mirages ? L'expérience surprenante qui suit nous porte à le croire…

Partant du principe bien établi que l'eau est transparente (!), Changizi et Hall (2001) ont émis l'hypothèse que les sujets assoiffés présenteraient une plus grande tendance à percevoir la transparence dans des stimuli ambigus.

Dans leur expérience, 74 personnes ont eu à ingérer soit un paquet de chips salées, soit une quantité d'eau importante[1]. Après la phase d'ingestion, les chercheurs proposèrent aux participants d'examiner 72 figures géométriques. La tâche consistait à dire si leur surface était transparente ou pas (certaines l'étaient, d'autres pas et d'autres encore étaient ambiguës, c'est-à-dire qu'il était objectivement difficile de décider). Au final, les participants assoiffés ont plus sensiblement perçu une surface transparente dans un stimulus ambigu que les personnes ayant eu à boire de l'eau avant l'expérience.

Selon les chercheurs, comme la transparence est une propriété invariablement associée à l'eau, en conséquence, le besoin de boire favorise sa perception dans des stimuli ambigus.

Nos sensations liées à nos besoins physiologiques peuvent également influencer la façon dont nous percevons les autres, par un processus d'autoréférence.

Ciccotti (2004) s'est présenté dans un restaurant universitaire vers midi. Il a demandé à des personnes faisant la queue ou sortant du self, de répondre à un questionnaire. Ce document

1. Une mesure de la sensation de soif effectuée en fin d'expérience montrera que cet artifice fut opérant : les participants ayant eu à ingérer les chips déclarèrent avoir beaucoup plus soif que les autres.

comportait de nombreuses questions « leurres » (« Avez-vous besoin de lunettes pour lire ? »), visant à laisser les participants dans l'ignorance du but réel de l'expérience qui prétendait porter sur la perception. Le questionnaire présentait également la photo d'un homme d'environ 25 ans, assis à table devant une assiette. Les participants devaient répondre à différentes questions concernant sa taille, son âge, son état émotionnel (joie, tristesse).

Ils devaient également tenter d'estimer la faim de cet homme sur une échelle graduée de 0 à 10 (« pas du tout faim » à « extrêmement faim »). Le questionnaire se terminait par une dernière échelle qui permettait d'évaluer la sensation de faim ressentie par l'étudiant.

Les résultats ont montré que la faim du personnage sur la photo était évaluée avec près de 35 % de plus, lorsque les participants étaient eux-mêmes affamés (ils faisaient la queue), que quand, rassasiés, ils sortaient du self.

D'après Ciccotti, le niveau d'activation (fort ou faible) d'un besoin physiologique peut servir de point « d'ancrage » pour évaluer une personne sur cette même dimension. Une maman pourrait ainsi donner davantage à manger à son bébé, quand elle est elle-même affamée que quand elle ne l'est pas.

Conclusion

Il semble désormais admis que l'activation de nos besoins puisse influencer notre perception de l'environnement. La soif et la faim n'ont pas uniquement que des implications physiologiques : le désir de boire entraîne également une perception accrue et parfois exagérée de tout ce qui peut suggérer l'apaisement de ce besoin. Quant à la « faim », elle peut nous amener à surestimer ce même besoin chez les autres…

Pour en savoir plus

AARTS H., DIJKSTERHUIS A., DE VRIES P. (2001). « On the Psychology of Drinking : Being Thirsty and Perceptually Ready », *British Journal of Psychology*, *92*, 631-642.

CHANGIZI M.A., HALL W.G. (2001). « Thirst Modulates a Perception », *Perception*, *30*, 1 489-1 497.

CICCOTTI S. (2004, soumis). « The Self-Anchoring Effect and Physiological Need : The Influence of One's Own Hunger on the Perception of Hunger in Others », *Current Psychology Letters, Behaviour, Brain and Cognition.*

6 Sommes-nous tous mythomanes ? *Les faux souvenirs*

Êtes-vous sûrs que tous les souvenirs que vous avez en mémoire et auxquels vous faites appel de temps en temps, sont de vrais souvenirs ? En d'autres termes, êtes-vous certain d'avoir réellement vécu tous ces souvenirs ?

En fait, de nombreuses recherches suggèrent que nous prétendons souvent nous rappeler de choses auxquelles nous n'avons jamais été exposées ! Comme le prouve la recherche ci-dessous, la mémoire est faillible…

Thomas et Loftus (2002) ont demandé à des étudiants de prendre part à leur expérience. Certains d'entre eux devaient exécuter des actions bizarres et familières, d'autres participants devaient simplement s'imaginer en train de les réaliser. Les actions familières étaient, par exemple, de faire tomber une pièce de monnaie. Un exemple d'actions bizarres était d'écraser un chocolat avec une boîte de fil dentaire.

Deux semaines plus tard, les chercheurs ont présenté aux participants une liste d'actions en leur demandant 1) si ces actions avaient été présentées dans la première phase de l'expérience et 2) s'ils les avaient imaginées ou exécutées.

Ce qui est étonnant, c'est que les étudiants ont dit se souvenir de certaines actions bizarres qui figuraient sur la liste mais qui ne leur avaient jamais été présentées en session originale. Mais surtout, ils ont également rapporté qu'ils se souvenaient avoir effectué certaines de ces actions, alors qu'ils ne les avaient pas exécutées. 15 % se sont même rappelés avoir embrassé une grenouille ! (Ce qu'ils n'avaient pas fait, bien entendu.)

Dans une autre étude, Loftus (2003) a montré comment de faux souvenirs, pouvaient être implantés à partir de la vision.

Des étudiants ayant tous effectué un séjour à Disneyland dans leur enfance ont été exposés à une publicité décrivant une visite dans ce parc à thèmes. Sur la photo présentée, on pouvait voir Bugs Bunny à côté d'un enfant qui lui serrait la main. Les participants ont ensuite été interrogés sur leurs souvenirs d'enfance.

35 % de ces sujets indiquèrent se souvenir de leur rencontre avec Bugs Bunny à Disneyland et de lui avoir serré la main. Quand ces sujets ont été invités à décrire avec précision cette rencontre, 62 % se souvenaient lui avoir secoué la main et 46 % de l'avoir embrassé. Quelques personnes se rappelaient lui avoir touché les oreilles ou la queue. Une personne s'était même souvenue qu'il tenait une carotte (quelle mémoire !).

Tout cela serait parfait sans l'existence d'un petit détail : Bugs Bunny est la propriété de Warner Bros et n'a donc jamais mis les pattes chez Disney... La publicité était fausse et les souvenirs des participants également...

Une dernière recherche illustre la façon dont nos souvenirs peuvent être influencés par des personnes particulièrement persuasives.

Croyant participer à une recherche sur la validation d'un instrument mesurant la fréquence des événements rares qui se sont produits très tôt pendant l'enfance, 128 étudiants ont été amenés à remplir un questionnaire (Mazzoni, Lombardo, Malvagia et Loftus, 1999).

Parmi toutes les questions auxquelles les étudiants devaient répondre, seules trois intéressaient réellement les chercheurs : « Avez-vous été perdu dans un espace public ? », « Avez-vous été abandonné (temporairement) par vos parents ? » et « Vous êtes-vous retrouvé seul et perdu dans un endroit peu familier ? »

Les chercheurs n'ont conservé, pour la seconde phase de l'expérience, que les 50 participants ayant répondu négativement à ces questions.

La moitié (25) reçut quelque temps plus tard un appel téléphonique d'un psychologue clinicien (complice de l'expérimentateur) leur demandant une participation pour une étude sur le rêve et le sommeil. L'autre moitié n'a pas participé à cette seconde phase (groupe contrôle).

Lors d'un entretien individuel, le thérapeute faisait un petit topo général sur la fonction des rêves en expliquant qu'ils n'étaient rien d'autre que la manifestation d'événements « réprimés » qui se sont produits avant l'âge de 3 ans, comme par exemple, avoir été perdu dans un endroit public ou encore avoir été abandonné par ses parents. Les participants étaient ensuite invités à décrire leur rêve et à en faire un commentaire. Puis le psychologue donnait sa propre interprétation du rêve à l'étudiant.

La teneur de leurs rêves n'était pas prise en compte, et tous les participants recevaient la même suggestion : « Il se dégage de votre rêve une expérience critique qui semble vous être arrivée très tôt dans votre enfance... ». Si le participant déclarait avoir rêvé qu'il était en train d'effectuer tout seul une randonnée vers le sommet d'une montagne et que le temps était frais, alors le psychologue expliquait que ce rêve signifiait que l'étudiant avait vécu une expérience « froide », traumatisante, un jour ou il s'était retrouvé tout seul. Et si le rêveur étonné soutenait qu'il adorait la montagne, alors le psychologue insistait en disant que « rêver de gravir un sommet » est un défi que l'on se lance pour dépasser un souvenir angoissant. Quand le participant maintenait qu'il ne se rappelait pas un tel événement, le clinicien arguait du fait que les expériences désagréables vécues dans l'enfance peuvent être enfouies dans la mémoire mais rejaillissent dans les rêves. À partir de n'importe quel rêve, le psychologue (au demeurant très habile) cherchait à induire l'idée qu'un souvenir d'abandon était refoulé dans « l'inconscient » de l'étudiant.

Un mois plus tard, les 50 étudiants remplirent une seconde fois le questionnaire d'événement de vie. Les chercheurs constatèrent alors que ceux qui avaient participé à l'interprétation de leurs rêves étaient beaucoup plus confiants que les étudiants du groupe contrôle, dans l'idée d'avoir été abandonné ou perdu par leurs parents avant l'âge de 3 ans... Les étudiants avaient modifié leurs souvenirs.

Conclusion

Ces expériences sont amusantes, elles nous apprennent que nous nous fabriquons des souvenirs et que notre mémoire n'est pas aussi infaillible que nous nous l'imaginons.

Il semble d'ailleurs que certaines publicités jouent avec les faux souvenirs en nous montrant des scènes qui nous rendent nostalgiques, comme des enfants sautant sur les genoux de leurs grands-mères ou batifolant dans les prés (Braun, Ellis et Loftus, 2002).

Nous aimons ces publicités, car nous croyons qu'elles nous rappellent notre enfance. Mais avons-nous réellement sauté sur les genoux de notre grand-mère ou mangé le caramel que notre grand-père nous donnait avec amour, lorsque nous avions 4 ans ? Soulignons également que les faux souvenirs peuvent être bien plus inquiétants, quand ils concernent les déclarations faites par les témoins de scènes de crime…

Pour en savoir plus

BRAUN K.A., ELLIS R.E., LOFTUS E.F. (2002). « Make my Memory : how Advertising Can Change our Memories of the Past », *Psychology and Marketing*, *19*, 1-23.

LOFTUS E.F. (2003). « Our Changeable Memories : Legal and Practical Implications », *Nature Reviews Neuroscience*, *4*, 231-234.

MAZZONI G.A.L., LOMBARDO P., MALVAGIA S., LOFTUS E.F. (1999). « Dream Interpretation and False Beliefs », *Professional Psychology : Research and Practice*, *30* (1), 45-50.

THOMAS A.K., LOFTUS E.F. (2002). « Creating Bizarre False Memories through Imagination », *Memory and Cognition*, *30*, 423-431.

7 Pourquoi papa fait-il « moui, moui » quand il lit son journal ? *L'effet Cocktail Party*

Vous avez certainement déjà vu la publicité dans laquelle un enfant pose plusieurs fois de suite la même question à son père : « Papa, c'est quoi cette bouteille de lait ? » Celui-ci, totalement absorbé par son journal, ne semble pas entendre sa fille jusqu'à ce qu'elle lui demande : « Papa, comment on fait les bébés ? » Le père lâche aussitôt son journal, prend la bouteille de lait et explique à sa fille comment la reboucher, la manipuler, etc. Cette publicité décrit ce que les chercheurs ont appelé l'effet cocktail party.

Pourquoi « cocktail party » ? Simplement parce comme dans une cocktail-party, vous serez capable de vous concentrer sur une discussion, tout en étant hermétique à la multitude de bruits, de sons, de rires et de musique qui se fait entendre autour de vous. Pourtant, malgré votre « isolement sensoriel », vous serez néanmoins capable d’entendre une information qui vous est importante, comme, par exemple, votre propre nom, même s’il est prononcé dans cette cacophonie par une personne qui se trouve à plusieurs mètres de vous.

Cependant, dès que votre attention se sera dirigée vers l’endroit d’où vient votre nom, vous perdrez le fil de la conversation que vous étiez en train de suivre…

Notre cerveau ne peut traiter la multitude d’informations qui assaille nos récepteurs. Les données sont alors comme filtrées par un « superviseur ». Celui-ci effectue un tri en sélectionnant ce qu’il est utile de conserver et en supprimant le reste. Lorsque notre nom apparaît, le superviseur le repère, car il estime que c’est une information importante, qui mérite notre attention.

L’effet cocktail party suggère que nous ne pouvons être attentifs à plusieurs sources auditives en même temps. Cet effet a été mis en évidence grâce aux travaux effectués par Cherry en 1956 et décrits ci-dessous.

On diffusait aux participants, par le biais d’un casque, deux messages différents simultanément : un message dans l’oreille droite et un autre dans l’autre gauche (écoute « dichotique »). Le travail des sujets consistait à répéter les mots de l’un des deux messages au fur et à mesure de sa diffusion.

La plupart des participants ont pu réaliser cette tâche très facilement. Mais ce qui est surprenant, c’est qu’une fois l’expérience terminée, il ne leur restait pas grand-chose du message qu’ils n’avaient pas eu à répéter. En effet, même s’il leur était possible de dire si la voix était humaine ou si c’était un bruit, ou encore si la voix était masculine ou féminine, ils n'ont pu préciser, par exemple, la langue dans laquelle était exprimé le discours. Tout autant, il leur était impossible de se rappeler un seul des mots prononcés, même lorsque ceux-ci étaient répétés à plusieurs reprises.

En revanche, lorsque leur nom apparaissait dans le message qui n'était pas traité, 35 % des personnes l'entendaient et le reconnaissaient. Ils surveillaient alors ce canal pendant une courte période (Wood et Cowan, 1995).

Nous ne pouvons allouer autant de « ressources attentionnelles » à deux tâches simultanées. C'est la raison pour laquelle il nous est impossible, à nous les hommes, de regarder un match de foot à la télévision et, dans le même temps, de discuter avec notre femme. Il nous faudra choisir : soit écouter notre épouse et risquer de rater une action capitale du match, soit marmonner des « moui-moui » du bout des lèvres en gardant les yeux rivés sur la télé. Mais là, nous prenons le risque de nous faire sermonner pour notre indifférence…

Imaginez maintenant la scène suivante : vous êtes au volant de votre voiture et roulez sur une nationale. La route est calme et vous discutez avec votre passager. Arrive le moment où il vous faut vous engager sur une bretelle d'autoroute par le biais d'une voie d'insertion (d'accélération). Comment vous comportez-vous ? Il y a de fortes chances que vous vous arrêtiez de discuter pendant la manœuvre, puis que vous demandiez à votre passager de répéter ce qu'il vient vous de dire…

Le fait que nous ne soyons pas véritablement « multitâches » explique pourquoi il est déconseillé de téléphoner en conduisant. Sans même parler de la manipulation du combiné, le simple fait de communiquer absorbe beaucoup d'attention que nous ne pouvons plus mettre au service de notre conduite.

Stayer et Johnston (2001) ont étudié les effets de la conversation sur la conduite. Dans leur étude, 68 participants ont accompli une tâche de poursuite, pendant laquelle ils devaient suivre avec le curseur de la souris, une cible mobile sur l'écran d'un ordinateur. À des intervalles de 10 à 20 secondes, la cible clignotait soit en rouge, soit en vert. Lorsqu'elle était rouge, les participants devaient appuyer sur un bouton « frein » aussi rapidement que possible.

Après une phase de familiarisation de 7 minutes, les participants devaient réaliser la tâche pendant 15 minutes en entretenant une conversation avec un complice de l'expérimentateur, soit par le biais d'un téléphone mobile dans leur seule main vacante, soit avec un kit main libre. Dans d'autres conditions, les participants écoutaient la radio ou la lecture du passage d'un livre en pensant être interrogés plus tard dessus. Un autre groupe (groupe contrôle) devait se contenter de faire la tâche comme dans la phase de familiarisation, c'est-à-dire sans rien entendre de particulier.

Les résultats indiquent que la probabilité d'oublier de freiner quand le feu est rouge est multipliée par plus de 2, quand les personnes sont absorbées par la communication téléphonique, que ce soit avec le mobile dans la main ou en utilisant le kit mains libres. Ces résultats prouvent que ce n'est pas uniquement la manipulation du mobile qui pose problème, mais bien plus la conversation qui crée un déficit attentionnel.

Dans une seconde expérience, les participants devaient exécuter la tâche de poursuite et de freinage, soit en répétant chacun des mots que l'expérimentateur leur lisait, soit en produisant un nouveau mot à partir de la dernière lettre de chaque mot prononcé par le chercheur. Une autre condition (contrôle) n'effectuait que la tâche de poursuite. Au final, les chercheurs ont montré que seule la tâche de génération de nouveaux mots avait produit des augmentations significatives d'erreur.

Cette recherche suggère que l'utilisation de mobile affecte principalement la conduite, en détournant l'attention lorsque la conversation est « active ».

Ces résultats remettent en cause la législation qui distingue les dispositifs tenus dans la main des kits mains libres. En effet, ces derniers ne réduisent pas l'interférence causée par la conversation téléphonique…

Conclusion

Peut-être êtes-vous en train de songer : « On ne va tout de même pas interdire aux gens de discuter quand ils sont en voiture sous prétexte que cela consomme leurs ressources attentionnelles ? ». Certes… néanmoins, regardez ce qu'il y a d'écrit près du conducteur dans les bus… Il est impossible de faire plusieurs choses en même temps, à moins de mal les faire. Seul Napoléon pouvait, paraît-il, dicter sept lettres à la fois à ses secrétaires. Hélas, peu d'entre nous sont Napoléon…

Pour en savoir plus

CHERRY E.C. (1953). « Some Experiment in the Recognition of Speech, with One and Two Ears », *Journal of the Acoustical Society of America*, *25*, 975-979.

STAYER D.L., JOHNSTON W.A. (2001). « Driven to Distraction : Dual-Task Studies of Simulated Driving and Conversing on a Cellular Telephone », *Psychological Science*, *12*, 462-466.

WOOD N., COWAN N. (1995). « The Cocktail Party Phenomenon Revisited : How Frequent Are Attention Shifts to One's Name in an Irrelevant Auditory Channel ? », *Journal of Experimental Psychology : Learning, Memory and Cognition*, *21* (1), 255-260.

8 Pourquoi y a-t-il un sac-poubelle sur les panneaux récemment implantés ? *La cécité aux changements et la cécité attentionnelle*

Alors que certains chercheurs s'attachaient à expliquer l'effet « cocktail party », d'autres mettaient en évidence un mécanisme voisin qu'ils allaient nommer : la cécité aux changements.

Ce phénomène ne concerne plus les informations auditives mais plutôt les informations visuelles. Il désigne, en fait, notre incapacité à détecter des changements inattendus qui se produisent pendant une « rupture visuelle » (Levin, Simons, Angelone et Chabris, 2002). Par exemple, si, après avoir observé une scène, vous détournez le regard et que, pendant ce temps, quelque chose ait été changé, vous serez bien souvent dans l'incapacité de remarquer la différence entre l'avant et l'après. C'est ce que témoigne la recherche ci-dessous.

> Dans une expérience amusante (Simons et Levin, 1998), l'expérimentateur arrêtait des personnes dans la rue afin de leur demander de l'aider à retrouver son chemin. Tandis qu'ils parlaient ensemble, deux ouvriers transportaient une porte et passaient entre l'expérimentateur et la « victime » en les obligeant à s'écarter. Un second expérimentateur était caché derrière la porte et prenait discrètement la place du premier. Ce qui est surprenant, c'est qu'après cet événement, le passant n'était pas étonné et continuait à donner ses conseils, comme si son interlocuteur était toujours le même...

Ces travaux illustrent le fait que nous sommes souvent incapables de détecter des changements massifs dans notre environnement.

Et ce n'est pas tout… Lorsque notre attention est focalisée sur quelque chose, comme un détail ou un événement, nous avons tendance à ignorer les autres objets qui se trouvent pourtant à proximité et sont présents dans notre champ visuel. Notre cerveau semble effectuer un « gommage » de ces objets. Les psychologues parlent alors de « cécité attentionnelle ».

Si vous êtes sceptique, alors lisez ce qui suit…

Simons et Chabris (1999) ont demandé à des étudiants de regarder un film dans lequel deux équipes jouaient au basket. La tâche des participants était de noter le nombre de fois où les joueurs de l'une des deux équipes s'échangeaient le ballon. Ce travail n'était pas si facile, car les basketteurs de l'autre équipe s'échangeaient également un second ballon. De plus, le rythme était rapide et les joueurs se passaient la balle de différentes façons.

Au bout de quelques minutes, l'expérimentateur arrêtait le film et demandait le total de passes effectuées. En général, les participants commirent peu d'erreur et donnèrent le chiffre exact. En revanche, lorsque l'expérimentateur leur demanda si quelque chose de bizarre avait retenu leur attention, peu de personnes comprirent à quoi le chercheur faisait allusion.

L'expérimentateur rembobina la bande et la repassa afin de montrer que vers le milieu du film, un homme déguisé en gorille entrait dans le champ par la gauche, se tournait vers la caméra, se battait la poitrine des deux poings pendant quelques instants et reprenait tranquillement son déplacement vers la droite pour sortir du champ. La majorité des participants n'avait pas vu cette scène…

Parfois, nous commentons des erreurs, parce que nos sens semblent ignorer des détails importants dans notre environnement. D'autres fois, ce sont nos sens qui s'influencent mutuellement et qui nous trompent. Par exemple, ce que nous entendons peut modifier la perception de ce que nous voyons…

> Ce fait a été démontré dans une expérience où les participants devaient évaluer le nombre de flashes lumineux qu'on leur présentait (Shams, Kamitani et Shimojo, 2000). Selon les conditions, ce flash était soit accompagné d'un son unique, soit accompagné de sons multiples.
>
> Les résultats indiquèrent que, lorsque l'éclair était combiné à des sons multiples, il était à son tour perçu comme multiple. La simplicité et la robustesse de ce phénomène suggèrent que des interactions polysensorielles sont fréquentes.

Conclusion

La perception est malléable et peut être influencée par des phénomènes attentionnels, mais aussi par de nombreuses autres causes.

Ces facteurs nous empêchent parfois de voir un changement dans une situation qui nécessiterait une modification du comportement. Certaines personnes peuvent, par exemple, être sanctionnées par les forces de l'ordre, parce qu'elles se sont engagées dans un sens interdit sur une route pourtant habituelle. Elles seront alors étonnées d'apprendre que cette signalisation était installée depuis plus d'une semaine… Aussi, ne vous étonnez pas de la présence d'un sac-poubelle sur un panneau récemment implanté, il pourra avoir pour effet d'attirer votre attention avant le jour de sa mise en application.

Soulignons l'importance de prendre conscience que ce que nous percevons n'est pas la réalité, mais plutôt une reconstruction de la réalité. Par exemple, après avoir lu la phrase : « Attention à la la peinture fraîche », certaines personnes ne remarquent toujours pas la faute qui s'y trouve[1]…

D'un autre côté, il est aumasnt de vior que vuos comperenz ctete pahrse mmêe si les mtos ne vuelnet rine drie. L'rorde des lertetes dnas un mot ipmrote peu du mmoent que la permèrie et la drenèire lterte snot à la bnone pacle. En efeft, le creaveu hmauin lit le mot cmome un tuot et ne lit pas cahcnue des ltteres idniivdeulelemnt.

Finalement, il faut accepter de remettre en question notre conception de la vision et de l'audition comme des modalités fiables de notre perception. Retenons que nous ne pouvons avoir qu'une confiance relative en nos sens et que le proverbe « je ne crois que ce que je vois » est à manier avec prudence…

Pour en savoir plus

LEVIN D.T., SIMONS D.J., ANGELONE B.L., CHABRIS C.F. (2002). « Memory for Centrally Attended Changing Objects in an Incidental Real-World Change Detection Paradigm », *British journal of Psychology, 93*, 289-302.

SHAMS L., KAMITANI Y., SHIMOJO S. (2000). « Illusions : What you See Is what you Hear », *Nature*, *408*, 788.

SIMONS D.J., CHABRIS C.F. (1999). « Gorillas in our Midst : Sustained Inattentional Blindness for Dynamic Events », *Perception*, *28*, 1059-1094.

SIMONS D.J., LEVIN D.T. (1998). « Failure to Detect Changes to People in a Real-World Interaction », *Psychonomic Bulletin and Review, 5* (4), 644-649.

1. Le mot « la » est écrit deux fois.

9 Pourquoi les escaliers sont-ils subitement plus raides quand vous portez vos courses ? *L'influence de l'action sur la perception*

Si vous habitez un immeuble sans ascenseur et que vous aviez parfois l'impression de gravir l'Everest lorsque vous devez monter vos courses, alors l'expérience ci-dessous devrait vous intéresser…

Bhalla et Proffitt (1999) ont demandé à 130 étudiants d'une université américaine de se placer devant une colline et de tenter d'évaluer sa pente en degré. Quatre expériences ont été entreprises afin d'observer s'il existait des différences entre les individus.

Comparativement aux étudiants en pleine possession de leurs moyens physiques, les collines ont semblé être plus « raides » aux personnes qui portaient une charge (un sac à dos très lourd), étaient fatiguées (elles venaient de courir un 100 mètres), étaient âgées ou encore malades. En effet, dans ces cas-là, la pente était excessivement surestimée.

Selon les chercheurs, ces surestimations sont fonctionnelles. Elles nous empêchent de tenter un exercice qui serait trop difficile vis-à-vis de nos capacités du moment. Le fait de voir une pente beaucoup plus importante qu'elle ne l'est en réalité nous encourage donc à être prudents et à ne pas tenter l'impossible…

Conclusion

La plupart des personnes tendent à croire que les perceptions humaines sont le strict reflet de la réalité. Encore une fois, ces expériences nous prouvent que ce n'est pas le cas. Elles indiquent également que notre perception visuelle peut varier en fonction de l'action que nous avons à entreprendre.

Alors ne vous découragez pas si vous trouvez l'escalier particulièrement pentu, lorsque vous rentrez tardivement, épuisé par une soirée pendant laquelle vous avez dansé à corps perdu...

Pour en savoir plus

BHALLA M., PROFFITT D.R. (1999). « Visual-Motor Recalibration in Geographical Slant Perception », *Journal of Experimental Psychology : Human Perception & Performance*, *25* (4), 1076-1096.

10 Est-ce si facile que cela de se souvenir du sens de rotation des objets ? *Mémoire et sens de rotation*

Réalisez l'expérience suivante : tournez en rond innocemment devant une personne (dans le sens contraire des aiguilles d'une montre), puis demandez-lui, cinq minutes plus tard, de vous dire dans quel sens vous avez tourné. Vous verrez que, en général, les gens se souviennent difficilement du sens de rotation, ils auront tendance à vous répondre, au hasard : « Euh, dans le sens des aiguilles d'une montre. » C'est ce que prouve l'expérience de Price et Gilden (2000).

Ces chercheurs se sont intéressés à la façon dont les gens analysent le mouvement d'un objet et le mémorisent. Ils ont demandé à 48 personnes d'observer sur un ordinateur des objets se déplaçant soit de gauche à droite, soit de droite à gauche, soit s'approchant ou s'éloignant d'eux, soit encore des objets tournant de gauche à droite ou de droite à gauche. Cinq minutes plus tard, les chercheurs ont présenté une seconde fois les objets aux participants en les interrogeant sur leur mouvement.

Price et Gilden ont constaté que les sujets de l'étude pouvaient très exactement se souvenir de la direction du mouvement lorsque celui-ci avait été effectué de gauche à droite (et *vice versa*), ou encore lorsque l'objet semblait s'approcher ou s'éloigner d'eux. En revanche, ils ont répondu au hasard, quand il s'agissait de se remémorer le sens de rotation des objets qui tournaient en rond. Les participants n'avaient pratiquement aucune mémoire de la direction dans laquelle l'objet tournait. Ils ont automatiquement supposé qu'il se déplaçait dans le sens des aiguilles d'une montre…

Les calculs que notre cerveau doit effectuer, afin d'identifier si un objet se déplace vers nous, sont aussi complexes que ceux qui sont exigés pour déterminer son sens de rotation. Aussi les chercheurs rejettent l'idée que nous ne nous rappelons pas la direction de la rotation, simplement parce que c'est difficile pour notre cerveau.

En conséquence, Price et Gilden préfèrent soutenir une explication évolutionniste : ils suggèrent que la mémoire visuelle n'est pas organisée en terme de complexité mais plutôt en terme de conséquences pratiques pour le comportement. Or l'enregistrement de la direction d'un objet tournant n'a jamais été une priorité importante pour la survie de l'homme. Qu'il soit un prédateur ou une proie, un animal doit enregistrer et se rappeler si quelque chose avance, recule ou s'écarte d'un côté ou de l'autre. Il était, par exemple, utile de savoir si l'animal que nous chassions venait à nous ou s'enfuyait. Mais il n'y a aucun exemple semblable à propos des objets tournants.

La direction de la rotation est peu susceptible d'être une question de vie ou de mort. Si elle l'avait été, nous pourrions sûrement nous rappeler facilement le sens dans lequel tourne un objet.

De fait, si vous vous retrouviez face à un tigre, vous n'auriez certainement aucune difficulté à vous souvenir de la direction dans laquelle il se déplace. Mais si celui-ci tournait en rond devant vous, vous auriez beaucoup de mal à expliquer à vos amis de quelle manière il tournait…

Ainsi, il est probable que le cerveau n'a jamais développé d'automatismes pour se rappeler le mouvement rotatoire, comme il le fait pour les autres types de mouvements. La rotation n'a eu aucune conséquence dans toute notre évolution. Le cerveau s'est simplement développé en les ignorant sur le plan de la mémoire.

Conclusion

Ne pouvons-nous jamais nous rappeler de quelle manière tournent les objets ? Il semble que, spontanément, cela soit assez difficile à faire. Mais gageons qu'après la lecture de cette fiche, vous serez davantage attentif au sens de rotation des choses. En effet, même si la rotation entraîne une fascination quasi universelle, elle n'a pas de conséquences pour notre survie, exception faite, peut-être, pour la roue du millionnaire…

Pour en savoir plus

PRICE C.M., GILDEN D.L. (2000). « Representations of Motion and Direction », *Journal of Experimental Psychology : Human Perception and Performance*, *26* (1), 10-30.

11 Pourquoi utilisez-vous parfois le sel à la place du sucre ? *L'esprit passif*

Avez-vous remarqué le nombre d'actions que nous effectuons par simple habitude, sans même y penser ? Certains de ces comportements « mécaniques » ne sont pas sans nous poser quelques petits problèmes : à qui n'est-il jamais arrivé de se rendre machinalement à son ancien domicile en sortant de son travail, alors même qu'il avait déménagé (ou divorcé) depuis plus d'un mois ? Qui n'a jamais retrouvé le pain dans le réfrigérateur après avoir débarrassé la table ? Qui ne s'est jamais étonné d'avoir effectué un trajet sans se souvenir de la moitié du chemin parcouru et de se dire, dans un moment de lucidité : « Tiens, je suis déjà là ? ».

Nous agissons souvent dans un état d'esprit « passif », un état de « basse tension cognitive », et, bien souvent, nous nous contentons d'observer que certains éléments sont présents dans la situation pour déclencher machinalement un comportement.

Par exemple, il nous suffit de croiser une personne connue pour lui demander machinalement : « Ça va ? », sans même nous préoccuper de la réponse. Les maîtres d'hôtels posent automatiquement la même question aux clients qui rentrent dans leur restaurant : « C'est pour dîner ? » Et les clients, à l'esprit passif, ne s'en étonnent pas. Pourtant, comme le faisait remarquer un comique, ils ne sont certainement pas venus pour faire la vaisselle.

Même les enfants se limitent à vérifier que certaines règles de succession d'événements sont respectées, afin d'éviter d'avoir recours à une observation méticuleuse et complexe. C'est la raison pour laquelle un enfant qui commence l'apprentissage de la lecture pourra lira parfois « camembert » au lieu de « campagne ». Les mots commencent de la même façon, il n'ira parfois pas plus loin pour en déduire le mot.

Cet engagement prématuré sur la base d'un seul aspect des choses peut également nous amener à nous verser du sel à la place du sucre dans notre tasse de café, simplement parce qu'ils sont de la même couleur et trouvent tous deux place sur la table. C'est vrai que, bien souvent, notre pleine lucidité n'est nécessaire que lorsque nous devons prendre des décisions importantes ou que quelque chose nous empêche de nous comporter machinalement. Le reste du temps, nous fonctionnons en pilotage automatique, comme le démontre l'expérience suivante.

Un expérimentateur attendait qu'une personne arrive devant une photocopieuse pour surgir d'un couloir et lui demander s'il pouvait l'utiliser avant lui (Langer, Blank et Chanowitz, 1978). Selon les conditions, le chercheur utilisait l'une des trois requêtes suivantes :

A. Excusez-moi, j'ai cinq pages à photocopier, puis-je utiliser la machine ? (Absence de justification.)

B. Excusez-moi, j'ai cinq pages à photocopier, puis-je utiliser la machine, car je suis très pressé ? (Justification valide.)

C. Excusez-moi, j'ai cinq pages à photocopier, puis-je utiliser la machine, car je dois faire des photocopies ? (Justification faible.)

Les chercheurs constatèrent que 60 % des gens acceptaient de céder leur place dans la condition « absence de justification ». En revanche, ils furent 94 % quand la justification était valide, et, plus étonnant, 93 % lorsque la demande était assortie d'une justification faible.

D'après Langer et ses collègues, dans la vie, nous nous contentons simplement de vérifier que le cours des choses est normal et que les événements se déroulent selon le scénario habituel. Or, habituellement, lorsqu'on fait une demande, on y ajoute une justification. Nous nous attendons à ce que les gens nous donnent une raison, quand ils nous sollicitent (« peux-tu me prêter ta voiture, parce que la mienne est tombée en panne? »). Si une raison est présente, nous considérons alors que la demande est justifiée, et peu importe la valeur du « parce que ».

Dans l'expérience, les gens s'assurent simplement que le scénario est respecté sans l'analyser davantage. La demande « C » a beau être assortie d'une raison faible (en effet, pourquoi voudrait-on faire des photocopies, si ce n'est pour faire des photocopies ?), cela suffit pour satisfaire les sujets qui acquiesceront de manière automatique sans évaluer les arguments. En revanche, dans une autre expérience, lorsque ces mêmes chercheurs tentèrent une demande plus coûteuse (vingt photocopies au lieu de cinq), les sujets du groupe « C » redescendirent sur terre et n'acceptèrent de se faire dépasser que dans 60 % des cas.

Conclusion

Retenez que nous déclenchons souvent le pilotage automatique de nos actions et que notre « esprit passif » peut parfois nous conduire à accepter des demandes que l'on pourrait ensuite regretter.

Certaines personnes semblent avoir pris conscience du phénomène et en font parfois usage à nos dépens. C'est, par exemple, le cas si vous acceptez de rendre service en attrapant une boîte de petits pois placée sur la dernière étagère d'un placard, simplement parce que vous avez eu l'impression que la personne qui vous sollicite vous a mis en valeur de la façon suivante : « Toi qui as de si grands bras, pourrais-tu m'attraper cette boîte ? »

Pour en savoir plus

LANGER E., BLANK A., CHANOWITZ B. (1978). « The Mindlessness of Ostensibly Thoughtful Action : The Role of Placebic Information in Interpersonal Interaction », *Journal of Personality and Social Psychology*, *36*, 635-642.

12 Qu'est-ce qui vous aide à vous souvenir d'un mot que vous avez sur le bout de la langue ? *Le mot sur le bout de la langue*

N'est-il pas rageant de ne pas se souvenir d'un mot, alors même que l'on a vraiment l'impression de l'avoir sur le bout de langue ? Vous voyez le visage d'un acteur célèbre et familier, mais vous êtes incapable de lui attribuer un nom, et pourtant ce nom… vous savez que vous le savez. Dans de telles situations, qu'est-ce qui pourrait vous aider à vous remémorer ce fameux mot qui vous fait défaut ?

Des chercheurs ont proposé que se rappeler le « bruit », le « son » que fait le mot manquant est aussi important que se remémorer sa signification.

James et Burke (2000) ont posé 114 questions à 108 participants. Ces questions portaient sur la culture générale, mais certaines étaient connues par les chercheurs pour provoquer un taux important de « mot sur la langue ». L'exemple typique est le suivant : « Quel est le terme qui désigne le fait, pour un roi, de renoncer à son trône ? » La réponse est « abdiquer ».

Les questions étaient précédées de 10 mots (noms propres, mots rares) que le participant devait prononcer. Parfois, apparaissait dans cette liste un mot qui ressemblait phonétiquement à la réponse à la question. Par exemple, dans le cas d'« abdiquer » (*abdicate* en anglais), les chercheurs présentaient le mot « abstrait » (*abstract* en anglais).

Comme prévu, quand les participants ont prononcé des mots partageant une dimension phonétique avec la réponse, ils ont répondu de façon plus correcte à la question et ont eu moins d'expériences de type « mot sur la langue », que quand aucun mot de la liste ne partageait sa dimension sonore avec le mot à trouver.

Cette expérience explique pourquoi un mot peut nous revenir à l'esprit soudainement. Il nous suffit parfois d'entendre un mot phonétiquement proche de celui que nous cherchons pour se le remémorer.

Conclusion

James et Burke expliquent que les expériences du « mot sur le bout de la langue » augmentent quand des mots ne sont pas employés régulièrement. Ils augmentent également en vieillissant. Afin d'améliorer le « rappel », il est alors important de ne pas laisser sa mémoire se rouiller. Les psychologues préconisent d'utiliser le langage, de lire et de faire des mots croisés toute sa vie. Plus nous manions le verbe et rencontrons de nouveaux mots, plus nos chances augmentent de retenir et de produire ces mots en vieillissant.

Pour en savoir plus

JAMES L.E., BURKE D.M. (2000). « Phonological Priming Effects on Word Retrieval and Tip-of-the-Tongue Experiences in Young and Older Adults », *Journal of Experimental Psychology : Learning, Memory and Cognition*, *26* (6), 1378-1391.

13 Pourquoi les radiologues ont-ils arrêté de fumer ? *L'information « vivante »*

Préférez-vous une histoire bien racontée, même si elle ne prouve rien, à un exposé abstrait et rempli de statistiques éclairantes ? Si c'est le cas, rassurez-vous, vous êtes une personne normale, car la plupart des gens sont dans ce cas. La raison : on est plus sensible à une information concrète qui suscite « l'imagerie » qu'à une information abstraite (Nisbett et Ross, 1980).

Imaginez que vous vouliez acheter une télévision. Vous lisez les revues spécialisées et découvrez que, statistiquement, toutes les qualités requises convergent vers le poste X12 de chez Phinips. Il est conseillé par une majorité d'experts, et c'est, de plus, celui qui caracole en tête des ventes depuis quelque temps. Vous rencontrez votre collègue de bureau et vous lui parlez de votre futur achat. Celui-ci vous répond : « Tu es fou, tu ne vas tout de même pas acheter un Phinips, mon voisin n'a eu que des problèmes avec cette marque, la télécommande ne marchait pas, le son puis l'image ont disparu et, enfin, il lui a fallu attendre trois mois avant qu'on le lui change… ». Le discours au vitriol de votre collègue laissera très certainement des traces sur votre décision dans le choix de la marque, même si, auparavant, vous avez lu les tests et autres statistiques chiffrées. C'est d'ailleurs ce que soutient l'expérience suivante.

Borgida et Nisbett (1977) divisèrent en deux groupes des étudiants désireux de s'inscrire en formation de psychologie. Chacun reçut des informations sur cette discipline.

Pour un groupe, il s'agissait de statistiques regroupant plusieurs dizaines de jugements d'étudiants ayant évalué différents cours de psychologie, ainsi qu'un petit échantillon de commentaires écrits sur les cours. Pour l'autre groupe, il s'agissait d'une rencontre en tête à tête avec deux étudiants de psychologie qui donnèrent exactement les mêmes informations, mais de façon orale et non plus sous la forme écrite. Les chercheurs demandèrent ensuite aux sujets quels cours ils avaient projeté de suivre, mais aussi leur niveau de confiance dans leur choix.

Les étudiants furent davantage affectés par l'information en tête à tête que par l'information statistique. En effet, comparativement aux sujets qui s'étaient retrouvés face aux informations statistiques, ceux qui avaient reçu l'information « vivante » manifestèrent l'intention de prendre davantage de cours évalués de façon positive et moins de cours évalués de façon négative. Ils exprimèrent également une plus grande confiance dans leurs choix.

L'étude indique donc que les recommandations en tête à tête peuvent être plus influentes que les écrits.

Conclusion

Les grands manipulateurs tentent souvent de généraliser à partir d'une observation isolée et bien racontée. Staline disait : « La mort de milliers de soldats soviétiques est une statistique, la mort d'un soldat soviétique est une tragédie ». Cette phrase illustre bien notre façon de raisonner. Un conflit impliquant des milliers de morts éveille bien moins notre conscience que l'image d'un homme allongé dans la rue et baignant dans son sang ou encore que celle d'un enfant que l'on mettra plusieurs heures à sortir des décombres de sa maison après un tremblement de terre… C'est également la raison pour laquelle les radiologues furent la première catégorie de professionnels à arrêter de fumer, lorsque les chercheurs découvrirent que le tabac provoquait des cancers du poumon…

Pour en savoir plus

BORGIDA E., NISBETT R.E. (1977). « The Differential Impact of Abstract vs. Concrete Information on Decisions », *Journal of Applied Social Psychology*, 7, 258-271.

NISBETT R.E., ROSS L. (1980). *Human Inference : Strategies and Shortcomings of Social Judgment*, Englewood Cliffs, NJ, Prentice-Hall.

14 Pourquoi parlons-nous avec les mains ? *Le lien entre les gestes et la pensée*

Observez les gens, et pas seulement les Latins, vous verrez que, très souvent, les mains s'agitent en accompagnement de la parole. Pourquoi avons-nous tant de difficulté à garder nos mains immobiles lorsque nous discutons ?

On sait que faire des gestes en parlant accentue le sens, la signification de ce que l'on peut dire (Morford et Goldin-Meadow, 1992). On a longtemps pensé que communiquer avec les mains tout en parlant était un vestige de la façon dont les hommes (ou plutôt leurs ancêtres) s'exprimaient il y a plusieurs millions d'années, à l'époque d'un passé « préverbal ». Mais, dernièrement, des chercheurs ont proposé une nouvelle explication, mettant en évidence que ces gestes pouvaient faciliter le cours de notre propre pensée.

> Goldin-Meadow et ses collègues (2001) ont effectué une étude impliquant 40 enfants et 36 adultes. L'expérience se déroulait en quatre phases.
>
> Premièrement, les enfants devaient trouver les résultats d'additions sur un tableau noir, alors que les adultes étaient invités à résoudre des problèmes de factorisation.

Deuxièmement, les chercheurs ont donné aux participants une liste de lettres et de mots à apprendre par cœur.

Troisièmement, ces enfants et ces adultes ont été invités à expliquer comment ils avaient trouvé la solution à leurs problèmes de maths. Dans cette phase, la moitié des participants n'était pas autorisée à faire des gestes en parlant, elle devait garder ses mains immobiles au-dessus de la table pendant ses explications de mathématiques. À l'autre moitié, il n'était rien demandé sur le plan de la gestuelle, celle-ci était donc autorisée.

Quatrièmement, les chercheurs ont demandé aux adultes et aux enfants de leur donner le maximum de mots et de lettres de la liste apprise par cœur.

Les résultats furent surprenants : les chercheurs constatèrent que les gens à qui l'on avait permis de faire des gestes se rappelaient en moyenne 20 % de mots et de lettres en plus que l'autre groupe.

Selon les chercheurs, l'explication était la suivante : demander à des gens d'expliquer comment ils ont résolu leurs problèmes de mathématiques, alors que leur cerveau effectue en même temps une rétention de mots et de lettres, entraîne une « charge mentale » importante. Comme les gens qui ont pu faire des gestes ont eu une meilleure performance de rappel que les autres, il semble bien que les gestes réduisent la charge mentale en libérant des capacités qui peuvent alors être employées pour garder les mots à l'esprit.

Mais une question demeure : pourquoi faire des gestes libérerait-il des ressources ? Selon Goldin-Meadow et ses collègues, le geste remplacerait certaines explications verbales par des symboles et allégerait ainsi le travail d'explication verbale. Le traitement de l'information en serait donc facilité, et l'effort réduit. Faire des gestes peut également faciliter l'accès à certains mots grâce à l'activation de mémoires autres que la mémoire verbale, ce qui favoriserait alors le processus de la parole.

Cette expérience nous permet également de mieux comprendre pourquoi les aveugles se servent aussi de leurs mains, lorsqu'ils discutent (Iverson, Tencer, Lany et Goldin-Meadow, 2000), ou encore pourquoi nous faisons des gestes en parlant au téléphone, alors que notre interlocuteur ne nous voit pas.

Conclusion

Oubliez les injonctions de votre grand-mère qui vous interdisait de faire des gestes en parlant, sous prétexte que ce n'est pas correct. En effet, les recherches suggèrent que faire des gestes peut nous aider à libérer des ressources cognitives. Ces dernières peuvent alors être employées ailleurs. S'exprimer avec l'aide des mains libère ainsi la pensée et nous aide à mieux organiser nos propos.

Faire des gestes en discutant, c'est un peu comme ajouter une barrette de mémoire à son vieil ordinateur, les applications tournent mieux, surtout en mode multitâche.

Pour en savoir plus

GOLDIN-MEADOW S., NUSBAUM H., KELLY S., WAGNER S. (2001). « Explaining Math : Gesturing Lightens the Load », *Psychological Science*, *12*, 516-522.

IVERSON J.M., TENCER H.L., LANY J., GOLDIN-MEADOW S. (2000). « The Relation between Gesture and Speech in Congenitally Blind and Sighted Language-Learners », *Journal of Nonverbal Behavior*, *24*, 105-130.

MORFORD M., GOLDIN-MEADOW S. (1992). « Comprehension and Production of Gesture in Combination with Speech in One-Word Speakers », *Journal of Child Language*, *19* (3), 559-580.

15 Pourquoi est-ce que tout ça, vous le saviez déjà ? *Le biais de connaissance après les faits*

Imaginez-vous à votre travail, dans une grande entreprise. Le directeur a donné sa démission et va être remplacé. Personne ne connaît encore le nom du nouveau qui est une personne interne à l'entreprise. Les pronostics vont bon train entre collègues. Certains affirment qu'il s'agira de celui-ci, d'autres de celui-là. Arrive le jour où l'on apprend qui a été promu à la place de l'ancien directeur. Écoutez alors vos collègues ou mieux, interrogez-les, vous entendrez la plupart d'entre eux vous dire, après coup, qu'ils avaient toujours été intimement persuadés du résultat. Si vous leur faites remarquer que ce n'est pas ce qu'ils avaient pronostiqué, ils nieront…

Est-ce de la mauvaise foi ? Non, il s'agit simplement du biais de connaissance après les faits (ou biais rétrospectif). Cette tendance peut se définir comme « une projection de nouvelles connaissances dans le passé, accompagnée d'un démenti formel que le fait d'avoir été informé du résultat ait pu influencer notre jugement » (Hawkins et Hastie, 1990). On peut retrouver ce biais après chaque nouvel événement, comme :

- une naissance : « j'étais sûr que ce serait un garçon » ;
- une prise de position : « j'étais sûr que tu allais dire ça » ;
- une élection : « j'étais sûr que ce serait lui » ;
- les résultats d'expériences scientifiques : « j'étais sûr que ça ne marcherait pas », etc.

C'est à un chercheur du nom de Fischhoff (1975, 1977) que l'on doit l'illustration de ce phénomène. Il a montré que les sujets à qui l'on donne les bonnes réponses avant de passer un test surestimeront par la suite le nombre de bonnes réponses qu'ils auraient pu donner.

Dans l'une de ses expériences, ce chercheur demanda à cinq groupes d'étudiants de lire un passage au sujet de la guerre de 1814 entre les Britanniques et les Gurkas du Népal. À quatre groupes, Fischhoff fit croire que la guerre s'était terminée de façon différente : soit par une victoire des Britanniques, soit par une victoire des Gurkas, soit par une impasse sans traité de paix, soit enfin dans une impasse avec traité de paix. Fischhoff posa ensuite à chacun des sujets des quatre groupes la question suivante : « Après avoir lu le passage du livre et si je ne vous avais pas donné la solution, comment auriez-vous pensé que puisse se terminer cette guerre ? »

Tous les participants estimèrent qu'ils auraient pu donner la solution que le professeur venait de leur fournir, même si celle-ci était fausse (ce qu'ils ignoraient bien évidemment).

D'autres psychologues ont également montré que le fait d'être mis au courant de ce qui est survenu à une victime, comme par exemple un viol, rend l'issue de l'événement plus prévisible aux yeux de l'observateur (Janoff-Bulman, Timko et Carli, 1985).

Le biais rétrospectif serait dû à une organisation de nos connaissances en mémoire. Il vous est certainement déjà arrivé de vous retrouver dans une situation où vous dites à un ami : « Au fait, sais-tu que Jack et Julie sont ensemble ? » et que votre camarade vous réponde : « Je le sais, c'est moi qui te l'ai dit… » Ce type d'exemple reflète à quel point il nous est difficile de nous rappeler d'où nous tenons certaines informations. Alors comme nous ne savons plus comment nous les avons obtenues, nous avons l'impression de les avoir toujours sues… C'est ce qu'illustre l'expérience suivante.

> Des chercheurs ont présenté à des étudiants une liste de noms quelconques appartenant à des personnes anonymes (Jacoby, Kelley, Brown et Jasechko, 1989). Après un délai de 24 heures, ils demandèrent aux participants d'évaluer si la liste contenait des noms célèbres. De nombreux noms furent jugés par les sujets comme étant des noms célèbres, alors que ce n'était pas le cas pour ceux qui avaient eu à évaluer la liste immédiatement après l'avoir lue.

Cela étant, le biais de connaissance après les faits est parfois utilisé à des fins stratégiques, notamment pour montrer que l'on est bien plus informé qu'on ne l'est réellement : « je sais, je sais… ». Mais la connaissance *a posteriori* peut poser plusieurs types de problèmes :

– le premier est que cet effet nous gêne dans nos apprentissages, puisqu'il nous conforte dans l'idée que nous n'avons pas grand-chose à apprendre ;
– le deuxième pourrait concerner le désagrément que l'on ressent, quand on croit rapporter un « scoop » et que l'on s'entend dire : « je m'en doutais » ou « je le savais déjà ». Le désagrément est encore pire lorsqu'il s'agit d'un échec que nous venons d'essuyer et à propos duquel notre entourage nous fait remarquer qu'il se doutait de l'issue négative depuis le début. Ainsi, en plus de la gestion psychologique de l'échec, il nous faudra également gérer le fait de passer pour un imbécile ;
– enfin, nos analyses et les résultats de nos travaux paraissent souvent évidents aux personnes auxquelles nous les soumettons. Le doute sur l'intérêt du travail pourra même être évoqué tant les résultats paraîtront intuitifs au lecteur (« on s'y attendait »). Les blagues que l'on peut

entendre ici et là sur les personnes dont la tâche est de réaliser des analyses illustrent directement cet effet (« un consultant, c'est quelqu'un qui nous demande beaucoup d'argent pour nous dire ce que nous savons déjà », « ce n'est pas la peine d'employer un ergonome pour qu'il nous dise que la hauteur de la table doit être de 1 mètre »).

Conclusion

La connaissance après les faits est un phénomène particulièrement courant et qui pourrait être illustré par une loi de Murphy[1] : « Un nombre important de personnes sortira d'un nombre incalculable d'endroits pour vous dire, *après* un accident, ce qu'il aurait fallu faire *avant* et pour éviter qu'il ne se reproduise ».

Notez que si vous voulez surprendre votre entourage avec vos résultats (études, notes) et éviter de vous faire servir un « je m'en doutais », il existe quand même une solution. Il vous suffit simplement (avant de donner les résultats) de demander à vos amis ou collègues de travail de deviner ce que vous avez trouvé ou encore comment ils se seraient comportés dans cette situation… Mais tout ça, vous le saviez déjà.

1. Murphy Edward A. Jr., capitaine de l'US Air Force, fut l'un des ingénieurs d'un projet de l'US Air Force en 1949 destiné à tester les effets de l'accélération sur les pilotes (projet USAF MX981). L'une de ces expériences utilisait un ensemble de seize accéléromètres accrochés en divers endroits du corps du sujet. Il y avait deux façons d'accrocher chaque capteur à sa monture, et quelqu'un installa les seize capteurs à l'envers. C'est alors que Murphy prononça sa loi fataliste : « S'il y a plusieurs façons de faire quelque chose, et que l'une d'elles peut aboutir à une catastrophe, alors quelqu'un la choisira. » Cette première loi a été déclinée en de nombreuses variantes fatalistes et humoristiques.

Pour en savoir plus

FISCHHOFF B. (1975). « Hindsight/Foresight : The Effects of Outcome Knowledge on Judgement under Uncertainty », *Journal of Experimental Psychology : Human Perception an Performance*, *1*, 288-299.

FISCHHOFF B. (1977). « Perceived Informativeness of Facts », *Journal of Experimental Psychology : Human Perception and Performance*, *3*, 349-358.

HAWKINS S.A., HASTIE R. (1990) : « Hindsight : Biased Judgements of Past Events after the Outcomes Are Known », *Psychological Bulletin*, *107*, 311-327.

JACOBY L.L., KELLEY C., BROWN J., JASECHKO J. (1989). « Becoming Famous Overnight : Limits on the Ability to Avoid Unconscious Influences of the Past », *Journal of Personality & Social Psychology*, *56*, 326-338.

JANOFF-BULMAN R., TIMKO C., CARLI L. (1985). « Cognitive Biases in Blaming the Victim », *Journal of Experimental Social Psychology*, *21*, 161-177.

2

Jugements, attributions et explications

▶ **16** Pourquoi est-ce toujours lorsque vous êtes pressé que tous les feux sont rouges ?
Les corrélations illusoires 59

▶ **17** Pourquoi trouvez-vous la poupée Barbie si belle ?
Attraction physique et théorie de l'évolution 68

▶ **18** Pourquoi restez-vous plus détendu si le dentiste vous donne la possibilité d'arrêter sa « roulette », même si vous ne le faites pas ?
L'illusion de contrôle 70

▶ **19** Pourquoi vos amis ne suivent-ils pas vos conseils et préfèrent persister dans l'erreur ?
La confirmation des hypothèses 74

▶ **20** Pourquoi tout ce que vous prédisez se réalise-t-il aussi souvent ?
Les prophéties qui s'auto-réalisent 78

▶ **21** Pourquoi pensons-nous que si une femme se fait violer, c'est que « quelque part », elle a dû le chercher ?
L'erreur fondamentale 83

▶ **22** Pourquoi sommes-nous plus généreux avant d'aller voir le chirurgien ?
La croyance dans la justice du monde 87

▶ **23** Comment les magazines populaires font-ils pour fabriquer des tests de personnalité qui reflètent aussi bien ce que nous sommes ?
L'effet Barnum 91

▶ **24** Faut-il croire les personnes qui disent ne pas aimer les homosexuels ?
Homophobie et excitation sexuelle 96

▶ **25** Pourquoi votre sœur préfère-t-elle sa petite bicoque à votre belle et grande demeure ?
L'effet LAP et l'effet de dotation 99

▶ **26** Pourquoi devez-vous rire à gorge déployée ?
L'attrait pour différents types de rires. 102

▶ **27** Pourquoi est-ce que c'était mieux avant ?
L'effet de simple exposition. 104

▶ **28** Confieriez-vous davantage votre portefeuille à votre sosie qu'à une autre personne ?
Confiance et similarité 106

▶ **29** Un « ordinateur flatteur » peut-il vous émouvoir ?
Effet de la flatterie informatique sur le jugement 109

16 Pourquoi tous les feux sont-ils rouges lorsque vous êtes pressé ? *Les corrélations illusoires*

Dans notre vie de tous les jours, ne trouvez-vous pas que nous sommes parfois un petit peu trop « interprétatifs » ? Les chercheurs ont remarqué à ce propos que bien souvent les gens exagèrent ou même inventent la fréquence des relations qui existent entre les événements qui se produisent ensemble. Par exemple : « c'est normal qu'il m'a parlé froidement, c'est un Nordique », ou encore : « au volant, les femmes sont plus dangereuses que les hommes », alors que les chiffres montrent pourtant qu'elles ont 2,6 fois moins de risque d'être tuées dans un accident que les hommes[1].

De la même façon, nous entendons souvent dire : « le client qui paie le moins est celui qui se plaint le plus », « tous les bons partis sont pris », « à chaque fois que je lave ma voiture, il pleut dans l'heure », « c'est toujours quand on a besoin de la voiture d'urgence que celle-ci refuse de démarrer », « lorsqu'on est pressé, tous les feux sont rouges », « les prévisions météos sont toujours fausses »,

1. Source : Observatoire interministériel de la sécurité routière.

« c'est toujours quand on n'a plus qu'une page à photocopier qu'il n'y a plus de papier dans la photocopieuse », etc.

Cette tendance de l'esprit à exagérer la fréquence des liens entre les événements en présence, les chercheurs l'ont appelé « corrélation illusoire » (Chapman, 1967).

1. La confusion des sources

Mais nous ne faisons pas qu'exagérer les relations entre les faits, nous confondons souvent l'effet et la cause…

> Un exemple flagrant consiste, par exemple, à croire que les antibiotiques, ça fatigue… En effet, à chaque fois que nous en absorbons, nous nous sentons fatigués. Nous soupçonnons alors les antibiotiques d'être responsables de cet épuisement. En réalité, cette fatigue est due à l'infection pour laquelle notre médecin nous a prescrit un antibiotique. Mais comme fatigue et antibiotiques sont des événements qui sont toujours présents ensembles, nous imaginons qu'ils entretiennent entre eux une relation de cause à effet (Horn, 1998).

2. Le poids des croyances sur nos jugements

Parfois aussi, nous inventons des relations entre les faits. Vous connaissez certainement des personnes qui croient à l'influence de la pleine lune sur le suicide ou encore les accouchements, même si l'on a depuis longtemps montré qu'il n'y avait aucun rapport entre ces phénomènes (Byrnes et Kelly, 1992 ; Little, Bowers et Little, 1987 ; Periti et Biagiotti, 1994).

La présence d'un lien entre les cycles de la lune et nos comportements est pourtant bien ancrée dans nos esprits, même chez certains professionnels de santé. Cette opinion est une illusion de corrélation, puisqu'on surestime la probabilité d'apparition de certains comportements pendant certaines phases lunaires.

Corrélations illusoires également dans la perception que peuvent avoir certaines personnes entre les traits de personnalité d'un individu et son signe astrologique : « Tu dois être du signe de la Balance, toujours à peser le pour et le contre… » Pourtant, l'astrologie n'est qu'un jeu rigolo dont on a montré à travers de nombreuses et illustres expériences à quel point elle est inopérante et irrationnelle (Carlson, 1985). Ce qui n'empêche ni la pérennité de telles pratiques, ni de nombreuses personnes de croire percevoir des liens forts entre la façon dont se comporte un individu et son signe zodiacal.

Peut-être avez-vous entendu dire par les personnes souffrant d'arthrose que leur douleur était liée aux conditions atmosphériques ? Elles prétendent notamment souffrir davantage lorsque le temps est humide.

Deux chercheurs (Redelmeier et Tversky, 1996) ont alors eu l'idée d'étudier les liens pendant 15 mois entre les variations climatiques et la symptomatologie des patients (douleur subjective, évaluation médicale, etc.). Les résultats ne montrèrent aucun rapport entre ces événements. Lorsque l'on présenta les résultats de la recherche aux patients, ils refusèrent pourtant d'y croire !

3. Corrélations illusoires et comportements

Nous exagérons parfois tellement l'impact d'une cause probable que sa simple évocation peut aller bien au-delà du jugement et influencer directement nos comportements. C'est le cas de l'effet placebo qui désigne la légère amélioration[1] que produit un médicament qui ne contient

1. Effet constaté sur l'évaluation subjective de la douleur mais très faiblement sur la maladie en elle-même (Hrobjartsson et Gotzsche, 2001).

pourtant aucune substance pharmacologique (farine, par exemple), mais qui a été présenté au malade comme un traitement réel.

Si un tel médicament vous est prescrit, et même s'il ne contient que de l'eau (sans que vous le sachiez), il se pourrait fort bien que vous vous sentiez légèrement mieux. L'effet placebo repose sur une illusion de corrélation, car les sujets exagèrent la fréquence qui existe entre la prise d'un médicament et le fait de se sentir mieux, au point qu'ils se sentent eux-mêmes réellement mieux après la prise d'une poudre de perlimpinpin.

L'illusion que l'on peut entretenir entre nos croyances et nos propres comportements est attestée par l'expérience suivante…

Des chercheurs ont comparé trois groupes de personnes. Certains buvaient de la vodka-tonic, d'autres croyaient en boire, alors qu'il s'agissait en réalité d'eau gazeuse additionnée de jus de limette, et enfin un autre groupe n'absorbait que de l'eau gazeuse, en toute connaissance de cause (Marlatt et Rohsenow, 1980).

Les résultats furent surprenants. Les hommes qui croyaient avoir bu de l'alcool se comportèrent de façon beaucoup plus agressive que ceux qui n'avaient bu que de l'eau. Dans une autre expérience, les hommes et les femmes se disaient également davantage excités sexuellement (Abrams et Wilson, 1983).

Ces personnes ont été victimes d'une illusion de corrélation. Ils ont surestimé la fréquence des comportements agressifs et sexuels lors de la prise d'alcool, au point de s'imaginer eux-mêmes dans ce cas-là, alors qu'ils ne buvaient que de l'eau…

4. Le recours à des théories naïves dans les corrélations illusoires

Non seulement nous exagérons la fréquence des relations entre les faits, mais pour expliquer cette relation, nous nous basons souvent sur des théories naïves que nous entretenons à propos des événements : par exemple « c'est normal s'il fait froid aujourd'hui (mi-avril), car nous n'avons pas eu de neige à Noël » (comprenez : « Noël au balcon, Pâques aux tisons »).

Les psychologues cliniciens eux-mêmes n'échappent pas à ces illusions. Des chercheurs (Chapman et Chapman, 1967, 1969) ont présenté à des psychologues et à des étudiants en psychologie des cas de patients hypothétiques présentant des problématiques diverses. Chaque cas était accompagné d'un diagnostic (paranoïaque, problème d'impuissance, etc.) et du dessin d'un bonhomme, censé avoir été fait par le patient.

Les résultats ont mis en évidence que les sujets surestimaient la fréquence des signes présents dans le dessin en fonction de la problématique du patient. Ainsi, lorsqu'ils savaient qu'ils jugeaient un paranoïaque, ils ont trouvé davantage de gros yeux dans les dessins, quand le patient était préoccupé par sa masculinité, davantage de larges épaules et de musculature développée…

Cet effet s'est avéré extrêmement résistant aux données contradictoires, puisque, en présence de rapports qui témoignent du contraire[1], les gens ne corrigent par leurs conclusions et continuent de se baser sur leurs théories naïves.

1. On sait que le dessin du bonhomme n'a aucune valeur explicative en psychologie (Motta, Little et Tobin, 1993).

Il semble bien que nous préférions les explications qui confirment nos croyances. L'inconvénient c'est que, bien souvent, le recours à ces théories naïves renforce et entretient nos stéréotypes : « C'est parce que la concierge est portugaise qu'elle fait ce métier. »

Un autre exemple de ces théories erronées concerne la taille des individus...

> Si vous pensez que les personnes de grande taille donnent une impression de puissance, alors vous pourriez leur confier davantage de pouvoirs (Forsyth, 1990). C'est sûrement la raison pour laquelle on constate que dans l'armée, les soldats de grande taille qui, au moment de leur incorporation, sont forcément payés de la même façon que leurs collègues de petite taille, obtiennent 25 ans plus tard, des salaires nettement supérieurs à celui de leurs compagnons (Gergen et Gergen, 1984).
>
> Nos croyances permettront aux personnes de grande taille d'avoir plus de chance d'accéder à des postes à responsabilités...

D'où viennent ces théories fausses ? Il semble qu'elles se construisent et se propagent à partir du milieu dans lequel nous évoluons. La montée de l'antisémitisme est un exemple flagrant de ce type de propagation d'opinions tronquées.

Un journaliste antisémite, Édouard Drumont, déclarait en 1886 dans *La France juive* que l'on pouvait reconnaître un juif à ses traits physiques : « Ce fameux nez recourbé, les yeux clignotants, les dents serrées, les oreilles saillantes, les ongles carrés, le torse trop long, le pied plat, les genoux ronds, la cheville extraordinairement en dehors, la main moelleuse et fondante de l'hypocrite et du traître ». Les revues d'anthropologie racistes rapportèrent ces propos qui seront repris dans la presse. Les journaux diffusèrent à leur tour ces théories qui, sous couvert de découverte pseudo-scientifique, allaient devenir une vérité soi-disant observable et justifier les comportements et les attitudes antisémites.

Pourquoi l'esprit humain semble-il fondamentalement récalcitrant à la rigueur du raisonnement scientifique, surestimant l'impact des causes probables et préférant se reposer sur des dictons populaires, des théories naïves non valides et des croyances absurdes ? D'abord, parce que nous avons besoin de donner du sens à ce que nous percevons. Il existe chez l'être humain une tendance naturelle à l'explication. Aussi, face aux événements, nous préférons faire appel à nos théories antérieures, afin d'éviter d'aller chercher des informations qui ne sont disponibles que dans des encyclopédies.

De plus, face à une nouvelle situation ou à un nouvel individu, nous ne pouvons tester toutes les hypothèses le concernant, cela prendrait trop de temps. Nous préférons alors nous fier au « bon sens » populaire et faire usage des explications les plus rapidement disponibles. De nombreuses pseudo-théories nous viennent alors à l'esprit. Certaines peuvent être considérées comme vraies, d'autres, le plus souvent, comme fausses. Elles sont tellement enracinées dans notre pensée et notre culture que, pour un nombre important d'individus, elles ont un statut de théories et de méthodes scientifiques. C'est le cas de la morphopsychologie [1] et de la graphologie qui sont encore utilisées en dépit de leur accablante incapacité à prédire les comportements et à décrire les personnalités (King et Koehler, 2000).

1. Pseudo-science qui consiste à relier les traits du visage et du crâne à des traits de personnalité : « un grand front est le signe d'une intelligence importante ».

De façon à conserver ce système pratique d'explication du monde, nous avons également tendance à exagérer le nombre de fois où ces théories peuvent s'appliquer aux événements auxquels nous sommes confrontés.

Conclusion

Pour finir, imaginez que vous rouliez sur une petite route de campagne et que, subitement, vous sentiez des vibrations dans votre volant. Vous vous arrêtez alors sur le bord de la route et remarquez que vous venez de crever un pneu. Si vous vous dites : « Ce problème arrive en moyenne une fois tous les 60 000 kilomètres, je suis dans les normes… », vous êtes plutôt rationnel. Si vous pensez : « J'ai dû faire quelque chose de mal et je suis puni… », c'est une expression de votre croyance dans la justice du monde (*cf.* p. 87). Enfin, si vous dites : « C'est normal, à chaque fois que j'ai croisé un chat noir, il m'est arrivé une tuile… », cela indique que vous établissez un lien entre des événements fortuits et que vous êtes alors victime d'une corrélation illusoire.

Ceci étant, les corrélations illusoires sont parfois amusantes, comme en témoignent les quelques extraits de lois de Murphy ci-dessous… :

– théorème des files d'attente : « la file d'à côté avance toujours plus vite » ;

– théorèmes du supermarché de Maurice : « on se retrouve toujours derrière la vieille dame à moitié sourde qui a oublié de peser ses légumes », « si par hasard, elle y a pensé, alors la caissière a oublié de vous dire que la caisse fermait juste après elle », « si vous avez échappé aux deux théorèmes précédents, c'est que l'un de vos articles n'a pas de prix et vous serez obligé d'attendre que "monsieur Bernard" aille le vérifier » ;

– corollaire du troisième théorème : « monsieur Bernard est toujours aux toilettes quand on l'appelle ».

Pour en savoir plus

BYRNES G., KELLY I.W. (1992). « Crisis Calls and Lunar Cycles : A Twenty-Year Review », *Psychological Reports*, *71*, 779-785.

CARLSON S. (1985). « A Double-Blind Test of Astrology », *Nature*, *318*, 419-425.

CHAPMAN L.J. (1967). « Illusory Correlation in Observational Report », *Journal of Verbal Learning and Verbal Behavior*, *6*, 151-155.

CHAPMAN L.J., CHAPMAN J.P. (1969). « Illusory Correlation as an Obstacle to the Use of Valid Psychodiagnostic Signs », *Journal of Abnormal Psychology*, *74*, 271-280.

HORN B. (1998). « Müdigkeit », *Schweiz Ärzte-Zeitung*, *79*, 2 136-2 141.

HROBJARTSSON A., GOTZSCHE P.C. (2001). « Is the Placebo Powerless ? An Analysis of Clinical Trials Comparing Placebo with no Treatment », *New England Journal of Medicine*, *344* (21), 1 594-1 602.

KING R.N., KOEHLER D.J. (2000). « Illusory Correlations in Graphological Inference », *Journal of Experimental Psychology : Applied*, *6* (4), 336-348.

LITTLE G., BOWERS R., LITTLE L.H. (1987). « Geophysical Variables and Behavior : Lack of Relationship between Moon Phases and Incidents of Disruptive Behavior in Inmates with Psychiatric Problems », *Perceptual and Motor Skills*, *64*, 1 212.

MOTTA R.W., LITTLE S.G., TOBIN M.I. (1993), « The Use and Abuse of Human Figure Drawings », *School Psychology Quarterly*, *8* (3), 162-169.

PERITI E., BIAGIOTTI R. (1994). « Lunar Phases and Incidence of Spontaneous Deliveries. Our Experience », titre original : « Fasi Lunari ed Incidenza di Parti Spontanei. Nostra Esperienza », *Minerva Ginecologica*, *46* (8), 429-433.

REDELMEIER D.A., TVERSKY A. (1996). « On the Belief that Arthritis Pain Is Related to the Weather », *Proceedings of the National Academy of Sciences*, *93* (2), 2 895.

17 Pourquoi trouvez-vous la poupée Barbie si belle ? *Attraction physique et théorie de l'évolution*

Que vous ayez des enfants ou que vous n'en ayez pas, vous connaissez sûrement la fameuse poupée Barbie… Et que vous en soyez fou ou que vous la détestiez, il faut avouer qu'il existe un consensus à lui reconnaître une grande beauté[1].

Pourquoi trouvons-nous cette poupée si belle ? Magro (1997) a réussi à percer ce fameux mystère en effectuant l'étude suivante…

Magro a préparé de nombreux schémas et photographies qu'il a ensuite montrés à 495 personnes. Les images représentaient des êtres humains avec des caractéristiques physiques diverses (différentes formes de visages, de segments corporels, etc.). Les participants devaient évaluer les différents traits et dire à quel point ils les trouvaient attrayants.

Les résultats ont montré que les gens *détestaient* : les mollets courts, les cuisses courtes, les jambes arquées, les grandes canines (surtout lorsqu'elles étaient pointues), les gencives proéminentes, les pouces courts, les longues paumes, les doigts incurvés, les petits cous, les mâchoires prognathes. En revanche, *les participants* appréciaient : les personnes de grande taille, les longues jambes, les tailles minces, les longs cous, les lèvres rouges et incurvées, les grands yeux, les épaules carrées, les dents droites et non espacées, les doigts

1. Certaines femmes vont même jusqu'à subir de multiples opérations chirurgicales pour lui ressembler.

> droits, la peau lisse et dépourvue de poils, les fronts droits, les ventres plats, les voûtes plantaires flexibles.

Magro remarque que la poupée Barbie résume parfaitement les caractéristiques qui ont été valorisées par les participants. Il rappelle que les recherches effectuées sur les fossiles hominidés indiquent qu'au cours du temps, il y a eu une perte progressive de certains attributs physiques au profit d'autres. Ces nouvelles caractéristiques ont été développées lors de l'évolution de la bipédie, de l'augmentation de l'intelligence, de la dextérité manuelle et du régime omnivore. Ce sont ces nouveaux changements physiques qui, dans son étude, sont les plus appréciés par les participants. L'auteur constate également que les traits qui plaisent le moins sont ceux qui étaient présents dans nos groupes primitifs et qui le sont toujours chez les singes.

Lorsqu'on regarde une poupée Barbie, on constate que, bizarrement, elle est une condensation des traits évolués (corps et visage) et qu'elle ne possède aucun trait primitif. Il est vraisemblable que ce soit ce qui fasse sa popularité. Soulignons d'ailleurs que les poupées arborant des caractéristiques primitives n'ont jamais pu concurrencer Barbie dans son volume de vente.

Notre perception de la beauté a certainement évolué en même temps que nos traits physiques. En effet, si ces « nouvelles » caractéristiques sont davantage présentes aujourd'hui, c'est parce que les humains choisissaient leurs partenaires sur cette base. Ces caractères ont donc été conservés grâce à une reproduction « sélective ». Les femmes qui possédaient de tels atouts avaient plus de chance que les autres de se reproduire et d'engendrer des enfants qui posséderaient à leur tour ces caractéristiques. Finalement, on pourrait dire que les humains se reproduisaient (et se reproduisent peut-être encore) avec Barbie comme modèle…

Conclusion

Au-delà de l'agacement que suscite parfois la poupée Barbie (à cause des rôles typiquement féminins qu'elle véhicule ou encore en raison de son aspect « jouet cliché » pour les filles), elle illustre la façon dont a évolué la perception de la beauté humaine. Elle présente les éléments physiques que nous jugeons comme beaux…

D'après Magro, elle est de plus une prolongation de ce que nous sommes. En effet, elle est le modèle vers lequel nous évoluons tranquillement (naturellement ou artificiellement). Alors, ne détestez plus cette pauvre poupée, car votre fille lui ressemblera davantage que ne lui ressemblait votre grand-mère…

Pour en savoir plus

MAGRO A.M. (1997). « Why Barbie is Perceived as Beautiful », *Perceptual and Motor Skills*, *85*, 363-374.

18 Pourquoi restez-vous plus détendu si le dentiste vous donne la possibilité d'arrêter sa « roulette », même si vous ne le faites pas ? *L'illusion de contrôle*

Demandez à des gens autour de vous de faire le plus petit nombre possible avec deux dés. Demandez-leur ensuite de tenter de faire deux 6 avec ces mêmes dés. Vous verrez que quand les gens cherchent à faire un petit chiffre, ils les lancent délicatement. En revanche, lorsqu'on leur demande de faire des six, ils les lancent plus forts. C'est ce qu'a montré un chercheur du nom de Henslin en 1967. Les joueurs s'imaginent certainement qu'en lançant les dés avec plus de force, ils auront davantage de chance de faire des 6. En réalité, ils se donnent l'illusion de contrôler ce qui est incontrôlable, c'est-à-dire le hasard. Les chercheurs ont appelé ce mécanisme psychologique : l'illusion de contrôle (Langer, 1975).

Langer (1975) a proposé à des gens sur leur lieu de travail d'acheter pour 1 dollar un billet afin de participer à une loterie. Soit il donnait à ces personnes la possibilité de choisir leur ticket, soit le ticket leur était directement imposé. Quelque temps plus tard, l'expérimentateur revenait et expliquait à chaque sujet qu'une personne dans un bureau voisin désirait vivement participer à la loterie, mais qu'il n'y avait plus de billet à vendre. Langer ajoutait que cette personne était prête à racheter le billet de quelqu'un. L'expérimentateur continuait en demandant « combien le vendriez-vous ? ».

Les résultats montrent que ceux qui ont pu choisir leur ticket acceptent moins facilement de le revendre et que lorsqu'ils acceptent, ils l'estiment plus de quatre fois plus cher que ceux à qui le billet a été imposé. Ainsi, les gens s'imaginent que le billet dont ils ont choisi le numéro a plus de valeur, certainement parce qu'il a plus de chance d'être le billet gagnant qu'un billet qui leur aurait été attribué au hasard. Un bel effet de l'illusion de contrôle…

	Billet choisi	**Billet imposé**
Refus de vendre le billet	37 %	19 %
Prix moyen de revente	8,9 $	1,9 $

Pourcentage de refus de vendre le billet et prix moyen de revente

Sur ce principe, les joueurs de loto préféreront choisir eux-mêmes leurs numéros plutôt que de laisser cette tâche à la machine Loto flash qui poinçonne de façon aléatoire les grilles et permet d'éviter d'avoir à faire les croix. Si ce mode de Loto flash intéresse peu les joueurs, c'est certainement parce que ceux-ci maintiennent l'illusion d'avoir plus de chance de gagner, lorsqu'ils jouent le « numéro de sécurité sociale de mamie » que lorsque le choix des numéros est attribué au hasard par la machine. Statistiquement, il n'y a, bien entendu, pas plus de chance de gagner avec une date de naissance qu'avec un biffage aléatoire des cases.

D'autres expériences mettent en évidence que les gens se donnent l'illusion de contrôler davantage les situations qu'ils ne les contrôlent effectivement.

> Par exemple, lorsqu'on nous interroge, la plupart d'entre nous estiment que le risque d'accident de voiture est plus important quand le conducteur est une autre personne que soi-même, c'est-à-dire lorsque nous ne contrôlons pas la situation (McKenna, 1993). Dans ce cas, l'illusion peut même se manifester en actes, lorsque nous freinons à la place du conducteur parce qu'un danger se présente.

Pourquoi cette illusion ? D'abord, parce que nous avons besoin de sentir que nous contrôlons la situation : on a, par exemple, montré que les patients autorisés à appuyer sur un bouton afin de stopper la « roulette » du dentiste restent plus détendus et satisfaits que les autres, même s'ils n'utilisent jamais cette permission.

L'homme a également peur de ce qu'il ne peut contrôler comme la mort, la maladie, le hasard ou les tremblements de terre. Aussi, se donne-t-il souvent l'illusion qu'il est capable de contrôler son environnement en se comportant d'une façon qui peut sembler parfois irrationnelle. La danse de la pluie du sorcier des peuplades primitives n'est rien d'autre qu'une illusion de contrôle. Imaginer que la vie de la tribu est entièrement liée au destin des pluies serait une idée trop angoissante. Le sorcier se donne alors l'illusion de contrôler l'incontrôlable, c'est-à-dire, dans ce cas présent, la météo. Le fait d'observer que de temps en temps, l'effet de la danse semble fonctionner et qu'il pleut, renforce la croyance dans l'efficacité de la danse (*cf.* 16. Les corrélations illusoires, p. 59).

Dans nos cultures occidentales, l'illusion ne porte pas sur les mêmes objets, car, grâce à la science et la technique, nous parvenons à contrôler davantage notre environnement et les événements liés à la santé, à l'alimentation, aux plaisirs.

Soulignons que, parfois, nous plaçons le contrôle dans un élément qui nous est extérieur, comme c'est le cas avec les talismans et les croyances religieuses. Celles-ci pourront alors contrôler notre destin à notre place de façon magique (« Dieu l'a voulu ainsi mon fils »). Ce qui, convenons-en, est souvent assez rassurant. Ce contrôle externe trouve d'ailleurs une belle illustration dans la résolution votée par le parlement américain en mars 2003 afin « d'instituer une journée exceptionnelle de prières et de jeûne pour attirer la bénédiction de Dieu sur les soldats américains engagés en Irak et pour qu'il protège également le peuple américain du risque d'attentats » (Washington, Agence Reuters, 28 mars 2003).

Conclusion

Lorsque, en 1977, un journaliste[1] a demandé au gagnant de la loterie espagnole comment il avait fait pour choisir le bon numéro de billet, celui-ci a répondu : « C'est simple, pendant 7 nuits, j'ai rêvé du chiffre 7, et comme 7 fois 7

1. *Los Angeles Times*, 30 décembre 1977.

font 48, alors j'ai acheté un billet se terminant par 48. » Il est certes cocasse que le joueur ne sache pas compter, 7 fois 7 n'ayant jamais fait 48, mais cet exemple montre surtout à quel point nous imagions souvent être à l'issue d'événements qui sont totalement le fruit du hasard. Nous avons décidément besoin de sentir que nous contrôlons la situation.

Alors, puisque nous sommes naturellement enclins à interpréter la réalité en imaginant y exercer un contrôle important, efforçons-nous de repérer objectivement ce qui, dans le résultat, nous est réellement attribuable et ce qui relève du hasard total. Cela nous permettra de tirer les leçons et de reconnaître quelles sont les actions rationnelles que nous devons toujours répéter, parce qu'elles fonctionnent vraiment, et celles que nous devons « améliorer ».

Pour en savoir plus

HENSLIN J.M. (1967). « Craps and Magic », *American Journal of Sociology*, *73*, 316-330.

LANGER E.J. (1975). « The Illusion of Control », *Journal of Personality and Social Psychology*, *32*, 311-328.

MCKENNA F.P. (1993). « It Won't Happen to Me : Unrealistic Optimism or Illusion of Control ? », *British Journal of Psychology*, *84*, 39-50.

19 Pourquoi vos amis ne suivent-ils pas vos conseils et préfèrent-ils persister dans l'erreur ? *La confirmation des hypothèses*

Cela vous arrive-t-il de donner des conseils à vos amis ? Si c'est le cas, vous avez sûrement observé que vos recommandations n'étaient pas souvent suivies d'effets, surtout lorsqu'elles ne confirmaient pas les idées initiales de vos amis. Les chercheurs qui ont étudié cette tendance l'ont dénommée : effet de confirmation des hypothèses (Snyder et Swann, 1978).

Elle se manifeste de la façon suivante : les gens ont tendance à rejeter systématiquement la preuve que vous leur apportez et qui vient contredire leurs théories et leurs croyances. Cette preuve ne sera pour eux qu'un préjugé ou un détail insignifiant. Dans le même temps, les gens recherchent les informations qui viennent confirmer leurs convictions initiales, même si ces informations sont peu valides.

Par exemple, si vous faites remarquer à votre père qu'il conduit trop vite et que c'est risqué, il pourrait vous répondre : « garde pour toi tes leçons de morale » (rejet de l'information, car elle conteste l'hypothèse qu'il est un excellent conducteur). Il pourrait ensuite vous dire : « Tu ignores donc les statistiques ? Ce n'est pas la vitesse qui tue, c'est l'alcool et les jeunes. Moi, je suis un excellent conducteur, la preuve : 30 ans de permis, 50 % de bonus et pas un accident » (recherche et présentation des informations qui confirment l'hypothèse qu'il est un excellent conducteur). Votre père semble pourtant ignorer que les hôpitaux sont remplis de conducteurs qui n'avaient jamais eu d'accidents auparavant…

Un extrait d'un sketch de Raymond Devos illustre de façon amusante cette propension à confirmer nos hypothèses : « Hier soir en rentrant dans mes foyers plus tôt que d'habitude, y'avait quelqu'un dans mes pantoufles… mon meilleur copain… Bien que je me demande si, quand je ne suis pas là, il ne se sert pas de mes affaires ! » [Le comique égrène alors la liste des affaires avec lesquelles il surprend régulièrement son meilleur ami et poursuit…] « Un soir j'arrive sur le palier et j'entends : "Profitons-en pendant qu'il n'est pas là... Débarrasse-toi de ton bonhomme de mari." Alors je rentre et je dis à mon copain qui était là : "Hé ! Baisse un peu la radio, on l'entend d'en bas..." Alors, mes pantoufles, ma radio, mon pyjama, mes draps... Pourquoi pas ma femme pendant qu'il y est ? »

Le personnage du sketch persévère à relever toutes les informations qui confirment son idée de départ : son ami se sert de ses affaires. Il persiste à ignorer une autre hypothèse, pourtant plus plausible...

> Une expérience de Lord, Ross et Lepper (1979) a confirmé cette tendance de manière ingénieuse. Ces chercheurs ont présélectionné des personnes qui étaient soit pour la peine de mort, soit contre. Ils leur ont présenté deux études fictives en leur demandant d'évaluer les méthodes utilisées dans ces enquêtes. Ces études soutenaient ou s'opposaient au fait que la peine capitale décourage le crime.
>
> Les résultats ont mis en évidence que les partisans de la peine capitale ont évalué les études qui montrent que cette peine dissuade le meurtre, comme mieux conduites et plus convaincantes que celles qui montrent le contraire. Parallèlement, les adversaires de la peine de mort ont évalué les études confirmant leur croyance initiale comme étant également mieux menées que les autres études.

Un individu qui dirait : « J'ai bien raison de penser que les hommes politiques sont tous malhonnêtes, en voici encore un qui est inculpé... » chercherait à confirmer ses idées antérieures, sans tenir compte des hommes politiques sérieux, certainement bien plus nombreux, et qui n'ont jamais fait l'objet de poursuites.

Imaginez maintenant que vous croyez dans la grande capacité de l'esprit à produire des rêves prémonitoires. Vous venez de rêver que vous avez eu une augmentation de salaire, et trois jours plus tard..., vous en avez effectivement une. Vous penserez certainement que votre rêve était prémonitoire…

Cette croyance dans la prémonition est très répandue. En réalité, la totalité des humains rêve plusieurs fois par nuit, même si tout le monde ne s'en souvient pas, ce qui représente chaque nuit plusieurs milliards de productions oniriques. Sur un plan statistique, il est probable que de temps en temps, quelques-uns d'entre eux comportent des événements qui surviendront dans les jours à venir. Ce qui est amusant, c'est que, dans ce cas, les personnes y verront une manifestation paranormale… un « rêve prémonitoire ». Ils oublient simplement les milliers d'autres rêves qu'ils ont pu faire et qui ne se sont jamais réalisés. Rappelez-vous : lorsque vous avez rêvé passer la nuit avec Harrison Ford ou Sophie Marceau, cela a-t-il été suivi d'effet ?

Si, malgré cela, vous persévérez à croire que les sciences occultes sont fiables et que vous avez dans le passé consulté une voyante, on peut parier que vous oublierez rapidement les informations qui ne se sont pas réalisées et que vous vous souviendrez davantage de celles qui se sont produites, même si leur valeur prédictive est floue et qu'elles peuvent s'appliquer, un jour ou l'autre, à tout le monde (« vous allez avoir un enfant », « il y a une personne qui vous veut du mal », « un grand changement va arriver dans l'année »). Vous direz alors : « Tout ce qu'elle m'a prédit est arrivé ! »

Conclusion

La confirmation des hypothèses renforce l'idée que, dans une relation entre deux nouvelles personnes (lors d'un entretien d'embauche), les premières minutes du contact sont importantes. Lorsque les gens se sont forgés un avis, ils rechercheront toutes les informations « confirmatoires » et éviteront de relever celles qui infirment leur point de vue.

Il est alors important de créer une bonne impression dès le départ…

Si vous êtes une personne jalouse et que vous pensiez que votre partenaire vous trompe, les études indiquent vous serez alors tenté de rechercher toutes les données susceptibles de valider votre hypothèse de départ. Cela étant, soyez équitable et faites en sorte de ne pas ignorer les informations qui témoignent de l'intégrité de votre conjoint. En effet, comme le biais de confirmation est robuste, certains chercheurs proposent que seule une motivation délibérée à prendre en considération les informations contradictoires permette d'en venir à bout (Kunda, 1990).

Pour en savoir plus

KUNDA Z. (1990). « The Case for Motivated Reasoning », *Psychological Bulletin*, *108*, 480-498.

LORD C.G., ROSS L., LEPPER M.R. (1979). « Biased Assimilation and Attitude Polarization : The Effects of Prior Theories on Subsequently Considered Evidence », *Journal of Personality and Social Psychology*, *37*, 2098-2109.

SNYDER M., SWANN W.B. Jr. (1978). « Behavioral Confirmation in Social Interaction ; from Social Perception to Social Reality », *Journal of Experimental Social Psychology*, *14*, 148-162.

20 Pourquoi tout ce que vous prédisez se réalise-t-il aussi souvent ? *Les prophéties qui s'autoréalisent*

Un autre sketch de Raymond Devos commence ainsi : « Il y a huit jours, je lis dans mon horoscope : discussion et brouille dans votre ménage. Je vais voir ma femme et je lui demande : "Qu'est-ce que j't'ai fait ?", elle me répond : "Rien", ben je lui dis : "Alors pourquoi discutes-tu ?" Depuis on est brouillé. Ce matin, je lis dans mon horoscope : risque d'accident. Alors, toute la journée au volant de ma voiture j'étais comme ça !... À surveiller à droite à gauche... rien... rien.. J'me dis : "Je me suis peut-être trompé"... Le temps de vérifier dans mon journal qui était sur la banquette de ma voiture... Paf... Ça y était. Le conducteur est descendu... Il me dit : "Vous auriez pu m'éviter..." J'lui ai répondu : "Pas du tout, c'était prévu, l'accident est déjà dans le journal..." »

Ce sketch est amusant, car il montre combien nos croyances et nos connaissances erronées peuvent nous amener à nous comporter de façon telle que ces croyances se trouvent alors confirmées par la suite. Les chercheurs ont appelé ce mécanisme : les prophéties qui s'autoréalisent. Selon cette théorie, nos attentes nous amènent souvent à provoquer, à notre insu, les situations auxquelles nous croyons. Ces situations renforceront alors nos attentes antérieures.

On retrouve les « prophéties qui s'autoréalisent » dans la course aux armements entre les pays. Les États-Unis s'attendaient à ce que l'URSS se montre hostile et menaçante à son égard. Ils décidèrent donc d'augmenter le nombre de leurs missiles. L'URSS interpréta cet événement comme une menace pour sa sécurité et à son tour, elle prit la décision d'augmenter son armement. Les États-Unis traduisirent cette réaction comme une confirmation de ce qu'ils pensaient au départ (cet exemple fonctionne également si l'on débute par l'URSS).

Autre exemple : vous êtes un homme et vous pensez que la fille que vous avez au téléphone est une très belle fille. Vous vous comporterez certainement de manière beaucoup plus amicale et chaleureuse que si l'on vous dit que cette personne est un laideron. Votre attitude provoquera en retour davantage de comportements amicaux et sociables de la part de votre interlocutrice. Cela pourrait confirmer votre idée de départ que vous êtes un grand séducteur ou encore que vous aviez décidément raison de penser que les belles femmes sont plus sympa que les mochetés.

Ainsi, même si elles sont erronées, les croyances que l'on a à propos d'un individu avec lequel on interagit peuvent influencer son comportement.

C'est ce qu'a montré un chercheur (Snyder, 1984, 1992). Dans l'une de ses recherches, il présentait sous un prétexte quelconque à des étudiantes, la photo de la personne avec qui elles devaient rentrer en communication téléphonique. La photo représentait soit une personne obèse, soit une personne de poids normal. Il était demandé aux sujets de se faire une impression sur l'individu de la photo à partir de l'entretien téléphonique.

Il convient de mentionner que, dans la population étudiée (des étudiants américains), les sujets associaient souvent l'obésité à des caractéristiques déplaisantes et négatives. Il n'est donc pas surprenant que les résultats aient montré qu'après le coup de téléphone, les femmes qui pensaient s'être entretenues avec un obèse avaient une impression largement plus défavorable de leur interlocuteur que celles qui croyaient avoir parlé à une personne de poids normal. Elles se comportèrent également de façon plus désagréable. Du coup, la personne au téléphone réagit de manière négative, confirmant ainsi les croyances initiales des sujets, à savoir que les gens gros sont des personnes déplaisantes.

Ces prophéties apparaissent dans beaucoup de situations… Imaginez, par exemple, que vous êtes pressé, dans de telles occasions, vous n'avez qu'une seule inquiétude : celle de vous retrouver derrière un conducteur âgé roulant en BX. Vous prétendez que ces personnes roulent plus lentement que les autres et qu'elles vous gênent dans vos déplacements. Vous roulez un peu vite, lorsque, au détour d'une intersection, vous vous retrouvez précisément derrière ce type de véhicule. Pas de chance pour vous, puisque c'est ce que vous redoutiez. Votre conduite est alors un peu plus agressive. Vous avez tendance à coller davantage cette voiture que si c'était un autre véhicule. De cette façon, vous tentez de signifier au conducteur que vous êtes pressé et qu'il devrait avancer plus vite. Réduire les distances vous permet également de vous préparer à le dépasser lorsqu'une opportunité se présentera. La personne en Citroën est inquiète par votre style de conduite. Elle n'a qu'une envie, c'est que vous le dépassiez. Elle ralentira son rythme et roulera encore plus calmement que d'habitude, poussée par l'inquiétude d'avoir derrière elle un fou du volant. Cela renforcera votre croyance dans le comportement que vous venez de provoquer, c'est-à-dire que les personnes en BX sont des conducteurs qui n'avancent pas.

Mais ce mécanisme peut également avoir des conséquences positives, quand il aide, par exemple, les élèves à être plus performants…

Jamieson et ses collègues (1987) ont réalisé une recherche de terrain dans laquelle ils ont présenté un nouvel enseignant en début d'année à des élèves. Dans une classe, les chercheurs expliquaient que ce nouveau professeur était une personne très compétente et très intelligente. Dans une autre condition, il n'était rien dit aux enfants (groupe contrôle).

Les chercheurs ont observé le comportement des élèves à leur insu, et, au bout de trois semaines, ils ont pu établir le bilan suivant : en comparaison au groupe contrôle, les élèves qui s'attendaient à avoir un professeur compétent ont eu de meilleures notes et ont jugé l'enseignant comme davantage compétent et à leur écoute. Les chercheurs ont également remarqué qu'il y avait moins de chahut dans cette classe et que les élèves étaient plus attentifs aux cours que dans l'autre condition. On peut dire que les attentes des élèves concernant leur nouveau professeur ont affecté leurs résultats scolaires...

Des conclusions similaires ont été retrouvées chez les enseignants.

En 1973, Seaver se rendit dans des écoles afin de relever les bulletins scolaires d'élèves, dont le frère ou la sœur avait antérieurement fréquenté l'établissement. Il disposait également des bulletins des cadets. Seaver compara les bulletins de ceux qui avaient eu le même professeur à ceux ayant eu un enseignant différent.

Les résultats indiquèrent que les notes d'un élève sont « affectées » par les notes de son frère ou de sa sœur, uniquement s'ils ont eu le même professeur. Cela indique qu'il existe chez l'enseignant une croyance sur le caractère héréditaire de l'intelligence et des aptitudes. Sur la base de cette théorie, le professeur croira percevoir chez un élève les mêmes dispositions que chez son frère ou sa sœur. Il le traitera alors de la même façon, ce qui infléchira (en bien ou en mal) la performance de l'élève.

Conclusion

Méfiez-vous de vos certitudes, elles peuvent vous amener à vous comporter de façon telle que ces croyances se trouveront alors confirmées par la suite.

Pour en savoir plus

JAMIESON D., LYDON J., STEWART G., ZANNA M.P. (1987). « Pygmalion Revisited : New Evidence for Student Expectancy Effects in the Classroom (ERIC Document Reproduction Service No. ED 269 671) », *Journal of Educational Psychology, 79*, 461-466.

SNYDER M. (1984). « When Belief Creates Reality », *in* L. Berkowitz (éd.), *Advances in Experimental Social Psychology*, Orlando, FL, Academic Press, vol. 18, pp. 247-305.

SNYDER M. (1992). « Motivational Foundations of Behavioral Confirmation », *in* M.P. Zanna (éd.), *Advances in Experimental Social Psychology*, New York, Academic Press, vol. 25, pp. 67-114.

21 Pourquoi pensons-nous que si une femme se fait violer, c'est que, « quelque part », elle a dû le chercher ? *L'erreur fondamentale*

N'avez-vous jamais remarqué que si une personne nous dépasse rapidement au volant de sa voiture, nous avons tendance à penser qu'il est inconscient et non que sa femme vient d'accoucher, que si notre collaborateur n'effectue pas son travail, c'est qu'il est paresseux et non qu'il est très occupé, que si notre conjoint nous répond sèchement, c'est parce qu'il a un sale caractère et non parce que notre question est saugrenue, etc.

C'est un fait : nous avons une fâcheuse tendance à attribuer le comportement des autres à des explications « dispositionnelles », c'est-à-dire relatives à leur caractère ou leurs capacités et à ne pas avoir recours aux explications situationnelles (relatives au contexte, à la situation), même ci celles-ci sont possibles. Autrement dit, lorsque nous devons expliquer le comportement ou l'action d'une personne (ce qui se passe sans arrêt dans la vie de tous les jours), nous surestimons les causes internes à l'individu au détriment des causes qui lui sont externes. Et cela dans toutes les situations... Les chercheurs ont appelé cette tendance : l'erreur fondamentale d'attribution.

Dans une célèbre expérience, Jones et Harris (1967) ont distribué des dissertations à des personnes afin que ceux-ci les lisent. L'opinion défendue dans la dissertation était soit présentée aux personnes comme ayant été imposée par le professeur, soit comme la libre expression de l'opinion du rédacteur. On demanda aux participants d'apprécier la véritable position du rédacteur sur le sujet. Bien que, dans une condition, les observateurs furent mis au courant que les discours avaient été décidés par l'enseignant, ils estimèrent que les textes reflétaient néanmoins les opinions du rédacteur. Les sujets n'avaient pas tenu compte des contraintes de la situation qui avaient pesé sur le rédacteur. L'attitude [1] était perçue comme étant conforme à la position qu'ils avaient été obligés de défendre.

L'erreur fondamentale est très puissante, comme le montre l'expérience suivante, dans laquelle des sujets sont responsables du comportement de l'acteur.

Gilbert et Jones (1986) demandèrent à des personnes de dicter à des étudiants un discours sur l'avortement, puis d'évaluer la position des étudiants sur ce thème. Malgré le fait qu'ils n'eurent pas à décider de leurs écrits, les étudiants à qui l'on avait dicté un plaidoyer en faveur de l'avortement furent jugés comme ayant une attitude conforme à leurs écrits. Le texte écrit sous la contrainte reflétait les opinions du rédacteur.

---

1. En psychologie, « l'attitude » signifie des sentiments relativement durables et des tendances comportementales manifestées à l'égard de certaines personnes, d'idées ou d'objets. L'attitude est négative ou positive (« j'aime les poivrons »), forte ou faible (« j'aime énormément les poivrons »), elles peut être très importante pour nous, on dit « centrale » (« je ne conçois pas ma vie sans un poivron »), elle génère des comportements (« si je vois un poivron, je le mange »).

Mais ce type de perception n'a pas que des inconvénients, et, selon les rôles que nous endossons parfois, nous pouvons même en tirer des avantages, comme en témoigne l'expérience suivante…

Ross, Amabile et Steinmetz (1977) ont demandé à des personnes de se prêter à un jeu type quizz. Les rôles des questionneurs et des questionnés ont été tirés au sort. Un troisième individu était chargé d'observer la scène. Alors que chacun des participants était conscient que la distribution des rôles fût arbitraire, on demanda néanmoins à l'observateur d'évaluer les deux autres.

Chose curieuse, l'animateur du jeu, dont le rôle était de poser des questions puis de donner les réponses, fut perçu comme plus intelligent et ayant davantage de connaissances que la personne questionnée. Ce qui est encore plus surprenant, c'est que le questionné lui-même évalua les compétences du questionneur comme étant supérieures aux siennes.

Alors, si vous êtes invité dans une soirée où vous ne connaissez pas tout le monde et qu'après le repas, on vous propose de jouer à un jeu de société type *Questions pour un champion*, préférez le rôle de Julien Lepers, vous aurez certainement l'air plus intelligent.

Vous pensez peut-être et avec raison que l'erreur fondamentale est un mode de pensée inquiétant, notamment lorsqu'il s'agit de juger de la responsabilité d'une personne. Mais sachez qu'il existe au moins une façon de lutter contre ce biais : faire preuve d'empathie. En effet, lorsque les gens peuvent se mettre à la place d'autrui, les choses sont toutes différentes.

À cet égard, une recherche effectuée par Gould et Sigall (1977) a mis en évidence que quand on demande aux observateurs de se mettre à la place de l'acteur ou encore d'effectuer le même travail (Chen, Yates et McGinnies, 1988), leurs attributions deviennent semblables à celles des acteurs. On voit alors beaucoup moins d'attributions dispositionnelles apparaître chez les observateurs que chez ceux à qui l'on demande uniquement d'observer le comportement de l'acteur.

Conclusion

L'erreur fondamentale est une importante source de conflits entre les personnes, aussi bien dans le couple que dans la vie professionnelle. Un mari pourrait expliquer le comportement de sa femme en l'attribuant à sa personnalité. Celle-ci se livrera alors à d'interminables justifications afin de convaincre son conjoint d'une interprétation toute différente des faits, une interprétation où le contexte sera bien plus important que ce qu'en dit le mari. Par exemple, si votre femme n'a toujours pas amené sa voiture au garage afin d'y faire des réparations, il y a des risques que vous expliquiez son comportement par sa négligence plutôt que par sa surcharge de travail (gestion des enfants, des courses, du ménage et de la cuisine). En revanche, si vous prenez sa place pendant quelques jours ou simplement mentalement en faisant preuve d'empathie, parions que vous n'expliquerez plus son comportement de la même façon…

Pour en savoir plus

CHEN H., YATES B.T., MCGINNIES E. (1988). « Effects of Personal Involvement on Observers' Attributions and Estimates of Consensus, Distinctiveness, and Consistency », *Personality and Social Psychology Bulletin*, *14*, 468-478.

GOULD R., SIGALL H. (1977). « The Effects of Empathy and Outcome on Attribution : An Examination of the Divergent-Perspectives Hypothesis », *Journal of Experimental Social Psychology*, *13*, 480-491.

JONES E.E., HARRIS V.A. (1967). « The Attribution of Attitudes », *Journal of Experimental Social Psychology, 3*, 1-24.

ROSS L., AMABILE T.M., STEINMETZ J.L. (1977). « Social Roles, Social Control, and Biases in Social-Perception Processes », *Journal of Personality and Social Psychology, 35*, 485-494.

22 Pourquoi sommes-nous plus généreux avant d'aller voir le chirurgien ? *La croyance dans la justice du monde*

N'avez-vous pas parfois tendance à penser que les choses n'arrivent pas par hasard ? Ou encore que chacun obtient ce qu'il mérite ? Cette propension concerne la plupart d'entre nous, et il semble que nous soyons enclins à envisager le monde comme juste et équitable. Nous expliquons alors les coups du hasard comme prévisibles, en imaginant que les gens méritent ce qui leur arrive. En conséquence, on s'aperçoit que, bien souvent, les victimes sont blâmées pour les événements fâcheux auxquels elles sont confrontées. Et plus l'accident est grave, plus la victime est blâmée.

On pourrait résumer ces jugements par la phrase suivante : « Il faut bien que les gens à qui il arrive quelque chose de malheureux l'aient mérité. » En effet, ne pas rendre une personne responsable de ce qui lui arrive, reviendrait à penser et à accepter l'idée angoissante que le monde est injuste et que d'innocentes victimes (nous-mêmes) pourraient souffrir sans raison.

Afin de conserver cette impression de vivre dans un monde prévisible, nous avons tendance à considérer que les personnes affligées d'un problème sont différentes de nous d'une manière ou d'une autre, qu'elles sont peut-être moins compétentes, moins qualifiées, bizarres et que, quelque part, elles ont dû chercher ce qui leur arrive. Ce filtrage de l'information correspond à ce que certains chercheurs ont appelé : la croyance dans la justice du monde (Lerner, 1980).

> Une expérience effectuée par un chercheur du nom de Lerner (1965) valide cette hypothèse de la croyance des individus dans la justice du monde. Ce psychologue a demandé à des individus d'évaluer le travail de deux personnes à travers un miroir sans tain. Il s'agissait de deux hommes (en fait des complices de l'expérimentateur) qui effectuaient exactement la même chose en qualité comme en quantité. On précisait à l'observateur que le laboratoire n'avait pas assez d'argent pour payer ces deux personnes et que l'on avait tiré au sort pour déterminer lequel ne serait pas payé. On le désignait à l'observateur naïf, avant que celui-ci n'effectue son évaluation.
>
> Les résultats prouvèrent que le travail du malchanceux (celui censé ne pas recevoir de salaire) avait été perçu comme inférieur à celui de l'autre, alors même que rien n'aurait pu les départager de façon objective. L'individu chanceux, choisi par le hasard, ne pouvait que mériter son sort heureux…

Une deuxième expérience suggère que les gens peuvent s'appliquer cette croyance à eux-mêmes…

> Zuckerman (1975) téléphona à des étudiants afin de leur demander leur accord pour faire la lecture à un aveugle toute une soirée. Pour la moitié des sujets, l'expérimentateur s'arrangeait pour que cette demande intervienne en dehors des périodes d'examens, c'est-à-dire lorsque les étudiants disposaient de beaucoup de temps libre. Dans une autre

condition, d'autres étudiants étaient contactés en pleine période d'examens avec un emploi du temps très chargé.

On s'aperçut que les étudiants acceptaient beaucoup plus souvent la requête (lecture à l'aveugle toute la soirée), quand ils étaient en pleine période d'examens que quand ils disposaient d'un emploi du temps très allégé. Zuckerman en conclut que le fait de rendre service semblait avoir aux yeux des étudiants la fonction d'infléchir le sort en leur faveur au moment des examens.

Finalement, il semble que de très nombreuses personnes s'appliquent à elles-mêmes la croyance suivante : « Si je fais le bien, je m'attire le bien »...

Citons une dernière expérimentation conduite dans des services de chirurgie cardiaque de grands hôpitaux (Delhomme, 1987, cité par Deconchy). L'expérimentatrice (une infirmière) demandait à des patients de bien vouloir prêter leur montre à un autre malade qu'ils ne connaissaient pas.

Trois catégories de patients étaient interrogées :

- des malades dans l'incertitude concernant une éventuelle opération. N'ayant pas encore vu le chirurgien, ils ignoraient s'ils devaient être ou non opérés ;
- des malades sachant qu'ils seraient opérés ;
- des malades opérés et connaissant leur date de sortie (dans les 48 heures).

À votre avis, quelle est la catégorie de personne qui a le plus volontiers accepté de prêter sa montre ? La première catégorie. En effet, ce sont les personnes dans l'incertitude qui se sont montrées les plus altruistes. Il apparaît que c'est surtout dans les cas de forte incertitude que l'on voit apparaître ce genre de comportement, car le sort peut encore être changé. Alors que quand on sait que l'on va être opéré ou sortir demain...

Conclusion

La croyance dans la justice du monde est souvent un obstacle à l'analyse des causes des événements négatifs qui concernent les autres (accidents, échecs, etc.). Blâmer la victime nous polarise sur son attitude et nous gêne dans la recherche des nombreux autres facteurs présents dans le contexte de l'événement négatif.

Mais si cette croyance débouche sur des jugements irrationnels, c'est parce que c'est un filtre, grâce auquel nous percevons le monde dans lequel nous vivons comme supportable, prévisible, juste et rassurant. Ce filtre nous permet également d'aborder l'injustice, la souffrance et les malheurs d'autrui, tout en continuant à vivre et à vaquer à la futilité de nos affaires courantes.

Pour en savoir plus

DECONCHY J.-P. (2002). « Représentations et processus idéologiques : effets d'enveloppe et expérimentation », *Nouvelle Revue de psychologie sociale*, *1*, 90-98.

LERNER M. J. (1980). *The Belief in a Just World : A Fundamental Delusion*, New York, Plenum Press.

ZUCKERMAN M. (1975). « Belief in a Just World and Altruistic Behavior », *Journal of Personality and Social Psychology*, *16*, 669-680.

23 Comment les magazines populaires s'y prennent-ils pour fabriquer des tests de personnalité qui reflètent aussi bien ce que nous sommes ? *L'effet Barnum*

Si vous appréciez les tests, alors réalisez celui-ci.

1. Prenez une feuille de papier et faites une colonne de 1 à 10 :

1
2
3
etc.

2. Suivez ensuite les instructions en répondant le plus spontanément possible :

– en face du chiffre 1, écrivez n'importe quel nombre ;
– à côté des chiffres 2 et 6, inscrivez le nom d'une personne du sexe opposé que vous connaissez ;
– à côté des chiffres 3, 4 et 5, écrivez le nom de personnes proches (ami, parents, etc.) ;
– écrivez quatre titres de chansons en 7, 8, 9 et 10 (une seule chanson à la fois).

3. Résultats du test :

– Si le nombre que vous avez mis en face de « 1 » est un nombre pair, vous êtes une personne capable de fournir beaucoup d'efforts. S'il est impair, vous avez un grand sens des responsabilités.
– La personne n° 2 est celle que vous aimez.
– Celle que l'on trouve en n° 6 est une personne que vous appréciez beaucoup mais que vous ressentez comme problématique.

– Vous tenez particulièrement à la personne en n° 3.
– Le nom placé en n° 4 est celui d'une personne qui vous connaît très bien.
– La chanson n° 7 est celle qui s'associe avec la personne en n° 2.
– Le titre en n° 8 est la chanson pour la personne en n° 6.
– La chanson donnée en n° 9 est celle qui en dit le plus sur votre état d'esprit en ce moment.
– La chanson placée en n° 10 est celle qui révèle vos sentiments généraux par rapport à la vie.

Êtes-vous d'accord avec ces résultats ? Beaucoup de personnes le sont…

En cherchant bien, vous avez certainement dû trouver dans la chanson en n° 7 et en n° 9 des éléments qui correspondent aux résultats du test (état d'esprit du moment, association avec la personne en n° 2, etc.). Hélas, ne soyez pas trop déçu, ce petit jeu n'a évidemment aucune valeur. Il illustre simplement à quel point nous arrivons à interpréter des informations vagues et floues (les résultats du test) et à leur donner du sens. Nous sommes capables, à partir de suppositions incohérentes, d'accepter des interprétations sur nous-mêmes et de trouver en plus qu'elles ont du sens.

Ce phénomène a été mis en évidence par le psychologue Forer (1949). Il nommera « effet Barnum[1] » cette tendance des gens à accepter une vague description de personnalité comme s'appliquant de manière précise à eux-mêmes sans se rendre compte que cette même description pourrait s'appliquer aussi bien à n'importe qui…

1. Barnum : fondateur du cirque. On lui prête deux aphorismes. Le premier : « Il faut que dans un spectacle, chacun croit qu'il y a un petit peu de quelque chose pour lui. » Le deuxième : « À chaque minute, il naît un gogo… »

> Forer (1949) fit passer un test de personnalité à chacun de ses étudiants. Il jeta les résultats à la poubelle et recopia le texte d'une analyse de personnalité qu'il trouva sous la rubrique Astrologie d'un magazine. Quelques jours plus tard, il remit ce texte à chacun de ses élèves : « Vous avez besoin d'être aimé et admiré, et pourtant vous êtes critique avec vous-même. Vous avez certes des points faibles dans votre personnalité, mais vous savez généralement les compenser. Vous avez un potentiel considérable que vous n'avez pas tourné à votre avantage. À l'extérieur, vous êtes discipliné et vous savez vous contrôler, mais à l'intérieur, vous tendez à être préoccupé et pas très sûr de vous-même. Parfois, vous vous demandez sérieusement si vous avez pris la bonne décision ou accompli ce qu'il fallait. Vous préférez une certaine dose de changement et de variété, et devenez insatisfait si l'on vous entoure de restrictions et de limitations. Vous vous flattez d'être un esprit indépendant et vous n'acceptez l'opinion d'autrui que dûment démontrée. Vous pensez qu'il est maladroit de se révéler trop facilement aux autres. Par moments, vous êtes très extraverti, bavard et sociable, tandis que, à d'autres moments, vous êtes introverti, circonspect, et réservé. Certaines de vos aspirations tendent à être assez irréalistes. »
>
> Les étudiants ne savaient pas que tout le monde avait eu le même compte rendu. Forer leur demanda de noter cette évaluation entre 0 et 5, afin de savoir à quel point ils trouvaient que le résultat du test reflétait bien leur personnalité. Forer fut impressionné par les résultats. En effet, la moyenne de 4,2 révéla un accord important.

Cette expérience a été répliquée de nombreuses fois, toujours avec autant de succès. Ainsi Ulrich, Strachnick et Stainton (1963) constatèrent que sur 57 personnes, 53 avaient estimé que le bilan qui leur avait été remis constituait une excellente interprétation de leur personnalité. Mais, dans cette étude, les chercheurs remarquèrent un fait encore plus étrange : bien que, après l'expérience, les sujets aient eu connaissance du fait que l'attribution des profils était identique pour tous, certains continuèrent à persister dans « l'effet Barnum ». Un sujet rapporta même la phrase suivante : « Je crois que dans mon cas, cette interprétation s'adapte individuellement, car il y a beaucoup trop de facettes qui me correspondent pour que cela puisse être une généralisation » (p. 833).

Comment expliquer l'effet Barnum ? Et bien selon Dickson et Kelly (1985) qui ont étudié la totalité des recherches dédiées à ce phénomène, il semble d'abord que nous aimions particulièrement la flatterie et les discours qui nous valorisent. Ensuite, nous ne percevons bien souvent dans une analyse que ce qui nous arrange.

Ainsi, il ressort des différentes études que les traits de caractère qui nous avantagent soient plus facilement acceptés comme une description précise de notre personnalité que les traits désavantageux. Faites vous-même l'expérience, dites par exemple à quelqu'un : « Je trouve que tu as un grand sens de la justice, n'est-ce pas ? » Vous verrez que la réponse sera toujours : « Oui, c'est vrai… »

La recherche de Dickson et Kelly souligne également que l'effet Barnum est davantage présent chez les personnes qui possèdent un grand besoin d'approbation ou encore une tendance autoritaire.

Le danger avec l'effet Barnum, c'est que nous risquons de trouver pertinent n'importe quelle méthode d'évaluation de la personnalité, d'accepter des déclarations hasardeuses voire fausses sur nous-mêmes, si tant est que nous les considérions suffisamment positives ou flatteuses. Une fausse description de notre personnalité peut nous paraître précise et spécifique, alors qu'elle est vague et qu'elle peut s'adapter à de nombreuses personnes.

Les études scientifiques de certaines pratiques comme l'astrologie, la numérologie ou la graphologie montrent qu'elles ne constituent en rien des outils valides pour déterminer la personnalité. Pourtant, la plupart de leurs clients sont satisfaits et convaincus de leur précision, car elles semblent donner des analyses précises.

Conclusion

Trouvez-vous que les tests de personnalité [1] que l'on trouve dans les magazines correspondent à votre personnalité ? Pensez-vous tout autant que votre horoscope ou votre thème numérologique reflètent ce que vous êtes ? Si vous répondez oui, vous êtes victime de l'effet Barnum…

Pour en savoir plus

DICKSON D.H., KELLY I.W. (1985). « The Barnum Effect in Personality Assessment : A Review of the Literature », *Psychological Reports*, *57*, 367-382.

FORER B.R. (1949). « The Fallacy of Personal Validation : A Classroom Demonstration of Gullibility », *Journal of Abnormal Psychology*, *44*, 118-121.

ULRICH R.E., STACHNIK T.J., STAINTON S.R. (1963). « Student Acceptance of Generalized Personality Interpretations », *Psychological Reports*, *13*, 831-834.

1. Aucun des tests de personnalité des magazines populaires ne mesure correctement quoi que ce soit. Il s'agit simplement de jeux pour passer le temps. Seuls les tests utilisés par les psychologues et qui ne sont pas vendus aux non-spécialistes sont des outils construits avec rigueur (fidélité, validité, étalonnage), afin de tenter, autant que faire ce peut, de les rendre les plus fiables et valides possible.

24 Faut-il croire les personnes qui disent ne pas aimer les homosexuels ? *Homophobie et excitation sexuelle*

Les psychanalystes ont longtemps considéré que l'homophobie (c'est-à-dire l'aversion et l'hostilité envers les homosexuels) était le résultat d'une homosexualité réprimée. Bref, que les homophobes étaient des homosexuels qui s'ignorent. L'homophobe aurait ainsi peur de l'autre, car il y verrait un semblable qui lui rappelle son propre désir. Il ne restait plus aux scientifiques qu'à tenter de vérifier cette hypothèse. C'est ce qu'ont fait Adams, Wright et Lohr en 1996.

Ces chercheurs ont tenté une expérience auprès de 70 hommes tous exclusivement hétérosexuels déclarés. Les chercheurs ont d'abord repéré les participants qui étaient homophobes et ceux qui ne l'étaient pas. Pour ce faire, ils leur ont demandé de répondre à un questionnaire mesurant l'homophobie (Hudson et Ricketts, 1980) et qui proposait des questions du type : « Je me sentirais nerveux dans un groupe d'homosexuels » (d'accord/pas d'accord). Adams et ses collègues ont ensuite montré des vidéos pornographiques aux 35 personnes évaluées comme homophobes ainsi qu'aux 29 autres. Ces vidéos (présentées dans un ordre aléatoire) contenaient des scènes soit hétérosexuelles, soit homosexuelles masculines, soit homosexuelles féminines.

Le degré d'excitation sexuelle des sujets a été enregistré par le biais d'une bague passée autour du pénis des participants et permettant de mesurer les variations et les niveaux de circonférence de la verge (plethysmographie pénienne). Les résultats montrent qu'à quelque chose près, les hommes des deux groupes ont été excités de la même façon en visionnant les vidéos hétérosexuelles et homosexuelles féminines. En revanche, une nette différence est apparue entre les deux groupes lors de la projection du film homosexuel masculin : les hommes homophobes ont montré une augmentation de circonférence bien plus importante que l'autre groupe. Ils étaient bien plus nombreux à être excités en regardant le film (54 %) que les personnes qui n'étaient pas homophobes (24 %). Précisément, devant le film homosexuel masculin, plus de la moitié des hommes homophobes (54 %) ont manifesté une excitation manifeste (augmentation de plus de 12 millimètres), 26 % ont présenté une excitation modérée (6-12 millimètres), et seulement 20 % n'étaient pas excités du tout (0-6 millimètres). Chez les hommes non homophobes, on trouve les résultats suivants : excitation manifeste (24 %), excitation modérée (10 %) et aucune excitation (66 %).

Après la diffusion des vidéos, les chercheurs ont demandé aux participants d'évaluer de façon subjective leur niveau d'excitation pour chacun des trois films. Les réponses fournies par les hommes des deux groupes ont été assez réalistes et proches de ce que les chercheurs avaient constaté grâce à la plethysmographie pénienne, à une exception près : les hommes homophobes ont sous-estimé de manière significative leur degré d'excitation, lorsqu'ils devaient répondre pour le film homosexuel masculin.

Ces données signifient-elles que l'homophobie est bien une réaction aux pulsions homosexuelles réprimées ou refoulées ? Même si les résultats sont conformes à cette théorie, les auteurs notent qu'il y a d'autres explications théoriques possibles. Par exemple, certains psychologues pensent que l'anxiété peut également provoquer des érections (Barlow, Sakheim et Beck, 1983). La projection de la vidéo homosexuelle masculine aurait alors pu causer des émotions négatives (anxiété) chez les hommes homophobes, ce qui expliquerait le surcroît d'érection dans ce groupe par rapport à l'autre. Ces explications concurrentes devraient être testées dans de prochaines recherches.

Conclusion

L'homophobie est une attitude discriminatoire qui ne se limite pas à une aversion affichée pour les homosexuels. Les personnes homophobes sont aussi généralement plus agressives que les autres envers les homosexuels. Cela a été prouvé dans une expérience plus récente : des hommes homophobes ont administré davantage de chocs électriques à leur adversaire, quand ils pensaient avoir affaire à un homosexuel, ce qui n'a pas été retrouvé chez des hommes non homophobes (Bernat, Calhoun, Adams et Zeichner, 2001).

En définitive, si, comme le suggère la recherche de Adams, les homophobes ont réellement des désirs homosexuels réprimés, il semble bien que l'être humain puisse agresser autrui, si tant est qu'il retrouve chez l'autre ce qu'il déteste le plus en lui-même…

Pour en savoir plus

ADAMS H.E., WRIGHT L.W., LOHR B.A. (1996). « Is Homophobia Associated With Homosexual Arousal ? », *Journal of Abnormal Psychology*, *105* (3), 440-445.

BARLOW D.H., SAKHEIM D.K., BECK J.G. (1983). « Anxiety Increases Sexual Arousal », *Journal of Abnormal Psychology*, *92*, 49-54.

BERNAT J.A., CALHOUN K.S., ADAMS H.E., ZEICHNER A. (2001). « Homophobia and Physical Aggression toward Homosexual and Heterosexual Individuals », *Journal of Abnormal Psychology*, *110* (1), 179-187.

25 Pourquoi votre sœur préfère-t-elle sa petite bicoque à votre belle et grande demeure ? *L'effet LAP et l'effet de dotation*

Peut-être avez-vous déjà remarqué que, dans la vie courante, les gens semblent préférer leurs « petits objets » à ceux qui ne leur appartiennent pas… Par exemple, vous êtes en vacances et vous vous promenez avec votre sœur dans une petite ville de bord de mer. Au détour d'une rue, vous apercevez une grande et belle bâtisse. Vous vous arrêtez quelques instants et vous dites tout haut : « Ce que j'aimerais avoir une pareille demeure. » Votre sœur vous répond alors du tac au tac : « Non, moi je préfère ma petite maison… » Vous ne relevez pas, vous pensez que votre sœur est vraiment de mauvaise foi et vous avez peut-être raison…

Imaginons une autre situation : vous êtes sur votre lieu de travail et, depuis ce matin, votre collègue vous fatigue avec son dernier achat (un vêtement, un accessoire). Pourtant, il vous semble qu'il n'y a vraiment pas de quoi en faire tout un plat. Vous pourriez vous dire que votre collègue n'a pas de goût. Vous pourriez également penser que son comportement est normal, votre collègue n'étant pas très argentée, elle a consenti beaucoup d'efforts et d'argent pour acquérir cet accessoire. C'est la raison pour laquelle cet objet est très attrayant à ses yeux.

Il semble donc y avoir beaucoup de raisons pour lesquelles les gens disent préférer ce qui leur appartient à ce qui ne leur appartient pas. Mais pensez-vous qu'en dehors de toutes ces considérations, le simple fait qu'un objet nous appartienne, le rende beaucoup plus attrayant à nos yeux ? Et bien c'est ce qu'a réussi à montrer un chercheur en créant un stratagème, de façon que les gens ne se rendent pas compte qu'ils effectuaient une comparaison entre un objet qui leur appartenait et un objet qui ne leur appartenait pas. Cet objet de comparaison était leur propre nom…

> Nuttin (1987) a proposé à des participants plusieurs séries de 6 lettres (B, F, E, P, I, C), en leur demandant de choisir les séries qu'ils préféraient. Il est troublant de constater que les gens ont systématiquement privilégié les séries contenant les lettres de leur nom ou de leur prénom à celles où ces lettres n'apparaissaient pas.
>
> Cette expérience a été reproduite avec des sujets de différents pays, toujours avec le même succès, sans que personne n'ait pu avoir conscience ni de la présence de leurs lettres dans les séries, ni de l'objet de la recherche.

Cette tendance a été appelée « effet LAP » (Lettres d'Amour-Propre). D'autres chercheurs ont découvert un mécanisme psychologique assez proche qu'ils ont baptisé : « l'effet de dotation ».

Cet effet repose sur une tendance des gens à demander beaucoup plus d'argent pour renoncer à un objet qui leur appartient, qu'ils seraient eux-mêmes disposés à dépenser pour l'acquérir…

> Kahneman et ses collègues (1991) ont donné à la moitié des étudiants d'une salle de classe (et au hasard) une tasse de café vide. Tous les étudiants ont été invités à examiner une tasse (la leur ou celle de leur voisin, s'ils n'en avaient pas). Les chercheurs ont alors demandé aux propriétaires des tasses de noter le prix minimum auquel ils vendraient leur tasse, et à ceux sans tasse, le prix maximum qu'ils étaient prêts à payer pour en obtenir une.

On pourrait s'attendre à ce que tous les prix soient semblables entre les deux groupes. Mais ce n'est pas ce que les chercheurs ont observé : en moyenne, les propriétaires ont fixé un prix minimum demandé de 5,25 dollars pour leur tasse, alors que les acheteurs en offraient seulement 2,50.

Finalement, si vous donnez quelque chose à quelqu'un, il développe immédiatement un penchant particulier pour cet objet, penchant qu'une personne observant la scène ne développe pas…

Supposez que vous gagnez deux billets pour un match amical de l'équipe de France de football. Votre voisin n'en revient pas et il vous offre 60 euros pour les billets. Vous dites : « Non non, je les garde. » Cependant, si vous n'aviez pas gagné les billets, vous n'auriez pas été disposé à en acheter deux pour 60 euros. Vous n'êtes pas disposé à les vendre 60 euros, mais vous n'auriez pas non plus été disposé à les acheter pour 60 euros. Autrement dit : les billets sont trop chers pour vous si vous devez les acheter, mais pas assez cher si vous devez les vendre !

Conclusion

L'effet LAP tend à mettre en évidence que le seul fait qu'un objet nous appartienne est une condition suffisante pour que les chances de le trouver plus attrayant augmentent. Cet effet de « pure appartenance à soi » se constate lorsque nous acquérons des objets. Par exemple, si une paire de chaussures nous plaît dans une vitrine de magasin, elle nous plaira encore davantage lorsque nous l'aurons payée et qu'elle nous appartiendra vraiment. Si les chaussures coûtent très cher, nous les trouverons encore plus belles, mais là il s'agit d'un autre mécanisme (*cf.* 49. La dissonance cognitive, p. 204). Quant à l'effet de dotation, observez notre comportement : bien souvent, lorsque nous désirons vendre notre voiture, nous allons la surestimer par rapport à la cote de l'Argus. En revanche, quand nous en achetons une, nous nous étonnons que son propriétaire en fasse autant !

Maintenant que vous connaissez cette tendance, soyez plus charitable avec votre sœur ou avec votre collègue...

Pour en savoir plus

KAHNEMAN D., KNETCH J.L., THALER R.H. (1991). « The Endowment Effect, Loss Aversion and Status Quo Bias », *Journal of Economic Perspectives*, *5*, 193-206.

NUTTIN J.M. (1987). « Affective Consequences of Mere Ownership : The Name Letter Effect in Twelve European Languages », *European Journal of Social Psychology*, *17*, 381-402.

26 Pourquoi devez-vous rire à gorge déployée ? *L'attrait pour différents types de rires*

Les rires sont comme les empreintes digitales, tous différents et propres à chacun. Mais avez-vous remarqué les effets que les rires d'autrui pouvaient avoir sur nous : certains sont communicatifs et nous transmettent de la bonne humeur, d'autres nous agacent prodigieusement... ? Bachorowski et Owren (2001) ont tenté de découvrir les formes de rires les plus appréciées par les gens.

Dans leur expérience, ils ont demandé à 130 personnes d'écouter 50 rires exprimés franchement et 20 autres plus

« contenus ». La mission des participants était d'évaluer ces différentes expressions selon trois critères :

- à quel point ils les trouvaient plaisants ;
- la façon dont ils s'imaginaient que les autres les aimaient ;
- le caractère « sexy » du rieur et s'ils aimeraient rencontrer cette personne.

Les résultats ont montré que les rires à gorge déployée, c'est-à-dire ceux qui étaient exprimés clairement, furent davantage appréciés que les rires contenus. Les participants ont jugé les rieurs francs comme étant plus « sexy » que les autres. Ils ont également davantage déclaré vouloir les rencontrer. *A contrario*, les rires les plus détestés furent les rires sans voix, de type grognements, raclements de gorge et surtout les halètements, particulièrement lorsqu'ils étaient émis par des femmes.

Conclusion

Laissez-vous aller à rire franchement. Contrairement à ce que l'on pourrait croire, ce comportement agacera certainement moins votre entourage que si vous pouffez dans votre barbe…

Pour en savoir plus

BACHOROWSKI J.A., OWREN M.J. (2001). « Not all Laughs Are Alike : Voiced but not Unvoiced Laughter Readily Elicits Positive Affect », *Psychological Science*, *12*, 252-257.

27 Pourquoi est-ce que c'était mieux avant ? *L'effet de simple exposition*

N'avez-vous jamais entendu les phrases suivantes : « on a toujours fait comme cela », « c'était mieux avant », « les autres n'ont qu'à m'accepter comme je suis », « ici, c'est de pire en pire », « on n'a pas besoin de ce nouveau truc, on a ce qu'il faut », ou encore « de mon temps, ce ne se serait pas passé comme cela ».

On pourrait penser qu'effectivement, l'époque est en train de changer, mais, en réalité, ce phénomène n'est pas récent. Socrate déclarait déjà il y a 2400 ans : « Il n'y a plus de jeunesse, nos enfants ne se lèvent plus quand un vieillard entre dans une pièce, ils répondent à leurs parents et bavardent au lieu de travailler... ». Ces propos traduisent une résistance au changement, une inertie à l'évolution des choses. Dès lors que nos habitudes de vie sont bousculées ou risquent de l'être, nous regrettons « le temps d'avant », celui que l'on connaît et qui nous rassure. Nous avons alors tendance à rejeter en bloc l'objet du changement.

Préférerait-on réellement ce que l'on connaît à ce que l'on ne connaît pas ? Une expérience de Zajonc (1968) permet de répondre à la question...

> Ce chercheur a présenté à des sujets 12 mots de 7 lettres sans signification. Il expliquait aux participants qu'il s'agissait de mots turcs. Selon les conditions, ces mots étaient présentés 0, 1, 2, 5, 10 ou 25 fois. Zajonc leur demandait ensuite d'estimer dans quelle mesure chacun de ces mots signifiait, selon eux, quelque chose de « bien » ou de « mal ».

> Il est surprenant de voir que les résultats indiquent une relation très forte entre la fréquence d'exposition aux mots et le sens global qui leur est attribué. En effet, les sujets estiment que les mots présentés un grand nombre de fois (10 et 25) expriment des notions plus positives que les mots présentés rarement (0,1 et 2 fois).

Cette expérience nous amène à penser que la simple exposition répétée à un stimulus est une cause « suffisante » pour le rendre plus attractif.

Ne vous est-il jamais arrivé d'entendre une chanson que vous trouviez plate et ennuyeuse, puis, à force de l'écouter, de vous surprendre à la chanter sous la douche ? Les maisons de productions musicales connaissent bien ce processus de simple exposition, c'est pourquoi une chanson se doit d'être diffusée le plus de fois possible.

L'explication tient au fait que, dans un premier temps, la confrontation avec un objet ou une situation nouvelle entraîne des sentiments négatifs (peur, méfiance). Après un certain nombre d'expositions et en l'absence de menace provenant du stimulus, les sujets trouvent celui-ci plus attrayant. L'attrait augmente à mesure que l'objet devient familier et donc moins menaçant.

Enfin, après un certain nombre d'expositions, les sujets n'auraient plus d'intérêt pour le stimulus (ennui), ce qui entraîne des sentiments moins positifs à son égard. C'est ce qui nous fait dire que l'on a beau rouler dans la plus belle des voitures, sur la plus belle des routes, on finira toujours par s'ennuyer…

Conclusion

De tout temps, la résistance à l'innovation a freiné l'évolution et l'amélioration des méthodes, des sciences et des techniques. Non seulement les gens sont dubitatifs lorsqu'on veut initier un changement, c'est le : « ça ne marchera jamais », mais, en plus, une fois le changement appliqué, on les entend dire que « c'était mieux avant ».

C'est pourquoi, si vous voulez transformer les choses, ayez conscience de ces résistances en impliquant les personnes visées : « j'aimerais atteindre cet objectif, comment crois-tu que nous puissions faire ? ». Permettez également une adaptation au changement que vous voulez mettre en place afin que les gens se l'attribuent plus facilement.

Repérons nous-même nos résistances face à la nouveauté, et moquons-nous gentiment du « c'était mieux avant », même si c'est parfois difficile. Sachons également qu'en vieillissant, la tendance générale n'est pas à l'amélioration du mécanisme, puisque nous devenons moins flexibles et généralement plus résistants aux changements.

Pour en savoir plus

ZAJONC R.B. (1968). « Attitudinal Effects of Mere Repeated Exposure », *Journal of Personality and Social Psychology* : *Monograph Supplement*, *9*, 1-27.

28 Confieriez-vous davantage votre portefeuille à votre sosie qu'à une autre personne ? *Confiance et similarité*

Faites-vous davantage confiance aux personnes qui ont une tête qui ressemble à la vôtre ? Voilà une question que vous ne vous êtes certainement jamais posée… Pourtant, les résultats d'une recherche de DeBruine (2002) nous permettent de répondre par l'affirmative.

> DeBruine (2002) a convié des étudiants à participer à un jeu sur Internet avec un partenaire dont ils ne voyaient que la photo. En réalité, l'adversaire n'existait pas et ses réponses étaient programmées à l'avance dans l'ordinateur, ce qu'ignoraient naturellement les étudiants. Pendant le jeu, le participant était amené à diviser de l'argent entre lui et l'autre joueur, ou encore de faire confiance à ce dernier pour diviser une grosse somme d'argent.
>
> La moitié des étudiants jouait avec une personne dont la photo était le résultat d'une fusion entre leur propre visage et celui d'un inconnu. Pour ce faire, le chercheur avait préalablement photographié chacun des étudiants juste avant l'expérience sous un prétexte fallacieux. L'opération de fusion était ensuite effectuée grâce à un logiciel de morphing. L'autre moitié des participants jouait face à un individu dont la photo était le résultat de la fusion de deux visages inconnus.
>
> DeBruine constata que les participants qui jouaient avec des associés possédant des visages dont de nombreux traits étaient similaires aux leurs, avaient eu confiance en eux plus de deux fois sur trois. En revanche, ceux qui jouaient avec un partenaire au visage inconnu ne lui avaient fait confiance qu'une fois sur deux.
>
> Plus tard, DeBruine a cherché à savoir si l'excès de confiance n'était pas simplement attribuable au fait que le visage était familier. L'expérience a donc été reproduite en utilisant des morphings familiers de célébrités (Ben Affleck, Sarah Michelle Gellar) fusionnés à des visages inconnus. Les résultats montrèrent que la confiance envers l'autre joueur n'apparaissait que lorsqu'il existait une ressemblance faciale et non quand le visage était familier.

Mais d'où nous vient cette tendance ? Et a-t-elle une utilité sociale ? Selon Debruine, elle a pu aider nos ancêtres à s'occuper davantage de leurs parents que des autres, dans les premiers groupes sociaux. Des études ont montré que les animaux, comme certains écureuils, aident également davantage ceux qui leur ressemblent.

D'autres animaux (babouins, hamsters, singes rhésus) semblent pouvoir identifier des parents en comparant leur propre odeur à la leur. Finalement, DeBruine semble mettre en évidence que nous mobilisons la vue pour faire la même chose.

Ce qui est étonnant, c'est que les hommes semblent, davantage que les femmes, particulièrement attentifs à cette similarité. Platek et ses collègues (2002) ont constaté que contrairement aux femmes, les hommes à qui l'on montre des photos de bébés fusionnées avec leurs propres visages (25 % à 50 % de caractéristiques communes) trouvent ces enfants plus attrayants et s'inquiètent davantage de leur bien-être que si le visage du bébé n'a aucune ressemblance avec eux.

Les psychologues pensent que les femmes ne sont pas aussi inquiètes que les hommes du fait de savoir si l'enfant est bien le leur. Elles n'ont ainsi pas besoin de développer de vigoureux processus d'identification afin de reconnaître leur propre progéniture. La ressemblance est donc un moyen pour les hommes de s'assurer de la paternité…

Conclusion

Il semble établi que la « similarité faciale » facilite le comportement social. Alors, si vous êtes dans le besoin et que vous deviez demander un crédit à la consommation, choisissez bien votre banquier, vos ressemblances pourraient être un critère décisif dans l'acceptation de votre prêt…

Pour en savoir plus

DEBRUINE L.M. (2002). « Facial Resemblance Enhances Trust », *Proceedings of the Royal Society of London*, *269*, 1 307-12.

HOLME W.G., SHERMAN P.W. (1982). « The Ontogeny of Kin Recognition in Two Species of Ground Squirrels », *American Zoologist*, *22*, 491-517.

PLATEK S.M., BURCH R.L., PANYAVIN I.S., WASSERMAN B.H., GALLUP G.G. (2002). « Reactions to Children's Faces ; Resemblance Affects Males more than Females », *Evolution and Human Behavior*, *23*, 159-166.

29 Un « ordinateur flatteur » peut-il vous émouvoir ? *L'effet de la flatterie informatique sur le jugement*

Votre ordinateur vous laisse froid, car vous êtes conscient que ce n'est qu'un tas de plastique et de silicium qui ne trouble en rien votre état émotionnel, sauf lorsqu'il « plante » lamentablement. Malgré cela, êtes-vous néanmoins sensible aux : « Félicitations, vous avez bien travaillé ! » et autres flatteries que vous lance parfois la machine au détour d'une tâche ardue ou quand vous quittez un programme ?

Fogg et Nass (1997) ont tenté une expérience afin d'observer si les humains pouvaient être sensibles aux flatteries des ordinateurs.

Dans cette expérience, des étudiants devaient penser à un animal. Devant eux, un ordinateur leur posait plusieurs questions auxquelles ils devaient répondre par oui ou par non, à l'aide du clavier (« L'animal a-t-il des plumes ? »). La machine était censée trouver l'animal à l'issue de la série de questions. En réalité, le programme était construit de façon que l'étudiant gagne la partie.

Avant de commencer une nouvelle série, l'ordinateur proposait au participant de contribuer à améliorer le programme en ajoutant une question supplémentaire qui pourrait être posée plus tard à d'autres étudiants. Par exemple, le sujet pouvait ajouter : « L'animal a-t-il des sabots ? » Une fois ce travail effectué, l'ordinateur fournissait au participant une évaluation de cette amélioration.

Certains des étudiants reçurent une évaluation flatteuse : « Votre question apporte une distinction intéressante et utile. C'est du bon travail ! » Ou encore « Vous semblez avoir une capacité rare de structurer logiquement des données. » Pour la moitié d'entre eux (condition « flatterie »), les chercheurs avaient préalablement expliqué que l'évaluation émise par l'ordinateur n'aurait rien à voir avec leur contribution réelle. Les sujets étaient ainsi prévenus que l'évaluation, même flatteuse, relevait du pur hasard. Pour l'autre moitié (condition « éloge sincère »), les étudiants étaient amenés à croire que l'évaluation faite par l'ordinateur reflétait exactement leur travail : il était préalablement dit que la machine comparerait leur travail à des centaines d'autres personnes ayant participé au jeu et rendrait alors une conclusion.

En réalité, dans ces deux conditions, les évaluations à partir de l'ordinateur étaient préprogrammées et identiques.

Enfin, certains étudiants ne reçurent pas d'éloges pour leur contribution (condition « générique »), ils purent lire simplement un message type (« Vous pouvez commencer la prochaine série »).

Tous les sujets devaient ensuite remplir un questionnaire visant à mesurer la manière dont ils avaient perçu l'ensemble de l'activité sur l'ordinateur.

Comme on peut le voir sur les figures ci-dessous, les résultats ont révélé que les étudiants des conditions « éloge sincère » et « flatterie » ont dit se sentir de meilleure humeur, trouvé leur performance supérieure, leur ordinateur plus performant et se sont montrés davantage prêts à continuer l'expérience que les sujets de la condition « générique ».

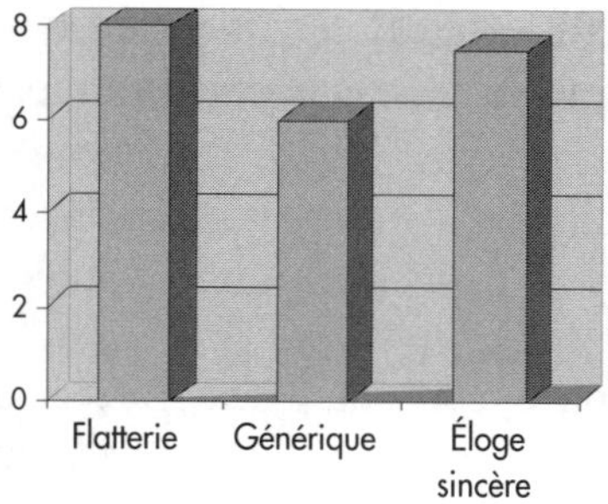

Humeur positive
(0 = faible ; 8 = forte)

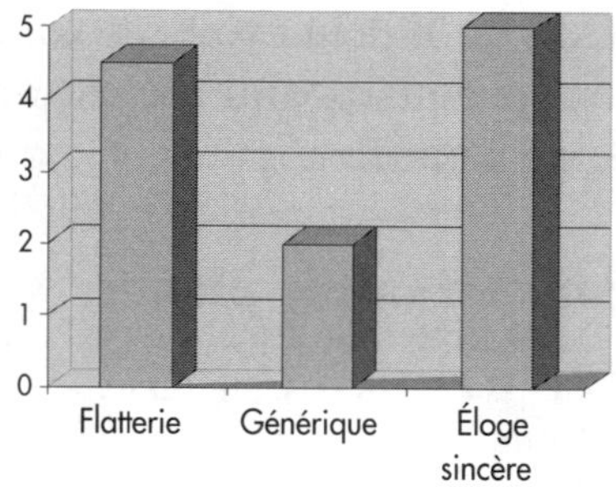

Évaluation de la performance de l'ordinateur
(0 = peu performant ; 8 = très performant)

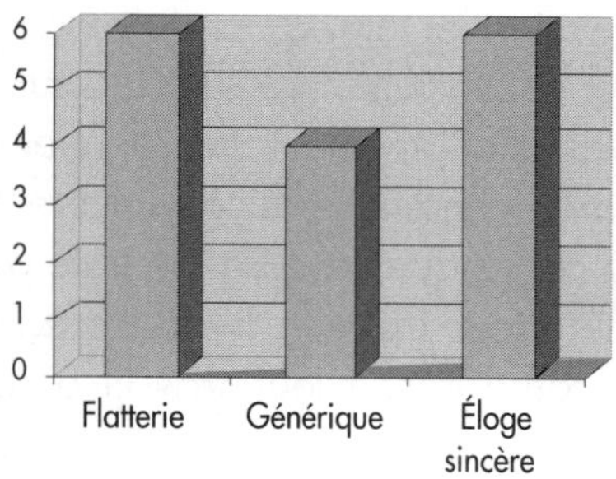

Accord pour poursuivre le travail
(0 = faiblement d'accord ;
8 = fortement d'accord)

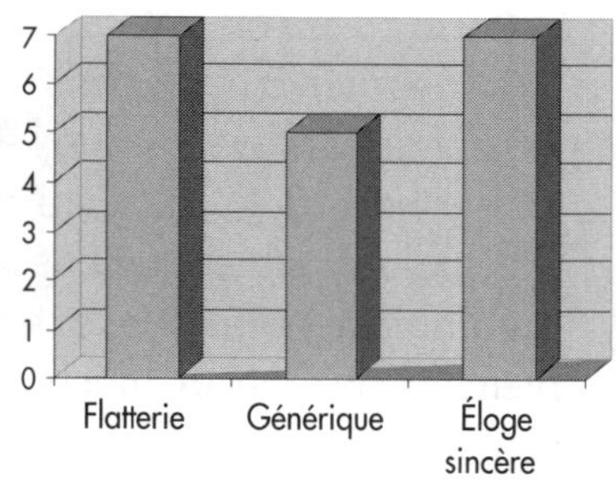

Perception de sa propre performance
(0 = bonne perf. ; 7 = mauvaise perf.)

Ce qui est amusant, c'est que même les étudiants ayant été mis au courant que l'évaluation faite par l'ordinateur ne reflétait pas leur travail réel, réagissent positivement (condition « flatterie »).

Conclusion

À un certain niveau psychologique, ces résultats suggèrent que l'ordinateur n'est pas uniquement une machine mais aussi un acteur social. En effet, ses flatteries et ses éloges sincères à notre endroit ont sur nous le même effet que si elles étaient exprimées par une personne en « chair et en os ».... Alors, bichonnez votre vieux PC ou Mac, car les effets qu'il peut avoir sur votre état affectif et vos jugements sont parfois positifs, c'est ce que la science commence à peine à déceler...

Pour en savoir plus

FOGG B.J., NASS C. (1997). « Silicon Sycophants : The Effects of Computers that Flatter », *International Journal of Human-Computer Studies*, *46*, 551-561.

3

Gestion de l'image de soi

Sommaire

▶ **30** Pourquoi est-ce de la faute du professeur si vous ratez votre examen ?
Le biais d'autocomplaisance 115

▶ **31** Quel est le nombre de mensonges que vous commettez en 10 minutes de conversation ordinaire ?
Mensonges et présentation de soi 119

▶ **32** Les personnes qui reçoivent un césar sont-elles sincères quand elles disent que sans les autres, elles n'y seraient jamais arrivées ?
La présentation stratégique de soi 121

▶ **33** Pourquoi préfère-t-on se comparer au clochard du coin plutôt qu'au président de la République ?
La comparaison sociale 130

▶ **34** Vous avez une poignée de main molle comme un paquet de saucisses, pensez-vous que cela puisse nuire à votre image ?
Poignée de main et formation d'impression 136

▶ **35** Pourquoi certaines personnes pensent-elles que vous aimez le civet de lapin au chocolat ?
Les biais de fausse unicité et de faux consensus...... 139

30 Pourquoi est-ce de la faute du professeur si vous ratez votre examen ?
Le biais d'autocomplaisance

Imaginez monsieur F. au volant de sa voiture accompagné de sa femme. Il roule sur l'autoroute, la circulation est dense. Tout à coup, il donne un grand coup de volant à droite, car il se rend compte que c'est à cet endroit qu'il devait sortir de l'autoroute.

Que se passe-t-il derrière ? Les gens sont surpris, les freinages s'intensifient, surtout si les distances ne sont pas respectées, et c'est l'accident… Monsieur F. emprunte tranquillement la sortie sans s'être rendu compte de rien. Il passe sur le pont au-dessus de l'autoroute, et c'est alors qu'il remarque le carambolage. Stupéfait, il dit à sa femme : « Regarde chérie, ils se sont tous emboutis ! Les imbéciles… Dis donc, j'ai bien fait de sortir, encore un peu et on y était. Je dois avoir un sixième sens. » Monsieur F. ne se rend même pas compte qu'il est le responsable du carambolage. Il n'a donc aucune raison de tirer une leçon de l'événement. Au contraire, son ignorance le renforce même dans l'idée qu'il est un bon conducteur, puisqu'il est sorti à temps.

Il reproduira certainement son comportement la prochaine fois qu'il oubliera de sortir…

Cette anecdote révèle qu'il est essentiel de reconnaître les vraies causes des événements auxquels nous sommes confrontés afin d'apprendre de nos expériences et de progresser.

Il est, par exemple, important de savoir reconnaître dans nos échecs quelle est notre part de responsabilité de façon à ne pas reproduire les mêmes erreurs. Mais, souvent, cela nous est extrêmement difficile à cause d'un mécanisme psychologique que les chercheurs ont appelé le biais d'autocomplaisance (ou biais égocentrique).

Ce type de raisonnement repose sur une tendance que nous avons à attribuer nos succès à des causes qui nous sont internes comme : nos compétences, nos efforts, nos capacités. Parallèlement, nous avons une fâcheuse tendance à attribuer nos échecs à des causes externes comme la malchance, la malveillance des autres ou encore la fatalité. Nous sommes ainsi naturellement enclins à interpréter les faits de façon à préserver la haute opinion que nous avons de nous-mêmes (Zuckerman, 1979).

Par exemple, si je restaure un mur en plâtre chez moi et qu'au bout de deux jours, la totalité de l'enduit que je viens de poser a dégringolé par terre, il y a fort à parier que j'incriminerais les outils que l'on m'a vendus et qui ne correspondent pas à mes besoins. Je pourrais également penser que le vendeur n'a rien compris ou bien accuser le plâtre d'être de mauvaise qualité. En revanche, si le mur est réussi, c'est certainement parce que je suis un « excellent » plâtrier.

Nous pouvons ainsi rendre les autres responsables de notre échec. On ne compte plus, en effet, le nombre d'examens soi-disant ratés d'un quart de point (ce qui d'ailleurs sous-entend une quasi-réussite) à cause d'un système de notation aveugle ou d'un professeur sadique. Notez que les étudiants ne sont pas les seuls à faire preuve de ce biais, puisqu'on le retrouve également chez les enseignants…

> Gosling (1992) a interrogé les enseignants sur la cause de la réussite et de l'échec de leurs élèves.
>
> Les résultats ont montré que ceux-ci ont tendance à s'attribuer la réussite de leurs élèves. Ainsi quand les étudiants réussissent, c'est grâce à la qualité de l'enseignant et de l'enseignement (attributions internes). En revanche, lorsqu'il s'agit d'expliquer l'échec de leurs élèves, les enseignants l'attribuent davantage au contexte familial (attributions externes) qu'à la qualité de l'enseignement.

Il en est ainsi, nous voulons que les autres nous perçoivent positivement, c'est-à-dire comme une personne pleine de qualité.

Notre société occidentale prône « l'internalité » qui renvoie à l'autonomie et à la responsabilité individuelle. Les gens savent qu'il est valorisant de donner des réponses internes pour les réussites, même si ces explications ne sont pas plus pertinentes ou objectives que les explications externes. Cette « norme d'internalité » (Dubois, 1994) est intégrée de façon précoce, puisque si l'on demande à un enfant de 3 ans d'expliquer pourquoi il a donné un bonbon à son camarade, l'enfant répond habituellement : « Je lui ai donné un bonbon parce qu'il me l'a demandé » (attribution externe). Lorsqu'on pose cette question à un enfant de 5 ans, celui-ci répond : « Je lui ai donné un bonbon parce que je suis gentil » (attribution interne).

Conclusion

Il est essentiel de savoir reconnaître nos erreurs pour pouvoir en tirer parti et avancer. Dans le cas contraire, nous reproduirons les mêmes bêtises. L'important est donc de réduire la part d'attributions égocentriques pour que nos apprentissages soient de meilleure qualité. Nous comprendrons alors quelles sont les causes véritables de nos échecs et quels sont les leviers à actionner.

Après une réussite, faites un point et évaluez les causes réelles. Soyez objectif et mettez de côté ce qui est attribuable au hasard ou à la chance. L'intérêt est de pouvoir reproduire ce qui a réellement marché. Après un échec, évitez de vous justifier, tentez plutôt de trouver objectivement les raisons pour lesquelles vous avez essuyé un échec. Si vous avez été mauvais, sachez le reconnaître.

À titre de jeu (que vous prétendrez porter sur la mémoire), demandez à un ami ou à un parent de se remémorer un échec et d'en expliquer la ou les causes. Puis, dans un second temps, demandez-lui de se rappeler une réussite et de l'expliquer. Vous verrez se confirmer la tendance au biais d'autocomplaisance.

Sachez pour finir que si ce biais nous gêne dans nos apprentissages, il est néanmoins un signe de bonne santé mentale. En effet, on ne le retrouve pas chez les personnes en dépression qui ont, de fait, une faible estime de soi (Taylor, 1989).

Pour en savoir plus

DUBOIS N. (1994). *La Norme d'internalité et le libéralisme*, Grenoble, PUG.

GOSLING P. (1992). *Qui est responsable de l'échec scolaire ?*, Paris, PUF.

ROSS M., SICOLY F. (1979). « Egocentric Biases in Availability and Attribution », *Journal of Personality and Social Psychology*, 37, 322-336.

TAYLOR S.E. (1989). *Positive Illusions : Creative Self-Deception and the Healthy Mind*, New York, Basic Books.

WEINER B., FIGUEROA-MUNOZ A., KAKIHARA C. (1991). « The Goals of Excuses and Communication Strategies Related to Causal Perceptions », *Personality and Social Psychology Bulletin*, 17, 4-13.

ZUCKERMAN M. (1979). « Attribution of Success and Failure Revisited, or : The Motivational Bias Is Alive and Well in Attribution Theory », *Journal of Personality*, 47, 245-287.

31 Quel est le nombre de mensonges que vous commettez en dix minutes ? *Mensonges et présentation de soi*

Bien que vous vous imaginiez certainement être un modèle de franchise, posez-vous quand même la question suivante : « Combien de mensonges (petits ou gros) commets-je en dix minutes de conversation ordinaire ? ».

Felder et ses collègues (2002) se sont intéressés à cette question. Ils ont convié 242 personnes à participer à une expérience qui prétendait étudier la façon dont les gens se comportent mutuellement quand ils rencontrent quelqu'un pour la première fois. Felder précisait aux participants qu'ils auraient une conversation de 10 minutes avec une autre personne. Les individus ont donc été groupés par paire (un sujet présentateur et un autre). Les chercheurs demandaient secrètement au sujet présentateur de tenter de se montrer agréable. D'autres sujets présentateurs devaient montrer leurs compétences, et enfin dans une autre condition encore, on ne leur demandait rien du tout. Ce que les participants ignoraient, c'est que la conversation était filmée par une caméra cachée dans la pièce. À la fin du tête-à-tête, Felder et ses collègues révélaient aux participants qu'ils avaient été enregistrés. Les chercheurs sollicitaient alors leur consentement afin d'employer la bande-vidéo pour la suite de la recherche.

Après leur accord, les sujets ont été invités à observer le film de leur propre conversation afin d'identifier toutes les exagérations, inexactitudes et mensonges qu'ils avaient prononcés. Les résultats furent surprenants. De façon générale, les sujets présentateurs avaient prononcé davantage de mensonges quand ils devaient paraître agréables ou compétents que quand il ne leur était rien demandé. Mais 60 % des participants avaient en moyenne menti deux à trois fois pendant les 10 minutes de l'entretien.

Certains mensonges étaient relativement mineurs, comme se montrer d'accord avec la personne alors qu'ils ne l'étaient pas vraiment. D'autres étaient plus importants, puisqu'un individu a même déclaré être le leader d'un groupe de rock connu. Au final, les participants étaient étonnés de leurs propres résultats. Ils n'imaginaient pas être aussi menteurs que cela... L'étude a également révélé que les mensonges commis par les hommes et les femmes sont différents dans leur contenu mais pas dans leur quantité : les femmes mentent davantage pour se montrer agréables, et les hommes, pour se montrer compétents.

Conclusion

Cette expérience suggère que le mensonge est commun dans notre vie quotidienne. Il semble également qu'il est plus fréquent dans le contexte des premières rencontres afin de valoriser nos compétences ou notre côté sympathique. Le mensonge nous permet ainsi d'accroître considérablement l'image que nous donnons de nous-même. Feldman, Tomasian et Coats (1999) ont d'ailleurs montré qu'à l'école, les élèves les plus populaires sont souvent de grands menteurs.

Feldman précise que nous enseignons à nos enfants que l'honnêteté est la meilleure des choses, mais, dans le même temps, nous leur disons qu'il est poli de feindre la joie lorsqu'on se fait offrir un cadeau d'anniversaire, même s'il ne nous plaît pas. Les enfants reçoivent donc des messages contradictoires sur les aspects pratiques du mensonge. Cela influence la façon dont ils se comportent à l'âge adulte.

Quoi qu'il en soit, il semble que, dans nos conversations quotidiennes, nous commettions un nombre important de mensonges, si l'on s'en tient aux déclarations des participants de cette recherche. À moins qu'ils n'aient… menti.

Pour en savoir plus

FELDMAN R.S., FORREST J.A., HAPP B.R. (2002). « Self-Presentation and Verbal Deception : Do Self-Presenters Lie More ? », *Basic and Applied Social Psychology*, *24*, 163-170.

FELDMAN R.S., TOMASIAN J., COATS E.J. (1999). « Adolescents'social Competence and Nonverbal Deception Abilities : Adolescents with Higher Social Skills Are Better Liars », *Journal of Nonverbal Behavior*, *23*, 237-249.

32 Les actrices et acteurs qui reçoivent un César sont-ils sincères quand ils disent que, sans les autres, ils n'y seraient jamais arrivés ?

La présentation stratégique de soi

Hormis le biais d'autocomplaisance (*cf.* p. 115), nous élaborons d'autres stratégies afin d'accroître l'impression positive que nous cherchons à donner. Voici donc quelques-uns de ces stratagèmes que nous mettons en place pour y parvenir…

1. Nous exagérons la part que nous prenons dans des activités communes…

Il nous arrive souvent de penser, et parfois même de dire que sans nous, les autres n'y seraient jamais arrivés…

> Ross et Sicoly (1979) ont réuni des étudiants par groupe de deux afin de leur demander de proposer des solutions sur une étude de cas. Quatre jours plus tard, chacun des étudiants devait écrire ce qu'il se rappelait de la discussion, mais également indiquer lequel des deux avait trouvé la bonne solution. Il est amusant de constater que 95 % exagérèrent leur contribution en s'attribuant l'origine de la solution.

2. Nous faisons preuve de fausse modestie…

Sommes-nous toujours sincères quand nous remercions publiquement les autres pour leur contribution à notre succès ? Quand les gens disent : « Sans toi, je n'y serais jamais arrivé » ou encore « C'est grâce à la chance plutôt qu'à mes compétences que j'ai réussi un exploit », le pensent-ils intimement ?

Il n'est pas facile de savoir si, dans de telles circonstances, les gens sont réellement modestes ou bien s'il s'agit d'une stratégie de gestion de l'image de soi. Des chercheurs ont cependant réussi à répondre à cette question de façon ingénieuse.

> Baumeister et Ilko (1995) ont demandé à des étudiants d'écrire un texte sur une expérience de réussite qu'ils avaient pu vivre. Dans une condition, les chercheurs expliquaient aux sujets qu'ils devaient ajouter leurs noms sur la copie, car celle-ci serait lue plus tard en public. Dans l'autre, les sujets écrivaient leur texte de façon anonyme et privée.

Les résultats ont révélé que les étudiants de la première condition expliquaient fréquemment leur réussite grâce, en partie, à l'appui, l'aide ou le soutien moral de leur entourage. En revanche, dans la condition privée (anonymat), les étudiants se sont attribué tous les mérites de leur succès sans l'expliquer par une quelconque contribution extérieure.

Finalement, il semble bien que nous ne pensions pas la même chose de nos succès en privé qu'en public. En conséquence, on ne devrait pas toujours prendre d'emblée les expressions publiques de gratitude comme étant sincères…

3. Nous tentons de faire passer ceux qui sont meilleurs que nous pour des génies…

Si une personne nous surpasse et que le résultat est sans appel, plutôt que de dénigrer sa performance, ce qui serait une stratégie facilement démasquable, il est parfois plus facile de dire que cette personne est un génie.

Dans une expérience de Alicke et de ses collègues (1997), des sujets apprenaient qu'ils avaient été surpassés par une autre personne dans un test d'intelligence. Les sujets devaient ensuite évaluer les capacités de cette personne. Il ressort que les estimations ont été systématiquement plus favorables que celles effectuées par des observateurs indépendants n'ayant pas eu à concourir.

Le fait que les gens puissent indirectement protéger leur amour-propre en exagérant les capacités de ceux qui les surpassent a été baptisé *the genius effect*. Dans de telles conditions, la comparaison nous paraît bien plus acceptable.

4. Nous modifions nos opinions pour nous rendre plus désirables…

Êtes-vous plutôt une femme passive ou ambitieuse ?

Zanna et Pack (1975) ont fait croire à des étudiantes qu'elles allaient devoir rencontrer un étudiant très beau et très viril. Dans un cas, celui-ci était présenté comme une personne attachée aux valeurs traditionnelles, on pourrait même dire une personne légèrement machiste. Dans l'autre condition, le bel éphèbe était une personne libérale, non attachée à la spécificité des rôles des hommes et des femmes. Il y avait également une condition où l'étudiant avait un physique très ordinaire.

Les chercheurs ont demandé aux filles de se décrire avant d'être présentées à l'étudiant. Les résultats furent les suivants :

- celles qui anticipaient une interaction avec le garçon attaché aux valeurs traditionnelles se sont décrites comme des femmes moins autonomes, plus dociles et plus casanières qu'elles ne l'avaient indiqué trois semaines plus tôt, lors d'une première phase de l'expérience ;
- celles qui s'attendaient à rentrer en contact avec le bel étudiant libéral se sont décrites comme étant plus autonomes, moins dépendantes et moins orientées « domicile » qu'elles ne l'avaient indiqué auparavant ;
- en revanche, les filles qui devaient rencontrer l'étudiant non désirable (physique ordinaire) ne montrèrent aucune différence entre les deux phases de l'expérience.

Mais le plus étonnant reste à venir : lors d'une seconde expérience, dans laquelle Zanna et Pack firent passer un test de résolution de problèmes à ces mêmes femmes, les étudiantes qui s'attendaient à rencontrer le bel étudiant traditionnel échouèrent à 18 % de problèmes en plus que les autres étudiantes ! Un homme machiste ne demande pas que sa femme soit intelligente…

5. Nous faisons parfois davantage de « croche-pieds » à nos amis qu'à des étrangers…

> Tesser et Smith (1980) ont demandé à des hommes accompagnés de leur meilleur ami de travailler chacun de leur côté sur une tâche censée mesurer la capacité intellectuelle. Ils ont remarqué que les sujets avaient tendance à saboter le travail de leur meilleur ami en leur fournissant des indices sans aucune valeur sur le travail à effectuer.
>
> On ne retrouva pas ce comportement, quand un étranger prit la place du meilleur copain, ou encore lorsque la tâche n'était pas importante pour l'estime de soi du sujet, par exemple, quand elle ne portait pas sur l'intelligence (Tesser, 1988). Dans ce dernier cas, le sujet se réjouissait plutôt du succès de son ami…

Saboter la réussite d'un ami ou nuire à sa bonne réputation est un phénomène qui semble assez courant. En effet, il est gênant que l'ami en question nous dépasse dans des domaines qui nous sont personnellement importants, cela menacerait notre amour-propre sur la base d'un phénomène de comparaison sociale.

6. Nous nous inventons des handicaps…

Il nous arrive parfois de présenter des excuses avant un travail pour lequel nous risquons de ne pas nous montrer à la hauteur. On dira, par exemple : « Je ne suis pas vraiment en état, j'ai été malade toute la nuit, mais bon je vais essayer… »

Dans les situations où nous doutons de notre performance, il nous arrive également de produire des comportements qui vont réellement nous handicaper et qui pourront justifier notre échec aux yeux des autres.

Berglas et Jones (1978) ont demandé à des individus de participer à une recherche concernant l'effet de médicaments sur la performance.

Les sujets devaient résoudre différents problèmes. Dans une première condition, les participants n'avaient que des exercices impossibles à résoudre, alors que dans la seconde, les solutions étaient faciles à trouver. Les exercices terminés, les chercheurs disaient à chaque participant qu'il avait réussi. Puis, ils leur proposaient de tester deux nouveaux médicaments avant d'attaquer une nouvelle série de problèmes. Le traitement était soit un médicament qui augmente les performances (Actavil), soit un médicament qui les diminue (Pantocrin).

Les résultats indiquèrent que 70 % des participants qui avaient eu des problèmes impossibles à résoudre et qui pensaient avoir réussi grâce à la chance choisirent le Pantocrin, alors qu'ils n'étaient que 13 % à faire ce choix dans l'autre condition (problèmes faciles). Choisir un traitement qui diminue la performance permettait aux individus de justifier leur échec probable à une future série de problèmes.

Dans les situations où nous risquons d'être incompétents et afin d'éviter de l'être, nous mettons en œuvre des comportements qui vont nous gêner dans notre performance. Cette stratégie présente un double avantage : si nous obtenons un bon résultat, nous serons considérés comme compétents, et si nous échouons, nous pourrons invoquer le handicap.

7. Nous cherchons à nous couvrir de gloire indirectement…

N'avez-vous jamais entendu certaines personnes proclamer haut et fort qu'elles sont nées dans la même ville que telle star de cinéma ou encore tel homme politique ? Elles agissent comme si un peu de la gloire du personnage célèbre pouvait rejaillir sur elles…

> Cialdini et ses collèges ont montré en 1976 que les supporters des équipes qui avaient gagné un match la veille arboraient davantage d'écharpes et de vêtements à leur effigie que si l'équipe avait perdu. Ce type de comportement renvoie aux fameux « on a gagné » et « ils ont perdu ».

Les gens se vantent parfois de la proximité avec des personnes compétentes, comme si cela leur permettait de s'attribuer un peu de leur prestige… Par exemple, si l'on a un camarade chirurgien, on pourrait dire : « J'ai passé une excellente semaine de vacances chez mon ami chirurgien… ». En revanche, lorsque l'ami est éboueur, il est plus rare d'entendre : « J'ai passé une excellente semaine de vacances chez mon ami éboueur. »

8. Nous utilisons des excuses

Grâce aux excuses, nous parvenons à déplacer les explications d'un événement négatif vers des dimensions moins centrales à notre personne. Si vous vous faites flasher à 180 kilomètres par heure sur l'autoroute et que le « comité d'accueil » vous arrête au péage, vous pourriez leur dire : « Excusez-moi, je ne m'étais pas rendu compte de la vitesse à laquelle je roulais » (attribution à votre manque de vigilance) plutôt que : « Je voulais gagner du temps » (attribution à un manque de conscience du danger, ce qui est moins acceptable). En revanche, en privé vous direz à vos amis que vous vous êtes fait piéger par les flics (attribution à la malveillance des autres)…

Les excuses permettent de réduire les émotions négatives que nous pourrions ressentir…

> Snyder et Higgins (1988) ont proposé à des individus de réaliser un exercice. Ils ont ensuite annoncé à chacun d'eux

qu'il venait d'échouer. Ils permirent à certains d'utiliser des excuses pour expliquer leur piètre performance et à d'autres non.

Dans l'une des conditions, on expliquait aux participants que des observateurs auraient par la suite accès aux véritables raisons de leur échec (manque de compétence, manque d'effort, etc.). Dans une autre, on ne leur disait rien. Les sujets devaient ensuite remplir un questionnaire dans lequel apparaissaient différentes mesures émotionnelles (anxiété, tristesse).

Les résultats ont révélé que les excuses ont permis de réduire les émotions négatives à la suite de l'échec mais uniquement dans le cas où personne ne peut avoir accès aux véritables raisons de la performance. Dans le cas contraire, le fait d'avoir émis des excuses augmente considérablement les émotions négatives.

Nous recourons donc aux excuses uniquement si la personne à laquelle nous nous adressons ne peut avoir accès aux vraies raisons de notre comportement. Dans le cas contraire, le remède pourrait être pire que le mal. C'est d'ailleurs ce qui se passe quand une personne en piège une autre. Imaginez par exemple une situation dans laquelle une femme interrogerait son mari sur la cause de son retard : « Pourquoi rentres-tu si tard ? ». Le mari répondrait : « Je suis désolé mais j'ai eu énormément de travail avec tous ces nouveaux stagiaires que l'on m'a collés sur le dos et que je dois former. » Si sa femme réplique : « Menteur, j'ai appelé à ton bureau à 16 heures et tu étais déjà parti… », nous comprenons que, dans une telle situation, le fait d'être surpris à employer une fausse excuse puisse augmenter les émotions négatives du mari.

Conclusion

Nous sommes particulièrement motivés à donner une bonne image de soi autant dans le travail que dans la vie privée. Cette motivation entraîne de nombreuses manœuvres qui peuvent paraître parfois assez machiavéliques. Elle peut également déboucher sur des stratégies plus directement liées au corps comme les régimes alimentaires, la musculation ou la chirurgie esthétique.

Soulignons tout de même que dans de nombreuses situations, nous nous montrons aux autres tels que nous sommes. C'est, par exemple le cas lorsque nous demandons un conseil à notre entourage pour un problème personnel, ou encore quand nous avons bu quelques verres de trop, comme l'ont montré Rohrberg et Sousa-Poza en 1976.

Pour en savoir plus

ALICKE M.D., LOSCHIAVO F.M., ZERBST J.I., ZHANG S. (1997). « The Person who Out Performs Me Is a Genius : Maintaining Perceived Competence in Upward Social Comparison », *Journal of Personality and Social Psychology*, *73* (4), 781-789.

BAUMEISTER R.F., ILKO S. (1995). « Shallow Gratitude : Public and Private Acknowledgment of External Help in Accounts of Success », *Basic and Applied Psychology*, *16*, 191-209.

BERGLAS S., JONES E.E. (1978) « Drug Choice as a Self-Handicapping Strategy in Response to Noncontingent Success », *Journal of Personality and Social Psychology*, *36*, 405-417.

CIALDINI R.B., BORDEN R.J., THORNE A., WALKER R.M.R., FREEMAN S., SLOAN L.R. (1976). « Basking in Reflected Glory : Three (Football) Field Studies », *Journal of Personality and Social Psychology*, *34*, 366-375.

ROHRBERG R.G., SOUSA-POZA J.-F. (1976). « Alcohol, Field Dependance and Dyadic Self-Disclosure », *Psychological Reports*, *39*, 1151-1161.

ROSS M., SICOLY F. (1979). « Egocentric Biases in Availability and Attribution », *Journal of Personality and Social Psychology*, *37*, 322-336.

SNYDER C.R., HIGGINS R.L. (1988). « Excuses : Their Effective Role in the Negotiation of Reality », *Psychological Bulletin*, *104*, 23-35.

TESSER A. (1980). « Self-Esteem Maintenance in Family Dynamics », *Journal of Personality and Social Psychology, 39*, 77-91.

TESSER A., SMITH J. (1980). « Some Effects of Friendship and Task Relevance on Helping : You Don't always Help the One You Like », *Journal of Experimental Social Psychology, 16*, 582-590.

ZANNA M.P., PACK S.J. (1975). « On the Self-Fulfilling Nature of Apparent Sex Differences in Behavior », *Journal of Experimental Social Psychology, 11*, 583-591.

33 Pourquoi préfère-t-on se comparer au clochard du coin plutôt qu'au président de la République ? *La comparaison sociale*

Toute la famille est réunie dans le salon pour visionner le film du mariage de votre frère. Votre oncle a filmé l'ensemble de la cérémonie. Vous guettez sur l'écran votre apparition. Vous attendez impatiemment le moment où l'on vous verra vêtu de ce costume que vous trouviez tellement original et élégant. Vous scrutez la foule à la sortie de l'église et remarquez avec stupéfaction qu'un homme assez gros, le dos un peu voûté et avec une calvitie naissante possède exactement le même costume que vous… L'individu est quelconque et sa façon de se mouvoir est grotesque. Mais votre étonnement atteint son paroxysme, quand vous apercevez qu'il embrasse votre femme dans le cou, alors même que cela ne semble étonner personne. Vous comprenez à ce moment-là que cet individu, c'est… vous.

Cet exemple vise à illustrer combien l'image positive que l'on a de soi est parfois en décalage avec ce que la réalité nous renvoie. Pourtant, plusieurs sources d'informations nous permettent de nous faire une idée précise sur ce que nous sommes. Afin d'obtenir des informations sur soi, nous pouvons par exemple :

– écouter ce que les autres disent à propos de nous. Si vos patrons successifs vous reprochent ne pas être assez organisé dans notre travail, vous prenez alors conscience d'être désordonné. Cela pourrait vous amener à prendre la décision de changer. Notons qu'en général, nous acceptons davantage l'évaluation que nous renvoient les autres, lorsque cette vision est positive ou qu'elle correspond à celle que nous nous portons. En revanche, si la vision que les autres ont de nous est négative ou ne correspond pas à ce que nous croyons être, alors nous rejetons l'évaluation. De plus, nous opposerons à cet outrage verbal un arsenal comportemental de façon à augmenter nos chances de convaincre la personne qui nous juge. C'est ce que montre l'expérience de Swann et Hill (1982).

Ces chercheurs proposèrent une série de tests à des personnes afin de savoir si elles se percevaient plutôt comme soumises ou plutôt comme dominatrices. Après quoi, on leur demanda d'effectuer une tâche avec un individu (en réalité, un complice de l'expérimentateur). Au bout d'un certain temps, le complice disait au participant qu'il le trouvait soit dominateur, soit soumis.

On observa alors les comportements des sujets pendant le reste de l'expérience et on s'aperçut que :

• ceux qui se définissaient comme dominateurs et avaient été taxés de soumis, se comportèrent de façon fortement plus dominatrice que lorsque le complice disait les trouver dominateurs ;

• les personnes qui se percevaient soumises et qui furent jugées comme dominatrices, se comportèrent, quant à elles, de façon encore plus soumise.

– observer nos comportements et en déduire une conclusion : « si je travaille dans une centrale atomique, c'est que finalement, je ne suis peut-être pas aussi écolo que je ne me l'imaginais » (Bem, 1972). En effet, il semble que, bien souvent, nous nous attribuons une attitude « après coup », par la seule observation de notre comportement ;

– nous comparer aux autres : si vous êtes une femme, vous vous comparerez à d'autres femmes sur un plan physique afin de mesurer votre propre capacité d'attraction sur les hommes : « Finalement je ne suis pas si moche que cela ! »

Si nous nous en tenons uniquement à la dernière source, il semble qu'il existe chez nous une tendance naturelle à nous comparer à autrui afin d'évaluer nos aptitudes et nos opinions (Festinger, 1954). En général, nous nous comparons aux personnes qui nous sont relativement semblables. Mais lorsque nous voulons progresser, nous préférons faire de la « comparaison ascendante », c'est-à-dire nous comparer à des personnes légèrement supérieures à nous dans le domaine en question. Par exemple, si vous faites du sport, vous vous comparerez davantage aux joueurs de la catégorie légèrement supérieure à la vôtre plutôt qu'au numéro un mondial.

Mais notre motivation à maintenir une image positive de soi ne nous rend pas toujours très objectifs, lorsque nous nous comparons à autrui. En effet, quand notre estime de soi est menacée, nous avons alors tendance à nous comparer à des personnes qui sont moins bien loties que nous.

Imaginez, par exemple, que votre fils vous boude, parce que vous lui avez offert pour Noël autre chose que la dernière console de jeu à la mode ou le scooter tant convoité. Votre progéniture peste et en rajoute, en vous lâchant que le fils du voisin, lui, a été beaucoup plus gâté. Votre fils vous déconsidère par un processus de comparaison ascendante avec les parents du voisin. Une menace pèse alors sur votre estime de soi. Dans de telles conditions, vous pourriez être amené à lui répondre : « Il y a des millions d'enfants qui n'ont jamais eu de cadeaux de leur vie, parce que leurs parents ne peuvent pas leur en offrir (comparaison descendante). Alors estime-toi déjà heureux d'avoir eu ce que tu as eu… »

Ainsi, lorsque la comparaison ne nous valorise pas, la « comparaison descendante » nous permet de maintenir la bonne estime que nous avons de nous-même (Wood et Taylor, 1991).

Une autre façon de ne pas égratigner notre image consiste à chercher des moyens d'échapper à la comparaison sociale, comme l'illustre l'expérience qui suit.

Dans un camp de vacances, un chercheur (Lemaine, 1979) met en compétition deux groupes d'enfants, en leur demandant de construire deux cabanes. L'objectif est d'élire la construction la plus belle afin de lui décerner un prix. Comme il n'y a pas assez de ficelle pour tout le monde, on effectue un tirage au sort pour déterminer le groupe qui se verra remettre la bobine tant convoitée.

Vous devinez qu'au final, le résultat du groupe qui récupéra la ficelle fut forcément supérieur en termes de solidité, de fonctionnalité et d'élégance, à la production de l'autre groupe.

Lorsque le moment arriva de juger laquelle des deux cabanes se verrait offrir la première marche du podium, les enfants qui n'avaient pas pu, faute de moyens, réaliser une cabane aussi soignée, proposèrent d'intégrer d'autres critères d'évaluation. Ils demandèrent que l'on prenne également en compte le jardin effectué autour de la cabane. Ces nouveaux critères permettaient à ce groupe de revaloriser son travail en échappant à la comparaison.

Nous agissons souvent de même dans la vie de tous les jours. Lorsque la comparaison ne nous est pas favorable, nous cherchons alors à nous différencier. Par exemple, si la comparaison porte sur notre travail, nous pourrions être amenés à dire : « Mon travail n'est peut-être pas aussi intéressant que le tien mais il me permet de rentrer tôt chez moi ». S'il s'agit de la façon dont nous sommes habillés, on pourrait rétorquer : « Ma veste n'est peut-être pas très belle mais elle est hyperconfortable ».

Mais se comparer aux autres peut également permettre d'affirmer son identité et de singulariser… C'est ce qu'a prouvé une expérience (Codol, 1984) dans laquelle il était demandé à des individus d'évaluer, sur des échelles d'opinions, leurs ressemblances avec d'autres personnes.

> Les questions étaient posées en faisant varier le point de référence. Soit les sujets recevaient des questions dont ils étaient eux-mêmes le point de référence (« Trouvez-vous que les autres vous ressemblent sur telle dimension… »), soit les sujets recevaient des questions dont le point de référence était autrui (« Trouvez-vous que vous ressemblez aux autres sur telle dimension… »).
>
> Les résultats révélèrent que, généralement, nous trouvons que les autres nous ressemblent davantage que nous ne leur ressemblons.

Conclusion

Si je vous dis que vous ressemblez à un mannequin connu ou à un acteur beau et célèbre, il y a de fortes chances pour que vous soyez enchanté. Mais si je vous dis que cet acteur vous ressemble, votre bonheur est à son comble, car vous devenez, avec cette formulation, le point de référence dans la comparaison. On a beau utiliser l'autre comme modèle, on préfère être soi-même le point de référence dans une comparaison (« cette personne te ressemble ») plutôt que l'inverse (« tu ressembles à cette personne »). Cela permet d'affirmer son identité tout en se valorisant.

C'est également la raison pour laquelle les gens s'estiment être plus loin des autres que les autres ne le sont d'eux-mêmes. En effet, lorsque les gens évaluent les distances qui les séparent d'autres individus, ils les estiment plus courtes quand on leur pose la question : « À quelle distance cette personne est-elle de vous ? » plutôt que : « À quelle distance êtes-vous de cette personne ? » (Codol, 1985). Étonnant, non ?…

Pour en savoir plus

BEM D. (1972). « Self Perception Theory », *in* L. Berkowitz (éd.), *Advances in Experimental Social Psychology*, vol. 6, New York, Academic Press.

CODOL J.-P. (1984). « La perception de la similitude interpersonnelle : influence de l'appartenance catégorielle et du point de référence de la comparaison », *L'Année psychologique*, *84*, 43-56.

CODOL J.-P. (1985). « L'estimation des distances physiques entre les personnes : suis-je aussi loin de vous que vous l'êtes de moi ? », *L'Année psychologique*, *85*, 517-534.

FESTINGER L. (1954). « A Theory of Social Comparison Processes », *Human Relations*, *7*, 117-140.

LEMAINE G. (1979). « Différenciation sociale et originalité sociale », *in* W. Doise (éd.), *Expériences entre groupes*, Paris, Mouton.

SWANN W.B. Jr., HILL C.A. (1982). « When our Identities Are Mistaken : Reaffirming Self-Conceptions through Social Interaction », *Journal of Personality and Social Psychology*, *43*, 59-66.

34 Vous avez une poignée de main molle comme un paquet de saucisses, cela peut-il nuire à votre image ? *Poignée de main et formation d'impression*

On pense que le fait de se serrer la main pour se saluer pourrait remonter à une époque où ce geste permettait de s'assurer que les personnes réunies n'avaient aucune intention agressive. En effet, il était impossible de saluer et de tenir une arme en même temps avec la même main. Même si ce n'est plus le but aujourd'hui, la poignée de main demeure cependant un comportement très présent surtout dans le monde du travail.

Mais pensez-vous que la façon dont vous effectuez ce geste puisse vous trahir et révéler certains aspects de votre personnalité lors d'une première rencontre ? Une innocente poignée de main peut-elle vous faire rater une affaire, une vente ou encore un entretien d'embauche ? C'est ce que soutient la « psychologie naïve », mais c'est également ce que suggère une recherche très sérieuse effectuée par Chaplin et ses collègues (2000).

Dans un premier temps, ces chercheurs ont formé 4 personnes (2 hommes et 2 femmes) pendant un mois, afin qu'ils sachent juger les différentes poignées de main. Lors de cette formation, on leur a appris à évaluer les critères suivants : évaluation de la force, de la vigueur, de la durée, si la prise de main s'effectuait à pleine main ou de façon incomplète, et enfin la qualité du contact visuel qui accompagnait ce geste.

Quelque temps plus tard, 112 personnes ont rencontré de façon individuelle les évaluateurs, sans savoir que leur poignée de main serait évaluée. Ils ont été amenés à serrer deux fois la main de chacun des 4 évaluateurs et ont également rempli plusieurs questionnaires de personnalité. Les chercheurs ont demandé aux évaluateurs non seulement de coter le style de poignée de mains des individus selon les critères qu'ils avaient appris en formation, mais également de tenter de déduire (à partir de ce geste) certains traits de leur personnalité. Ils devaient également donner l'impression globale (positive ou négative) qu'ils avaient de la personne à partir de sa poignée de main.

Au final, les résultats ont montré que :

- les gens ont une poignée de main qui est stable dans le temps (les 4 juges étaient d'accord sur l'évaluation de chacune des poignées de main des participants). On sert donc la main toujours de la même façon ;
- les hommes ont généralement des poignées de main plus fermes que les femmes ;
- les poignées de mains « fermes » sont celles qui ont entraîné les impressions les plus favorables chez les juges ;
- les personnes qui sont extraverties ont les poignées de mains les plus fermes, et les timides, les plus molles ;
- les femmes qui sont libérales, intellectuelles et ouvertes aux nouvelles expériences ont une poignée de main plus ferme que les autres et ont également laissé une meilleure impression ;
- chez les hommes, c'est l'inverse : ceux qui sont les plus ouverts offrent une prise moins forte et font généralement moins bonne impression chez leur interlocuteur ;
- les hommes les moins ouverts ont les poignées de mains les plus fermes.

L'étude a également révélé que les évaluateurs pouvaient deviner certains des traits de personnalité des participants en fonction du style de leur poignée de main…

Conclusion

Les travaux de Chaplin et de ses collègues démontrent que nos poignées de mains peuvent nous trahir, car elles contiennent plus d'informations que nous ne le croyons. Elles peuvent révéler certains aspects de notre personnalité. Ainsi, la façon dont nous effectuons ce geste conditionne la première impression que nous allons laisser aux autres.

Si elle est ferme, votre poignée de main peut alors donner confiance à votre interlocuteur, créer un sentiment positif et vous aider à établir des rapports. En revanche, si l'on a l'impression de tenir un paquet de saucisses « knakpuf », lorsqu'on vous serre la main, l'impression sera beaucoup moins favorable.

Les résultats de Chaplin et de ses collègues tordent également le cou aux idées reçues qui proclament que les femmes dont la main est ferme sont moins bien perçues que les autres. L'étude démontre en effet que c'est tout le contraire...

Pour en savoir plus

CHAPLIN W.F., PHILLIPS J.B., BROWN J.D., CLANTON N.R., STEIN J.L. (2000). « Handshaking, Gender, Personality, and First Impressions », *Journal of Personality & Social Psychology*, *79* (1), 110-117.

35 Pourquoi certaines personnes pensent-elles que vous aimez le civet de lapin au chocolat ? *Les biais de fausse unicité et de faux consensus*

Supposez que vous ayez l'habitude de ne pas marquer un arrêt franc au stop qui est en bas de votre rue. Un jour, vous raccompagnez un ami et, comme de coutume, vous ne marquez pas l'arrêt au stop. Si votre passager s'étonne de votre comportement et que vous lui répondez : « Oh, mais tout le monde fait cela ! », c'est que vous considérez peut-être vos attributs négatifs comme plus répandus qu'ils ne le sont dans la réalité. Vous êtes alors victime du biais de faux consensus.

On définit ce type de jugement comme la croyance dans le fait que la plupart des autres personnes se comportent de la même façon que soi, perçoivent les événements de la même manière et ont les mêmes goûts, les mêmes opinions ou encore les mêmes croyances que soi. Par exemple, si vous aimez le lapin au chocolat, vous imaginerez que le pourcentage de personnes ayant le même goût que vous pour ce plat est important. Toutefois, si votre entourage émet des réserves sur votre estimation, vous pourriez rétorquer que c'est parce que les gens n'en ont encore jamais goûté, mais que le jour où cela arrivera, ils adoreront. Comment ce biais a-t-il été mis en évidence par les chercheurs ?

Ross et ses collègues (1977) ont demandé à des sujets de lire des scénarios à la fin desquels deux comportements étaient possibles. Les lecteurs devaient choisir l'un de ces comportements, puis évaluer le pourcentage de personnes qui partageraient ce choix. Les résultats ont mis en évidence un lien fort entre le pourcentage et le choix du comportement. Le comportement choisi par le sujet fut toujours évalué comme étant davantage choisi par autrui.

Ce qui est surprenant c'est que ce petit défaut s'accompagne souvent d'un autre. En effet, parallèlement au biais de faux consensus, nous avons également une fâcheuse tendance à sous-estimer le nombre de personnes qui possèdent nos habiletés ou nos compétences (Suls et Wan, 1987).

Qu'est-ce à dire ? Et bien tout simplement que nous considérerons comme exceptionnels nos attributs positifs. C'est le « biais de fausse unicité ». Par exemple, si vous êtes fort en dessin, vous imaginez que les personnes aussi douées que vous dans ce domaine sont plus rares qu'elles ne le sont en réalité.

Toute cette démonstration ne serait pas complète, si l'on n'ajoutait pas que nous avons également tendance à surévaluer nos aptitudes générales… Ainsi, un sondage effectué en Grande-Bretagne a montré que 95 % des conducteurs se considèrent eux-mêmes comme meilleurs que la moyenne. Certes, il y a beaucoup moins d'accidents mortels dans ce pays qu'en France, néanmoins, vous admettrez que si tout le monde se trouve au-dessus de la moyenne, il y a un problème mathématique à résoudre.

De la même façon, Delhomme (1994) a mis en évidence que les conducteurs estiment généralement qu'ils sont plus prudents, possèdent de meilleurs réflexes et sont globalement meilleurs que les autres conducteurs.

Enfin, un chercheur nommé Cross a montré en 1977 que 94 % des professeurs évaluaient leurs compétences comme étant supérieures à la moyenne. Et s'il avait fallu qu'ils s'attribuent une note sur 20, l'étude a montré que 68 % d'entre eux se seraient attribué plus de 15.

Conclusion

Vous trouvez peut-être contradictoire que les gens estiment leurs compétences comme uniques et leurs goûts et opinions comme étant partagés par le plus grand nombre ? Mais songez au plaisir que cela procure de s'imaginer avoir des qualités personnelles originales et dans le même temps d'être persuadé que les autres partagent nos jugements… Voilà une belle façon d'accroître l'image positive que l'on a de soi.

Pour en savoir plus

CROSS K.P. (1977). « Not Can but will College Teaching Be Improved ? », *in* J.A. Centra (éd.), *New Directions for Higher Education*, San Francisco, Jossey-Bass.

DELHOMME P. (1994). « La surestimation de ses compétences et ses rapports avec la tâche de conduite automobile », *in* G. Guingouain et F. Le Poultier (éds.), *À quoi sert aujourd'hui la psychologie sociale ?*, Rennes, PUR.

ROSS L., GREENE D., HOUSE P. (1977). « The False Consensus Effect : An Egocentric Bias in Social Perception and Attributional Processes », *Journal of Experimental Social Psychology*, *13*, 279-301.

SULS J., WAN C.K. (1987). « In Search of the False Uniqueness Phenomenon : Fear and Estimates of Social Consensus », *Journal of Personality and Social Psychology*, *52*, 211-217.

4

Influence des schémas (stéréotypes, heuristiques) sur les jugements et les comportements

Sommaire

▶ **36** Pourquoi tous les gitans jouent-ils de la guitare ?
Influence des stéréotypes sur les jugements 145

▶ **37** Pourquoi les femmes doivent-elles éviter de pratiquer l'humour ?
Humour et stéréotype 151

▶ **38** Pourquoi regardez-vous sous votre lit après avoir vu *L'Exorciste* ?
Les heuristiques de jugement 153

▶ **39** Pourquoi trouvez-vous que tous les Chinois ont la même tête ?
Impact des préjugés raciaux sur « l'effet de race » . . . 160

▶ **40** Pourquoi votre grand-père ne veut-il pas vous laisser jouer avec Rachid ?
La difficulté d'inhibition chez les personnes âgées . . . 162

▶ **41** Avoir une vision négative de la vieillesse peut-il raccourcir l'espérance de vie ?
Influence des stéréotypes sur nos comportements 164

▶ **42** Pourquoi est-ce si difficile de chasser une idée de notre tête ?
Les effets rebonds 169

▶ **43** Faut-il croire les gens quand ils disent ne pas faire de discrimination entre les handicapés et les autres ?
Le poids des préjugés 174

▶ **44** Pourquoi le rap est-il déconseillé aux racistes ?
Conséquences interraciales de la musique 177

36 Pourquoi tous les gitans jouent-ils de la guitare ? *L'influence des stéréotypes sur les jugements*

Vous arrive-t-il de penser : « c'est normal qu'il aime la morue, c'est un Portugais », ou bien, « c'est une évidence, les femmes sont plus dépensières que les hommes », ou encore « les sportifs ne sont pas très malins » ? Bref, avez-vous l'impression de faire parfois des généralités et d'avoir recours à des stéréotypes [1] lorsque vous jugez quelqu'un ? Même si vous répondez négativement à ces questions, lisez tout de même ce qui suit, cela pourrait vous concerner.

1. Le stéréotype est une croyance qui concerne les caractéristiques des membres d'une catégorie, d'un groupe (les femmes, les blondes, les Noirs, les Blancs, les banquiers, les étudiants, les Belges, les beaux, les moches, etc.) et qui sont généralisées à l'ensemble du groupe. Le stéréotype a une utilité, il sert à simplifier notre environnement. Grâce à lui, nous faisons, de façon non consciente, des « petits paquets » d'informations. Cela a pour conséquence d'exagérer les différences entre les personnes appartenant à des groupes différents et de minimiser celles entre les individus appartenant à un même groupe.

1. Les stéréotypes sur le sexe

Ces stéréotypes-là peuvent nous amener à penser que les hommes sont dominateurs, rationnels et égocentriques, alors que les femmes sont chaleureuses, émotives et tournées vers autrui.

> Condry et Condry (1976) ont demandé à des adultes d'observer un petit film dans lequel un bébé de 9 mois était assis en train de s'amuser avec différents jouets. Dans une condition, les chercheurs leur demandaient à certains adultes : « Pouvez-vous évaluer les comportements de cette petite fille ? » Dans une autre, ils sollicitaient d'autres personnes de la façon suivante : « Pouvez-vous évaluer les comportements de ce petit garçon ? » Évidemment, il s'agissait dans les deux conditions du même film…
>
> Les résultats ont montré que les personnes évaluaient différemment les comportements du bébé, selon qu'ils croyaient observer un petit garçon ou une petite fille. Ceux à qui l'on avait dit qu'il s'agissait d'un garçon le décrivirent comme plus actif, et ils lui attribuèrent plus de plaisir, plus de colère et moins de peur que ceux qui croyaient juger une petite fille.

2. Les stéréotypes sur l'apparence physique

Pensez-vous traiter de la même façon les gens beaux et les gens laids ? De nombreuses recherches suggèrent le contraire. Elles indiquent même que nous évaluons très souvent la personnalité des personnes à partir du critère physique. On accorderait ainsi davantage de confiance aux gens beaux que laids…

> Dans une expérience inquiétante, Dipboye (1977) a envoyé à différents recruteurs des dossiers de candidatures pour un emploi. Ces documents étaient les mêmes (CV identiques, compétences égales) à l'exception de la photo qui les

> accompagnait. Parfois, il s'agissait d'une personne au physique agréable, parfois non. Avec ce stratagème, Dipboye a mis en évidence que les recruteurs préféraient recevoir les candidats physiquement attractifs à ceux dont le physique était moins beau, toutes choses étant égales par ailleurs.

Si l'on effectue une analyse globale (méta-analyse) de toutes les recherches qui ont eu lieu sur cette question, on remarque que les personnes au physique attirant sont perçues comme plus sociables, plus dominantes, plus « chaudes » sexuellement, plus saines mentalement, plus intelligentes, et socialement plus habiles que les personnes au physique sans attrait (Feingold, 1992).

Plus étonnant encore, Gergen et Gergen (1981) ont prouvé que l'apparence physique d'une personne a un effet sur la perception qu'ont les autres de son conjoint…

> Ces chercheurs ont demandé à des sujets d'évaluer un homme à partir de sa photo. Cet homme était soit accompagné d'une belle femme, soit d'une femme au physique plus ordinaire. Les résultats indiquèrent que les hommes accompagnés d'une belle femme furent jugés comme plus intelligents, ayant plus d'aisance sociale et comme étant plus riches que lorsqu'ils étaient accompagnés d'une femme ordinaire.

3. Les stéréotypes sur la tenue vestimentaire

L'habit ne fait pas le moine, dit-on, mais nous nous sommes tous fabriqués des stéréotypes concernant la tenue vestimentaire. Par exemple, si vous apercevez un homme avec une casquette de capitaine, une pipe et un pull-over rayé, vous vous direz certainement que c'est un marin breton…

Dans une expérience, Forsyte, Drake et Cox (1985) ont démontré que l'on attribue davantage de traits masculins aux femmes qui postulent à un emploi de directeur, lorsqu'elles sont habillées en tailleur foncé. Les sujets qui ont eu à les évaluer les estimèrent compétitives et comme ayant du leadership, le sens des responsabilités, de la confiance en soi, de l'objectivité et de l'ambition, quand elles étaient vêtues de la sorte.

On a également remarqué qu'une femme qui porte des vêtements « aguichants » est perçue comme plus affirmative, plus athlétique, plus sophistiquée et plus attirante mais également moins gentille, moins sincère et moins attentionnée que les femmes qui ne portent pas ce genre de vêtements (Abbey, Cozzarelli, McLaughlin et Xharnish, 1987).

4. Les stéréotypes sur le milieu social

Si vous savez que la personne que vous allez rencontrer pour la première fois est issue d'un milieu favorisé, il y a de fortes chances pour que cette information influence votre jugement à son égard…

Darley et Gross (1983) montrèrent à des participants un petit film dans lequel on voyait une fillette dans son milieu social : à la moitié des spectateurs, le film présentait l'enfant dans un milieu social aisé (école moderne, habitation cossue), alors qu'à l'autre moitié, il s'agissait d'un milieu défavorisé (école détériorée, quartier peu attirant).

Les chercheurs ont ensuite projeté un second film cette fois identique pour tous les participants. Ici, la fillette était en train de réaliser une tâche dont il était difficile de savoir si elle échouait ou réussissait.

Le travail des spectateurs consistait à évaluer la performance de l'enfant. Les chercheurs observèrent alors la chose suivante : les sujets qui avaient précédemment vu la fillette dans un milieu aisé la jugèrent brillante, alors que les autres l'estimèrent, par contre, peu douée. Il s'agissait pourtant du même enfant…

5. Les stéréotypes sur la culture

Les stéréotypes liés à la culture sont certainement ceux dont on parle le plus, car ils apparaissent souvent (lorsqu'ils sont négatifs) dans les discours racistes et xénophobes.

Bodenhausen (1988) a demandé à des sujets américains d'évaluer la culpabilité d'un accusé. Pour la moitié, l'accusé était nommé Ramirez (le stéréotype hispanique implique aux États-Unis une plus grande proportion de délinquance), soit Johnson. Les sujets devaient ensuite estimer la culpabilité de l'accusé sur la base d'une série de témoignages favorables et défavorables à celui-ci.

Les résultats ont montré que les sujets qui avaient eu à juger Ramirez le trouvèrent beaucoup plus coupable que ceux qui avaient eu à juger Johnson !

Voici une boutade internationale sur les différentes cultures européennes et qui montre que les stéréotypes peuvent aussi être positifs… « Le paradis est un endroit où : les Français seraient cuisiniers, les Allemands seraient mécaniciens, les Anglais seraient policiers, les Italiens seraient amants, et le tout serait organisé par les Suisses… L'enfer est un endroit où : les Anglais seraient cuisiniers, les Français seraient mécaniciens, les Allemands seraient policiers, les Suisses seraient amants, et le tout serait organisé par les Italiens. »

Conclusion

Les stéréotypes sont le résultat d'un processus de « catégorisation » qui nous permet de simplifier le monde qui nous entoure. Ils sont donc très utiles, car, sans eux, nous serions noyés sous une masse d'informations disparates et inutilisables. Il est, par exemple, plus facile de dire que Bruno est un « vrai Marseillais » plutôt que Bruno « aime l'ail, faire la sieste, jouer à la pétanque, possède un accent du sud-est, a le sens de l'exagération et soutient l'Olympique de Marseille ».

Mais faut-il toujours se fier aux stéréotypes ? Certains psychologues soutiennent que ceux-ci peuvent contenir un fond de vérité (Leyens, Yzerbyt et Schadron, 1994). Le problème réside alors dans la généralisation de ce fond de vérité à l'ensemble des membres d'un groupe auquel appartient l'individu que nous jugeons.

Afin de combattre nos stéréotypes, on pourrait penser qu'il suffise de nous apporter des informations contradictoires. Certes, mais le fait qu'une information vienne contredire nos stéréotypes nous amène rarement à les modifier, en partie à cause de « l'effet du cas exceptionnel ». Par exemple, si un militant « engagé » rencontre un CRS poli et courtois, le stéréotype qu'il aura de cette profession continuera de s'appliquer à l'ensemble du groupe des CRS. Ce policier courtois et poli ne sera pour lui qu'un cas particulier, une exception qui confirme la règle. À titre d'exemple, citons quelques-unes de ces exceptions : une femme compétente en bricolage, le sportif intellectuel, le gitan qui ne joue pas de guitare, le Belge qui n'aime pas les frites, le Suédois qui est petit et brun, le Parisien qui prend le temps de vivre, l'Auvergnat qui n'est pas avare, etc.

Pour en savoir plus

ABBEY A., COZZARELLI C., MCLAUGHLIN K., XHARNISH R.J. (1987). « The Effects of Clothing and Dyad Sex Composition on Perceptions of Sexual Intent : Do Women and Men Evaluate these Cues Differently », *Journal of Applied Social Psychology, 17,* 108-126.

Bodenhausen G.V. (1988). « Stereotypic Biases in Social Decision Making and Memory : Testing Process Models of Stereotype Use », *Journal of Personality and Social Psychology, 55*, 726-737.

Condry J., Condry S. (1976). « Sex Differences : A Study of the Eyes of the Beholder », *Child Development, 47*, 812-819.

Darley J.M., Gross P.H. (1983). « A Hypothesis-Confirming Bias in Labelling Effect », *Journal of Personality and Social Psychology, 44*, 20-33.

Dipboye R.L. (1977). « Alternative Approaches to Deindividuation », *Psychological Bulletin, 85*, 1057-1075.

Feingold A. (1992). « Good-Looking People Are Not what We Think », *Psychological Bulletin, 111* (2), 304-341.

Forsyte S., Drake M.F., Cox C.E. (1985). « Influence of Applicant's Dress on Interviewer's Selection Decisions », *Journal of Applied Psychology,* 70, 374-378.

Gergen K.J., Gergen M.M. (1981). Social Psychology, New York, Harcourt Brass, Jovanovich. Kahneman D., Slovic P., Tversky A. (éds.) (1982). Judgment under Uncertainty : Heuristics and Biases, New York, Cambridge University Press.

Leyens J.-P., Yzerbyt V., Schadron G. (1994). Stereotypes and Social Cognition, Londres, Sage Publications.

37 Pourquoi les femmes doivent-elles éviter de pratiquer l'humour ? *Humour et stéréotypes*

Des chercheurs ont montré que lorsque nous sommes de bonne humeur, nous avons généralement tendance à aider davantage autrui (Salovey, Mayer et Rosenhan, 1991). Mais dans la vie de tous les jours, aidons-nous plus facilement les personnes qui sont de bonne humeur ?

La recherche ci-dessous révèle que tout dépend du sexe de la personne qui demande de l'aide. Mais attention, n'imaginez pas trop vite que cela puisse jouer en faveur des femmes…

> Guéguen (2001) a demandé à deux complices, un jeune homme et une jeune femme (évalués comme ni trop beaux, ni trop laids, ni trop bizarres) de faire de l'auto-stop par un bel après-midi d'été. Ils devaient se tenir chacun leur tour, dans un endroit fortement fréquenté avec à la main, un panonceau indiquant la destination souhaitée. Parfois (c'est-à-dire dans une condition), un « smiley[1] » était dessiné à côté de cette destination. Le chercheur a comptabilisé le nombre de fois où les complices ont été ramassés.
>
> Les résultats ont montré que les automobilistes se sont davantage arrêtés pour prendre le complice masculin lorsqu'il avait un smiley que quand il n'en avait pas. En revanche, lorsqu'il s'agissait de l'auto-stoppeuse, le chercheur observa le contraire. Le smiley semblait empêcher le comportement d'aide. Bien que généralement l'auto-stoppeuse ait été davantage ramassée que l'auto-stoppeur, lorsqu'elle exhibait un smiley, la jeune femme obtint de moins bons résultats que dans toutes les autres conditions !
>
> Selon l'auteur, voici l'explication : les automobilistes s'arrêtent moins fréquemment, car la présence du smiley (qui indique que l'auto-stoppeuse a de l'humour) la fait apparaître comme étant moins féminine. Finalement, si le « smiley » de l'auto-stoppeuse est perçu par les automobilistes comme un signe de masculinité, ce serait parce que l'humour est une caractéristique traditionnellement attribuée aux hommes…

1. .

Conclusion

Cette recherche révèle un stéréotype liant le genre sexuel et l'humour. Elle suggère également que si vous êtes une femme et que vous tentiez de séduire un homme, n'utilisez pas trop l'humour, cela pourrait nuire à votre image…

Pour en savoir plus

GUÉGUEN N. (2001). « Effect of Humor on Hitchhiking : A Field Experiment », *North American Journal of Psychology, 3*, 369-376.

SALOVEY P., MAYER J.D., ROSENHAN D.L. (1991). « Mood and Helping : Mood as a Motivator of Helping and Helping as a Regulator of Mood », *Review of Personality and Social Psychology, 12*, 215-237.

38 Pourquoi regardez-vous sous votre lit après avoir vu *L'Exorciste* ? *Les heuristiques de jugement*

Remarquez combien les idées suivantes sont pratiques : « si une équation se trouve dans un manuel de physique, c'est qu'elle est correcte », « plusieurs têtes valent mieux qu'une », « si une personne est bronzée, c'est qu'elle a passé ses vacances dans le Midi », « les experts sont dignes de confiance », etc.

Ces règles simples ne demandent pas de raisonnement approfondi, il suffit juste de les appliquer pour obtenir bien souvent un résultat correct.

Les chercheurs ont attribué le nom « d'heuristique » à ces jugements accélérés qui nous permettent, certes, de raisonner rapidement mais, hélas, souvent de manière approximative (Kahneman, Slovic et Tversky, 1982).

Il en existe plusieurs sortes, l'une d'elles est appelée « l'heuristique de la disponibilité ». Cette heuristique est un jugement qui utilise non pas la fréquence réelle d'apparition d'un événement, mais plutôt sa « disponibilité » dans notre esprit…

> Lichtenstein et ses collègues (1978) ont demandé à des personnes d'évaluer la probabilité que certains événements surviennent. Les chercheurs ont montré que les gens surestimaient la fréquence de certains faits. Les participants s'imaginaient par exemple :
>
> • qu'il y avait davantage de morts à cause des tornades que suite à une crise d'asthme (en réalité, c'est le contraire, il y a aux États-Unis 20 fois plus de morts à cause de l'asthme qu'à cause des tornades) ;
>
> • qu'il y avait autant de morts par accident que par maladie (là aussi c'est le contraire, il y a 16 fois plus de morts par maladie que par accident).
>
> L'explication de ces résultats tient au fait que les tornades et les accidents font plus souvent la une des journaux que l'asthme et les maladies.

Finalement, les exemples les plus disponibles dans notre tête ne sont pas toujours les plus pertinents pour porter un jugement. De plus, ils peuvent aussi entraîner des comportements irrationnels :

– nous nous retournons dans la rue, après avoir vu au cinéma un film sur les serials killers ;
– nous attribuons les bruits de notre maison à des esprits frappeurs, après avoir vu un film sur les fantômes ;
– nous croyons qu'une marque de voiture est la plus populaire, parce que nous pouvons rapidement nommer quelques individus qui la possèdent ;

– nous refusons que notre enfant rentre seul de l'école, parce que nous avons entendu aux infos qu'une fillette de 8 ans avait été violée et assassinée, même si cela s'est produit à 600 kilomètres de chez nous ;
– nous imaginons que les carambolages représentent une part importante des décès sur la route parce qu'ils font la une de la presse, alors que, en réalité, ils sont extrêmement rares : les accidents impliquant au moins trois véhicules ne représentaient en France que 9 % du nombre des tués en 2001. Nous imaginons également que sur la route, le danger c'est toujours « l'autre », pourtant, près de 40 % des conducteurs se tuent tout seuls, sans l'aide d'un autre véhicule (exemple : sortie de route)[1].

L'heuristique de la disponibilité nous conduit à surestimer l'apparition d'événements improbables. Aussi, lorsque vous vous fiez à votre mémoire pour évaluer une probabilité quelconque, sachez que les exemples qui ont le plus de chances d'être rappelés sont :

– ceux qui ont été récemment mémorisés,
– ceux qui sont chargés d'affectif (événements dramatiques, surprenants) ;
– ceux qui vont dans le sens de vos croyances ;
– enfin, les plus connus, les plus familiers.

De nombreuses recherches indiquent également que nous recourons surtout aux heuristiques (jugements accélérés), lorsque nous ne sommes pas fortement motivés pour émettre un jugement fiable.

Par exemple, face à un discours dont le thème ne nous est pas très important, nous pouvons nous forger un avis, non pas à partir des arguments déployés par la personne qui

1. Source : Observatoire interministériel de la sécurité routière.

s'exprime, mais plutôt à partir d'indices comme la longueur du message (« plus le message est long et plus il est crédible » ; Wood, Kallgren et Priesler, 1985), la crédibilité de la source (« c'est un expert, il doit avoir raison » ; Hovland et Weiss, 1951), le nombre d'arguments (« plus il y a d'arguments et plus c'est vrai » ; Maddux et Rogers, 1980), l'attitude de l'auditoire (« si tout le monde applaudit, c'est que c'est bon » ; Siverthone et Mazmanian, 1975) ; l'attrait physique de la source (« Les gens beaux sont plus crédibles que les autres » ; Pallak, 1983 ; Debono et Telesca, 1990) ou encore l'aspect « monolithique » du discours (Dorna et Bromberg, 1985).

En revanche, quand le souci d'exactitude prédomine (par exemple quand le thème du discours est important), les individus se centrent davantage sur la qualité des arguments que sur des indices « périphériques » au discours. Ils utilisent alors beaucoup moins les heuristiques pour se forger un avis.

Ciccotti (2004) a mis en évidence que, quand l'auditoire n'est pas très impliqué par le thème du message, l'activité des sourcils du locuteur pouvait entraîner une adhésion au discours, indépendamment de la force des arguments.

Dans une expérience, des étudiants devaient donner leur avis à propos d'une modification de leur système de notation. Ce changement était proposé par une personne (Mme Fournier) travaillant soi-disant comme conseiller ministériel. Afin de manipuler l'intérêt des participants pour la question, dans une condition (« forte implication »), il était dit que ce changement interviendrait dès l'année prochaine (touchant ainsi directement les étudiants sondés) et également que l'avis des participants remonterait jusqu'au ministère. Dans une autre condition (« faible implication »), on disait aux étudiants que ce changement ne s'opérerait pas avant 5 ans et que leur avis resterait dans le cadre de l'étude.

Afin de justifier le changement qu'elle voulait initier, Mme Fournier employait soit trois arguments faibles (« le changement, ça permet de ne pas tomber dans la routine ») accompagnés de haussement de sourcils et de plissements de front, soit 3 arguments forts sans expressions faciales particulières.

Les résultats ont montré que les personnes faiblement impliquées par le thème étaient davantage d'accord avec une communicatrice présentant trois arguments faibles accompagnés de haussements de sourcils que par trois arguments forts exempts de ces signaux non verbaux. En revanche, chez les personnes fortement impliquées, ayant de fait écouté attentivement les arguments, on remarqua davantage d'accord avec la proposition en présence de trois arguments forts sans indices non verbaux que face à trois arguments faibles accompagnés de mouvements de sourcils.

Selon Ciccotti, il est probable que les personnes faiblement impliquées ne se soient pas montrées attentives aux arguments et ont préféré, par paresse (on dira par économie cognitive), se forger un avis uniquement à partir de l'expression physique de la source, en utilisant une heuristique du type : « Les gens expressifs sont convaincus par ce qu'ils disent, ils doivent donc avoir raison. »

Ce n'est pas le cas pour les personnes fortement impliquées. Celles-ci n'ont pas pris en compte l'expression de la communicatrice et se sont centrées uniquement sur la force des arguments pour établir leur position.

Conclusion

Les heuristiques nous permettent rapidement de porter un jugement ou d'opérer un choix, mais il faut avoir conscience que les erreurs sont possibles et que ces schémas ne sont pas toujours appropriés.

Finalement dans de nombreuses situations, nous jugeons souvent comme suffisante l'information que ces schémas nous fournissent. Nous ne prenons alors pas toujours la peine d'aller au-delà afin de rechercher d'autres informations pour porter un jugement et plus grave encore, avant de prendre une décision. Ce manque d'informations est certainement la source de nombreux échecs et nous fait souvent prendre beaucoup de risques.

Afin d'illustrer ce danger de façon amusante, voici un exemple qui aurait concerné la transcription d'une communication radio entre un bateau de l'US Navy et les autorités canadiennes au large des côtes de Newfoundland en octobre 1995[1] :

AMÉRICAINS – Veuillez vous dérouter de 15 degrés Nord pour éviter une collision. À vous.

CANADIENS – Veuillez plutôt vous dérouter de 15 degrés Sud pour éviter une collision. À vous.

AMÉRICAINS – Ici le capitaine d'un navire des forces navales américaines. Je répète : veuillez modifier votre course. À vous.

CANADIENS – Non, veuillez VOUS dérouter, je vous prie. À vous.

AMÉRICAINS – Ici le porte-avions *US Lincoln*, le second navire en importance de la flotte navale des États-Unis d'Amérique. Nous sommes accompagnés par trois destroyers, trois croiseurs et un nombre important de navires d'escorte. Je vous demande de dévier votre route de 15 degrés Nord ou des mesures contraignantes vont être prises pour assurer la sécurité de notre navire. Déroutez votre course maintenant ! À vous.

1. Histoire formellement démentie par les autorités navales américaines.

CANADIENS – Nous ne pouvons nous dérouter, car nous sommes le phare de Newfoundland. À vous.

Manifestement, dans cette histoire, les militaires américains n'avaient pas pris le soin de recueillir toutes les informations nécessaires…

Pour en savoir plus

CICCOTTI S. (2004). « Les orateurs ont-ils intérêt à s'épiler les sourcils ? Influence d'indices non verbaux sur les processus persuasifs », *L'Année psychologique*, 2, 227-247.

DEBONO K.G., TELESCA C. (1990). « The Influence of Source Physical Attractiveness on Advertising Effectiveness : A Functional Perspective », *Journal of Applied Social Psychology, 20*, 1383-1395.

DORNA A., BROMBERG M. (1985). « Communication persuasive et logiques persuasives : deux expériences en situation de laboratoires », *Psychologie française*, *30* (1), 41-50.

HOVLAND C., WEISS W. (1951). « The Influence of Source Credibility on Communication Effectiveness », *Public Opinion Quarterly, 15*, 635-650.

KAHNEMAN D., SLOVIC P., TVERSKY A. (1982). *Judgment Under Uncertainty : Heuristics and Biases*, Cambridge, Cambridge University Press.

LICHTENSTEIN S., SLOVIC P., FISCHHOFF B., LAYMAN M., COMBS B. (1978). « Judged Frequency of Lethal Events », *Journal of Experimental Psychology : Human Learning and Memory, 4*, 551-578.

MADDUX J.E., ROGERS R.W. (1980). « Effects of Source Expertness, Physical Attractiveness, and Supporting Arguments on Persuasion : A Case of Brains Over Beauty », *Journal of Personality and Social Psychology, 39*, 2, 235-44.

PALLAK S.R. (1983). « Salience of a Communicator's Physical Attractivness and Persuasion : A Heuristic Versus Systematic Processing Interpretation », *Social Cognition*, 2, 158-170.

SILVERTHORNE C., MAZMANIAN L. (1975). « The Effects of Heckling on Attitude Change in Three Media of Presentation », *Journal of Social Psychology, 96*, 229-236.

39 Pourquoi trouvez-vous que tous les Chinois ont la même tête ? *L'impact des préjugés raciaux sur « l'effet de race »*

N'avez-vous jamais entendu dire que « tous les Noirs se ressemblent », ou encore qu'« il est difficile de distinguer deux Chinois entre eux » ?

Des recherches ont montré que, effectivement, de nombreuses personnes reconnaissent plus facilement les visages de leur propre groupe ethnique que les visages appartenant à d'autres cultures. Les chercheurs ont appelé ce mécanisme « l'effet de race » (Malpass et Kravitz, 1969).

Quelle est la cause de « l'effet de race » ? Est-il possible que les visages de certains groupes soient réellement plus difficiles à différencier que d'autres groupes, parce que leurs traits sont objectivement semblables ? Une recherche de Py et Burdairon (2002) permet de répondre à la question…

> S'imaginant avoir à remplir des documents sur des thèmes variés, 112 étudiants ont complété un questionnaire mesurant leurs préjugés à l'égard des personnes de couleurs.
>
> L'enquête comportait une série d'items ou de questions à renseigner tels que : « les comportements de certains Noirs peuvent justifier des réactions racistes », « les mariages entre Blancs et Noirs sont souvent voués à l'échec », « il est normal que pour certains emplois un chef d'entreprise préfère embaucher un Blanc qu'un Noir », « je ne vois pas d'inconvénients à avoir une famille noire pour voisin », etc.

Les participants devaient répondre sur des échelles graduées de « pas du tout d'accord » à « extrêmement d'accord ». Les résultats de ce questionnaire ont permis aux chercheurs de répartir les sujets en deux groupes : ceux qui avaient peu de préjugés envers les Noirs et ceux qui en avaient beaucoup.

Après avoir répondu, chaque participant devait ensuite se rendre dans une salle et se placer devant un ordinateur. On leur expliquait qu'il s'agissait d'un travail sur la reconnaissance de visages. L'expérience commençait par la présentation de 30 photos de visages de personnes africaines et européennes, toutes de sexe masculin, avec des cheveux courts et sans signe distinctif (pas de lunettes, pas de barbe, pas de bijou). Chaque visage était présenté 2 secondes. Le sujet visionnait ensuite 60 photos et devait reconnaître dans celles-ci les photos qu'il avait déjà vues précédemment.

Les résultats de cette expérience ont montré que les sujets qui avaient beaucoup de préjugés ont obtenu de moins bonnes performances de reconnaissance des visages que les personnes ayant peu de préjugés. Ces dernières reconnaissaient aussi bien les visages blancs que les visages noirs.

Conclusion

L'effet de race semble être la partie visible de nos préjugés à l'égard des autres cultures. Une façon de diminuer ces préjugés est d'établir ou d'augmenter le nombre de contacts avec les autres groupes (Wilder, 1986). En conséquence, l'effet de race devrait diminuer. C'est d'ailleurs ce que témoignent certaines recherches : plus les gens ont des contacts avec d'autres groupes ethniques, plus ils reconnaissent facilement les visages de ce groupe (Brigham et Malpass, 1985).

Pour en savoir plus

BRIGHAM J.C., MALPASS R.S. (1985). « The Role of Experience and Contact in the Recognition of Faces Own-and other-Race Persons », *Journal of Social Issues*, *41*, 139-155.

MALPASS R.S., KRAVITZ J. (1969). « Recognition for Faces of Own and the Other "Race" », *Journal of Personality and Social Psychology*, *13*, 330-335.

PY J., BURDAIRON N. (2002). « L'effet de l'appartenance ethnique dans la reconnaissance des visages : de nouveaux arguments pour une perspective psychosociale », *Nouvelle Revue de psychologie sociale*, *1*, 72-77.

WILDER D.A. (1986). « Cognitive Factors Affecting the Success of Intergroup Contact », in S. Worchel et W.G. Austin (éds.), *Psychology of Intergroup Relations*, Chicago, Nelson-Hall, 49-66.

40 Pourquoi votre grand-père ne veut-il pas vous laisser jouer avec Rachid ? *La difficulté d'inhibition chez les personnes âgées*

Peut-être avez-vous remarqué que certaines personnes âgées ne sont pas toujours très tolérantes ? Les hommes politiques vous diront que c'est parce qu'elles ont peur de se faire agresser à cause du niveau d'insécurité ambiant. Pour votre part, vous pensez peut-être qu'elles ont vécu à des périodes différentes et qu'elles n'ont pas changé avec le temps. Elles auraient alors des difficultés à comprendre et à accepter la nouveauté de notre époque.

En fait, il ne s'agit pas de cela… Des chercheurs ont dernièrement découvert que beaucoup de personnes âgées désirent changer, mais qu'elles ont perdu les capacités cognitives qui les aideraient à être parfois plus tolérantes.

> Dans une expérience, Von Hippel et ses collègues (2000) ont demandé à 71 adultes (36 âgés de 18 à 25 ans et 35 âgés de 65 à 95 ans) de lire la description d'un athlète de très bon niveau. Dans une condition, ce sportif s'appelait « Jamal », et dans une autre « John ». Cette expérience se passe aux États-Unis et ces noms sous-entendent (sans que les psychologues n'aient eu à le dire ouvertement) que Jamal est un Américain africain (Noir), alors que John est blanc.
>
> Puis les chercheurs ont présenté une série de réponses que Jamal ou John avaient censément fournies à des questions sur leurs intérêts personnels (vie de famille, valeurs, etc.) Ces réponses étaient, bien entendu, identiques pour John et Jamal.
>
> Les participants ont ensuite évalué leur étudiant sur une variété de mesures, telles que l'amitié, l'extraversion mais aussi l'intelligence du sportif. Avant leurs estimations, l'expérimentateur précisait aux participants de ne baser leur avis que sur les réponses aux questions (identiques pour ceux ayant eu à juger Jamal ou ceux ayant eu à évaluer John) et non pas sur le reste (ce qui sous-entendait dans l'expérience de ne pas se baser sur les antécédents ethniques ou culturels).
>
> En dépit de ces instructions, les personnes plus âgées ont évalué l'étudiant américain africain comme relativement moins intelligent que les jeunes participants. Par ailleurs, les adultes âgés ayant eu à évaluer l'étudiant blanc le trouvèrent plus intelligent que ne le firent les participants plus jeunes.

Cette expérience montre qu'il est difficile pour les personnes âgées d'ignorer (on dit « inhiber ») certaines informations. Par exemple, si vous lisez le journal et que vous écoutiez la télévision en même temps, vous serez capable de faire abstraction du son pour vous concentrer sur la lecture. Et bien, il semble que l'inhibition soit l'une des capacités qui se perdent avec l'âge.

Ainsi, même s'il existe des stéréotypes à l'égard des Noirs, de nombreuses personnes sont capables d'en prendre conscience et de les inhiber, au moins partiellement. Les travaux de Von Hippel et de ses collègues suggèrent que des adultes plus âgés n'ont plus cette flexibilité.

Conclusion

Selon Von Hippel, ce n'est pas parce qu'elles ont du mal à inhiber des pensées qui pourraient être préjudiciables que les personnes âgées ne devraient pas être jugées responsables de leurs mots ou de leurs actes. en revanche, nous devrions montrer davantage de compréhension envers elles parce qu'il leur est plus difficile de contrôler les stéréotypes. Alors soyez indulgent avec pépé…

Pour en savoir plus

VON HIPPEL W., SILVER L.A., LYNCH M.E. (2000). « Stereotyping against your Will : The Role of Inhibitory Ability in Stereotyping and Prejudice among the Elderly », *Personality and Social Psychology Bulletin*, *26*, 523-532.

41 Avoir une vision négative de la vieillesse peut-il raccourcir l'espérance de vie ? *L'influence des stéréotypes sur nos comportements*

Vous pensez peut-être que les stéréotypes ne sont que des croyances sur les autres, qu'ils ne concernent que les jugements et n'engendrent pas de comportements particuliers ?

Alors l'expérience effectuée par Bargh et ses collègues vous convaincra du contraire…

> En 1996, ce chercheur a « amorcé » le concept « être vieux » dans la tête des participants à leur insu, en leur faisant manipuler des phrases contenant des mots en rapport avec la vieillesse (rides, gris, vieux). Cette technique permet de rendre des traits, des stéréotypes, des schémas plus accessibles dans l'esprit des sujets.
>
> Lorsque l'expérience fut terminée, les personnes se levèrent et quittèrent la pièce afin de se rendre vers l'ascenseur. Mais c'est là que la vraie collecte des données commença. Un complice de l'expérimentateur était assis sur une chaise dans le couloir et chronométrait le temps mis par les participants pour rallier la porte de la salle à l'ascenseur.
>
> Les résultats furent surprenants ! Ceux chez qui on avait activé, de manière non consciente, le stéréotype « être vieux » firent plus de petits pas et mirent davantage de temps pour quitter la salle que les sujets chez qui l'on n'avait pas activé ce stéréotype.
>
> Selon Bargh, l'explication tient au fait que les stéréotypes relatifs à la vieillesse comportent l'information suivante : les personnes âgées tendent à se déplacer plus lentement que les autres.
>
> Un questionnaire après le chronométrage montra que les sujets n'étaient conscients ni d'avoir eu à l'esprit le concept « vieillesse », ni de leur réaction physique…

Les stéréotypes positifs qui nous concernent peuvent également améliorer notre performance, par contre, s'ils sont négatifs…

> Shih, Pittinsky et Ambady (1999) firent remplir à des femmes asiatiques un questionnaire sur le thème de leur groupe ethnique. Elles passèrent ensuite un examen de mathématique.

Dans une autre condition, les femmes passèrent cet examen directement, sans avoir à remplir le questionnaire au préalable.

On constata que les résultats du premier groupe furent meilleurs que ceux du second groupe. Le fait d'avoir eu à remplir le questionnaire sur les spécificités de leur culture avait amorcé un stéréotype courant en Asie : « Les Asiatiques sont plus forts en mathématiques que les individus d'autres cultures. » Ce stéréotype avait alors stimulé les femmes du premier groupe qui tentèrent de soutenir leur réputation...

En revanche, dans une autre expérience, quand le questionnaire porta sur l'appartenance au sexe féminin et non plus sur les différences de cultures, les résultats en mathématiques furent moins bons que ceux du groupe qui ne répondit pas au questionnaire. Les chercheurs attribuèrent cette différence à l'impact du stéréotype : « Comparativement aux hommes, les femmes sont nulles en mathématiques. »

Une autre expérience met en évidence que les personnes âgées ne perdent pas toujours autant la mémoire que ce qu'elles en disent et que, encore une fois un stéréotype serait à l'œuvre...

Hess et ses collègues (2000) ont fait lire à des adultes âgés de faux articles de journaux sur les résultats de recherches scientifiques liées au vieillissement et à la mémoire. La moitié des participants recevait un article présentant des résultats pessimistes qui insistaient sur la détérioration de la mémoire et le déclin mental inévitable lorsqu'on vieillit.

L'autre moitié devait lire des résultats plus positifs qui montraient que de nombreuses formes de mémoire étaient préservées avec l'âge et qu'il était assez facilement possible de ralentir les préjudices de la vieillesse sur le plan mental.

Après la lecture des articles, les sujets ont passé un test qui consistait à se rappeler une liste de mots.

Les résultats ont indiqué que les individus qui avaient lu l'article « optimiste » obtenaient une performance de 30 %, supérieure à ceux qui avaient lu l'article « pessimiste ».

Cette recherche montre que le déclin de la mémoire avec l'âge n'est peut-être pas entièrement dû aux changements biologiques liés au vieillissement. Selon Hess, les individus exécutent plus difficilement une action s'ils se rendent compte que le résultat de cette action pourrait confirmer un stéréotype négatif, c'est ce que l'on appelle : la « menace du stéréotype ». Les personnes âgées se rendent compte des connotations négatives liées au vieillissement et à la mémoire, elles éprouvent alors de l'inquiétude en situation d'évaluation. Cette anxiété pourrait affecter négativement leur performance dans des tests de mémoire.

Finalement, lorsqu'ils sont rendus actifs, les stéréotypes négatifs au sujet du vieillissement ont des effets pervers sur la mémoire des participants âgés...

Mais le plus surprenant reste encore à venir... Une étude longitudinale[1] a montré que le fait d'avoir des perceptions négatives sur la vieillesse pouvait raccourcir l'espérance de vie.

Levy et ses collègues (2002) ont travaillé à partir d'une étude longitudinale sur les effets du vieillissement et de la retraite. Cette recherche impliquait 660 participants de plus de 50 ans (338 hommes et 322 femmes).

Les psychologues ont étudié les taux de mortalité des individus en fonction de variables physiologiques (tension, santé globale, âge, solitude) mais également en fonction des réponses données 23 ans plus tôt par les participants à un questionnaire.

1. Effectuée sur plusieurs années.

Ce questionnaire concernait la vieillesse et présentait des items comme : « À quel point êtes-vous d'accord avec la proposition suivante : Lorsque l'on vieillit, on est moins utile ».

Les résultats ont montré que les personnes qui avaient des perceptions positives du vieillissement (mesurées jusqu'à 23 ans plus tôt) avaient vécu 7,5 années de plus que celles qui avaient une vision négative du vieillissement. Cette longévité de 7,5 ans est demeurée inchangée, même lorsque d'autres facteurs ont été pris en considération (l'âge, le sexe, le statut socioéconomique, la solitude, la santé globale, etc.).

L'effet des perceptions positives du vieillissement sur la longévité s'est même révélé être plus grand que l'effet des mesures physiologiques positives, comme une tension artérielle basse et un cholestérol faible (seulement associés dans cette recherche à une augmentation de durée de vie de quatre ans). Cet effet des stéréotypes de la vieillesse a également montré plus de poids qu'une absence de tabagisme, qu'une absence de surcharge pondérale ou encore que le fait de faire régulièrement de l'exercice, puisque chacun de ces facteurs n'entraîne que d'un à trois ans de vie supplémentaire.

Les chercheurs pensent que ces stéréotypes négatifs à propos de la vieillesse influencent directement la réponse cardio-vasculaire à l'effort (Levy, Hausdorff, Hencke et Wei, 2000). Cela expliquerait pourquoi ces perceptions puissent diminuer l'espérance de vie. Levy ajoute que ces stéréotypes à l'égard du vieillissement sont insidieux, car ils agissent sans que nous en ayons conscience. En effet, ils sont « internalisés » dans l'enfance, et nous ne les réévaluons pas lorsque nous vieillissions.

Conclusion

Même si c'est difficile, tentez de repérer les schémas que vous avez vous-même, qui pourraient agir sur vos comportements et vous piéger à votre insu. Ces stéréotypes pourraient vous imposer des limites, vous freiner dans votre façon de vous exprimer, inhiber vos performances ou pire encore…

Pour en savoir plus

BARGH J.A., CHEN M., BURROWS L. (1996). « Automaticity of Social Behavior : Direct Effects of Trait Construct and Stereotype Activation on Action », *Journal of Personality & Social Psychology, 71* (2), 230-244.

HESS T.M., WATERS S.J., BOLSTAD S.A. (2000). « Motivational and Cognitive Influences on Affective Priming in Adulthood », Journal of Gerontology : Psychological Sciences, 55, 193-P204.

LEVY B.R., HAUSDORFF J., HENCKE R., WEI J. (2000). « Reducing Cardiovascular Stress with Positive Self-Stereotypes of Aging », Journal of Gerontology : *Psychological Sciences, 55*, 1-9.

LEVY B.R., SLADE M.D., KUNKEL S.R., KASL S.V. (2002). « Longevity Increased by Positive Self-Perceptions of Aging », *Journal of Personality and Social Psychology, 83*, 261-270.

SHIH M., PITTINSKY T.L., AMBADY N. (1999). « Stereotype Susceptibility : Identity Salience and Shifts in Quantitative Performance », *Psychological Science, 10*, 80-83.

42 Pourquoi est-il si difficile de chasser une idée de notre tête ? *Les effets rebonds*

Les conflits dans le couple sont légions. Souvent à l'issue d'une crise, les conjoints prennent la décision d'oublier tout le passif et de repartir sur de nouvelles bases.

Chacun promet alors d'accorder davantage d'attention à l'autre, de mieux le seconder mais aussi d'arrêter de le juger à tout bout de champ : « J'arrête de te dire que tu es agressif et désordonné et toi tu arrêtes de me dire que je suis immature et que je ne comprends rien à rien… ».

Voilà notre couple bien motivé à réparer les erreurs du passé. La hache de guerre est enterrée, mais cela ne dure que quelques jours. Et la crise réapparaît avec un cortège de reproches qui semblent être encore plus importants que lors des précédentes disputes. Mais avant de conclure que le problème est insoluble, on peut toujours tenter de comprendre pourquoi il est si difficile de tirer un trait sur tous les préjugés et les jugements antérieurs que l'on a pu émettre à l'endroit de son partenaire.

Nos deux tourtereaux veulent oublier les jugements péremptoires qu'ils se jetaient à la figure et adoucir la représentation qu'ils ont l'un de l'autre. Il semble hélas que nos processus mentaux ne nous aident pas toujours dans ce genre de situation. C'est une chose difficile de se démarquer des influences qui s'exercent sur notre jugement, quand on voudrait les éviter, car elles échappent bien souvent à notre conscience.

Le grand Freud lui-même ne disait-il pas que l'inconscient ne connaît pas la négation ? En fait, il est bien difficile d'isoler des pensées, sans que celles-ci ne continuent d'agir à notre insu. La « gomme mentale » n'existe pas. Et bien plus, la tentative d'isoler certaines pensées semble créer un effet rebond dans le cours de notre esprit.

C'est la raison pour laquelle on constate un effet de rumination mentale chez les personnes victimes de catastrophes qui tentent de ne plus penser à l'événement traumatique. Paradoxalement, plus les victimes tentent d'isoler ces pensées, plus elles reviennent automatiquement. Le mécanisme est le suivant : c'est un cercle vicieux dans lequel la décision de ne plus penser à une idée consiste précisément à y penser sans arrêt afin de l'isoler et de vérifier à tout bout de champ que, effectivement, on n'y pense plus. Cela augmente donc la fréquence d'accès à cette idée.

Les résultats de recherches expérimentales mettent en évidence combien le poids des idées antérieures influe sur les jugements à venir, même lorsqu'on a pris la décision de ne pas en tenir compte.

> MacRae, Bodenhausen, Milne et Jetten (1994) ont proposé à des sujets d'imaginer quelle serait la journée ordinaire d'un skinhead dont on leur montrait la photo.
>
> Les chercheurs ont demandé à la moitié des participants de s'abstenir d'avoir recours à leurs stéréotypes sur ce genre d'individu (raciste, violent, etc.). Les sujets apprennent ensuite qu'ils vont rencontrer le skinhead de la photo. Ils sont alors emmenés chacun leur tour dans une salle où il y a plusieurs rangées de chaises. Sur l'une d'elles sont présents un blouson et un sac. L'expérimentateur quitte la salle en demandant aux participants de s'asseoir afin d'attendre le skinhead.
>
> Il est alors étonnant de constater que les sujets à qui l'on a demandé de ne pas penser à leurs stéréotypes s'assoient beaucoup plus loin de la chaise qui pourrait être celle du skinhead que l'autre catégorie de sujets. Cette expérience dénote un effet rebond de nos préjugés sur nos comportements.

Le pire c'est que même lorsque l'information est considérée comme fausse, nous avons du mal à nous en départir comme le montre l'expérience suivante.

> Johnson, Whitestone, Jackson et Gatto (1995) ont demandé à des participants de juger la culpabilité d'un homme (soit noir, soit blanc) accusé d'avoir commis un hold-up.
>
> On présentait aux sujets de nombreuses informations, notamment que la somme volée était de 650 dollars et que l'accusé était en possession de 630 dollars au moment de

l'arrestation. Le prévenu expliquait qu'il avait emprunté cette somme. On apprenait également qu'un enregistrement téléphonique entre l'accusé et son prétendu prêteur avait révélé que ce dernier n'avait aucunement envie de lui prêter de l'argent.

Dans un cas (information inadmissible), on expliquait aux sujets qu'un tel enregistrement est illégal et qu'ils ne pouvaient, en aucune façon, en tenir compte dans leur jugement. Dans un autre (information admissible), toutes les informations disponibles pouvaient être utilisées.

Les résultats montrèrent que, pour les juges de la condition « information inadmissible », la couleur avait un impact important. L'accusé était davantage perçu comme coupable s'il était noir que s'il était blanc.

Mais le plus surprenant fut quand les expérimentateurs cherchèrent à savoir dans quelle mesure les sujets croyaient avoir été influencés par l'information inadmissible. Ils demandèrent alors aux participants de tenter d'estimer la culpabilité de l'accusé s'ils n'avaient pas eu accès à l'information sur l'enregistrement. Les seuls sujets qui pensaient que cette information avait affecté leur jugement étaient ceux qui croyaient avoir eu à juger un Blanc…

Ces travaux montrent à quel point une influence non consciente peut inspirer nos jugements et nos comportements, surtout si elle est en accord avec nos préjugés et nos croyances initiales. Ils révèlent également que nous ne sommes pas toujours en mesure de corriger un jugement que nous considérons comme erroné. De manière non consciente, nous tenons compte d'informations que, consciemment, nous ne désirons pas utiliser.

Nous sommes tous tentés de chasser de nos esprits certaines idées que l'on juge inacceptables, mais méfions-nous des effets rebonds…

Pour en revenir à notre couple du début, on suppose, au regard des différents résultats exposés, qu'il leur sera difficile d'annuler définitivement les reproches antérieurs qu'ils conservent l'un de l'autre quelque part en mémoire. S'ils s'efforcent d'isoler cette image, elle risque de continuer à agir à leur issu, faisant irruption dans leurs jugements et leurs comportements. Les phases de calme, surtout si elles sont constituées de lutte interne afin d'isoler les préjugés réciproques, risquent « d'extrêmiser » les comportements et les jugements ultérieurs qui vont dans le sens de leurs positions initiales.

Conclusion

Est-ce à dire qu'il n'existe pas de solutions afin d'échapper aux effets rebonds et que, pour notre couple, la messe est dite ? Non, car une issue à ces influences est envisageable :

- lorsque les personnes sont soucieuses d'émettre un jugement exact, un contrôle, même s'il est imparfait, est possible. Nous pouvons ainsi corriger le tir, notamment dans un second temps (Gilbert, 1991). La solution dépendra donc de la motivation et de l'ambition des deux protagonistes à s'inscrire dans un processus de paix à long terme ;
- afin de prévenir les « métastases » dans nos jugements, il est important d'aborder la situation sereinement, sans chercher à gommer une image de notre mémoire. Il conviendra donc de ne pas se focaliser sur nos idées antérieures, en se disant à tout bout de champ : « il ne faut pas que je pense que mon mec est un macho incapable de faire quoi que ce soit à la maison », ce qui aurait comme conséquences des effets rebonds et, au final, l'inverse du résultat souhaité ;
- gardons-nous également d'exprimer des jugements catégoriques en rapport avec la personnalité du partenaire

(« toi, de toute façon, tu es comme ceci ! »). En effet, ce type de jugement crée des « stéréotypes personnels » dont il sera très difficile de se prémunir dans l'avenir.

Quant aux idées et aux images qui s'imposent à notre conscience après un événement traumatique, il semble que le simple fait d'en parler avec autrui réduise de manière considérable le cercle vicieux de la rumination mentale (Pennebaker, 1989).

Pour en savoir plus

Gilbert D.T. (1991). « How Mental Systems Believe », *American Psychologist*, *46*, 107-119.

Johnson J., Whitestone E., Jackson A.L., Gatto L. (1995). « Justice Is still not Colorblind : Differential Racial Effects of Exposure to Inadmissible Information », *Personality and Social Psychology Bulletin*, *21*, 893-898.

MacRae C.N., Bodenhausen G.V., Milne A.B., Jetten J. (1994). « Out of Mind but Back in Sight : Stereotypes on the Rebound », *Journal of Personality and Social Psychology*, *67*, 808-817.

Pennebaker J.W. (1989). « Confession, Inhibition, and Disease », in L. Berkowitz (éd.), *Advances in Experimental Social Psychology*, vol. 22, New York, Academic Press, 211-244.

43 Faut-il croire les gens quand ils disent ne pas faire de discrimination entre les handicapés et les autres ? *Le poids des préjugés*

Avez-vous des préjugés à l'égard des handicapés, c'est-à-dire une attitude négative à leur encontre ? La quasi-totalité des personnes interrogées répondrait non à cette question… Pourtant, il semble que nos discours de surface ne reflètent pas toujours nos attitudes profondes…

Snyder et ses collègues (1979) ont demandé à des sujets d'évaluer des programmes télévisuels. Les chercheurs les amenèrent alors dans une pièce où se trouvaient deux télévisions.

Dans une condition, un complice de l'expérimentateur était assis devant l'un des deux postes, il était handicapé. Dans une autre, le complice n'était pas handicapé.

Lorsque le complice n'était pas handicapé et que les télévisions diffusaient le même programme, on constata qu'il y avait autant d'individus venant s'asseoir près de lui que lorsque les programmes étaient différents. En revanche, lorsque le complice était handicapé, il y avait une chute brutale du nombre de personnes venant s'asseoir près de lui quand les programmes étaient différents.

Films identiques	Films différents
C. non handicapé : 60 % de présence C. handicapé : 60 % de présence	C. non handicapé : 58 % de présence C. handicapé : 17 % de présence

D'après ces résultats, il ressort que les individus tentent de montrer qu'ils ne font pas de discrimination entre les personnes handicapées et les autres. En revanche, dès qu'une occasion leur est donnée (quand les films sont différents), ils ont alors une bonne excuse pour justifier le fait d'éviter les handicapés…

Dans nos sociétés, il existe une norme de non-discrimination : il est d'usage d'affirmer ne pas faire de différence entre les couleurs de peau des individus. Cependant, des attitudes racistes latentes semblent exister chez la plupart d'entre nous, comme l'indique la recherche qui suit…

Gaertner et Dovidio (1977) montre que lorsque des chaises tombent sur la tête d'une personne blanche ou noire, les individus interviennent de la même façon, s'ils sont seuls. En revanche, lorsqu'ils sont plusieurs à observer la scène, l'aide n'est plus du tout la même :

	Victime blanche	**Victime noire**
Seuls	81 % d'aide	94 % d'aide
En présence d'autres personnes	75 % d'aide	38 % d'aide

Quand il est seul, l'individu s'empresserait d'aider la victime noire, afin de ne pas être taxé de racisme. En revanche, en présence d'autres observateurs, la diffusion de la responsabilité fait apparaître des comportements plus discriminatoires.

Conclusion

Personne ne vous dira qu'il est raciste, sexiste ou encore qu'il déteste les personnes âgées. Pourtant, les recherches indiquent que la discrimination continue d'exister, même quand elle n'est pas explicite…

Pour en savoir plus

GAERTNER S.L., DOVIDIO J.F. (1977). « The Subtlety of White Racism, Arousal, and Helping Behavior », *Journal of Personality and Social Psychology*, *35*, 691-707.

SNYDER M.L., KLECK R.E., STRENTA A., MENTZER S.J. (1979). « Avoidance of the Handicapped : An Attributional Ambiguity Analysis », *Journal of Personality and Social Psychology*, *37*, 2297-2306.

44 Pourquoi le rap est-il déconseillé aux racistes ? *Les conséquences interraciales de la musique*

On connaît les conséquences de la musique sur les lésions de l'oreille interne, quand le niveau de décibels dépasse un certain seuil. En revanche, on connaît moins les effets de la musique sur la façon dont on peut juger les autres. Mais depuis la recherche de Johnson et de ses collègues (2000), les choses ont changé…

Ces psychologues ont constaté que l'exposition au rap pouvait affecter négativement les évaluations que les gens pouvaient émettre à propos des personnes noires. Plus curieusement encore, les évaluations fournies par les personnes noires elles-mêmes peuvent être négativement affectées…

Johnson et ses collègues ont exposé des hommes blancs et des hommes noirs à différentes conditions.

Le groupe 1 a écouté du gangsta-rap joué par des artistes noirs, le groupe 2, de la musique non violente également jouée par des artistes noirs, et le groupe 3 n'a écouté aucune musique.

Après l'exposition, les participants ont été invités à faire une deuxième tâche. Il leur fallait lire un article de journal à propos d'une agression physique d'un homme (soit blanc, soit noir) sur la personne de sa fiancée. Ils devaient évaluer si l'agresseur avait agi à cause de ses tendances agressives profondes ou bien à cause de la situation.

Dans une autre expérience, trois autres groupes exposés musicalement de la même façon devaient évaluer le CV d'un demandeur d'emploi masculin (noir ou blanc) pour un poste de gestionnaire.

Enfin, une dernière expérience concernait l'évaluation des qualifications spatiales de postulants (noirs ou blancs) à une école de pilotage d'hélicoptères.

Il ressort de la première expérience que les personnes exposées au rap ont attribué davantage l'agression à la personnalité de l'agresseur quand il était noir que quand il était blanc. Cet effet a également été retrouvé, lorsque les juges étaient eux-mêmes noirs.

Les personnes ayant écouté du rap ont également davantage considéré que le demandeur d'emploi était moins qualifié pour le poste de gestion lorsqu'il était noir que lorsqu'il était blanc.

En revanche, on ne retrouve aucun effet du style de musique écouté par les participants sur l'estimation des compétences spatiales. Qu'ils aient écouté du rap, une autre forme de musique ou pas de musique du tout, l'ensemble des participants évalue les prétendants (qu'ils soient noirs ou blancs) tout autant qualifiés pour l'école de pilotage.

Selon les chercheurs, ces résultats peuvent être expliqués de la façon suivante : comme elle contient le plus souvent des textes agressifs et vulgaires, scandés davantage par des personnes de couleurs, le rap « amorce » alors des stéréotypes indésirables sur les Noirs (agressivité, intelligence moins forte, etc.). Ces stéréotypes deviennent actifs et seront secondairement appliqués aux personnes de couleur dans d'autres situations :

• les compétences sont stéréotypées, les gens estiment que les Noirs sont moins qualifiés que les Blancs pour certains postes. Concernant l'article de journal, là aussi un stéréotype courant devient opérant : « Les Noirs sont par nature plus violents que les Blancs. » De fait, dans ces deux situations, l'amorçage des stéréotypes par la musique rap entraîne une discrimination ;

• en revanche, comme les compétences spatiales ne sont pas stéréotypées en fonction de l'appartenance ethnique, aucun stéréotype ne s'applique ici.

Conclusion

Il est difficile d'échapper à ces images stéréotypées à moins de vivre dans une grotte… Néanmoins prendre conscience des conditions (parfois musicales) dans lesquelles nos stéréotypes négatifs s'activent est un petit pas de plus vers l'objectivité…

Pour en savoir plus

JOHNSON D.J., TRAWALTER S., DOVIDIO J.F. (2000). « Converging Interracial Consequences of Exposure to Violent Rap Music on Stereotypical Attributions of Blacks », *Journal of Experimental Social Psychology*, *36*, 233-251.

5

Influences sociales, pouvoirs et manipulation

Sommaire

▶ **45** Comment faire pour obtenir de gros pourboires ?
Norme de réciprocité et carré de chocolat 185

▶ **46** Pourquoi vaut-il mieux éviter de faire ses courses en survêtement ?
Impact de l'attraction du client sur le comportement des vendeurs 188

▶ **47** Comment faire pour que votre enfant avale ses brocolis sans que vous soyez obligé de le punir par des chocs électriques d'intensité croissante ?
Le pouvoir et l'obéissance 190

▶ **48** Pourquoi sont-ce toujours les mêmes qui ne fichent rien ?
Différenciation des rôles sociaux 199

▶ **49** Pourquoi trouverez-vous que les sauterelles ont meilleur goût si le cuisinier est exécrable ?
La dissonance cognitive 204

▶ **50** Bien que vous soyez inflexible, pourriez-vous résister à la pression de 50 000 personnes ?
Impact du bruit de la foule sur les décisions des arbitres 209

▶ **51** Pourquoi suivons-nous l'avis du public dans les jeux télévisés ?
Le conformisme 211

▶ **52** Est-il possible de convaincre vos amis, lorsqu'ils pensent tout le contraire de ce que vous pensez ?
L'influence minoritaire 216

▶ **53** Pourquoi est-ce qu'à deux, ça va moins vite ?
La paresse sociale 218

▶ **54** Pourquoi devez-vous travailler tout seul si vous êtes nul ?
La facilitation sociale 221

▶ **55** Pourquoi ne faut-il pas accepter de se faire toucher ?
Contacts physiques et comportement d'achat 226

▶ **56** Pourquoi votre ami rit-il de la même façon que vous ?
L'effet caméléon 231

▶ **57** Pourquoi est-ce aussi difficile de sortir dans la rue en chaussons ?
L'effet projecteur 235

▶ **58** Pourquoi devez-vous vous méfier des demandes exagérées ?
La technique de « La Porte Au Nez » 238

▶ **59** Pourquoi devez-vous éviter d'accepter de donner l'heure dans la rue à une personne que vous ne connaissez pas ?
La technique du « Pied Dans La Porte » 241

▶ **60** Pourquoi personne ne bouge quand une grand-mère se fait piquer son sac ?
Le comportement d'aide 245

▶ **61** Pourquoi nous marions-nous aussi rarement avec nos amis d'enfance ?
L'effet Westermarck 250

▶ **62** Pourquoi au restaurant, les dernières places sont-elles les plus mauvaises ?
Le choix des places dans un lieu public 252

▶ **63** Lors d'un entretien, devez-vous soutenir votre regard ou baisser les yeux ?
L'impact du regard 254

45 Comment faire pour obtenir de gros pourboires ? *Norme de réciprocité et carré de chocolat*

Pensez-vous que les petites sucreries que vous offrent les restaurateurs après un repas puissent influencer votre comportement ? Il semble bien que la réponse soit positive, si l'on en juge les résultats des recherches qui se sont intéressées à ce geste, apparemment si anodin…

Strohmetz et ses collègues (2002) ont réalisé deux études afin d'évaluer l'impact d'un petit morceau de chocolat sur la générosité des clients à laisser un pourboire au serveur. Ces expériences, effectuées pendant plusieurs semaines, ont concerné plus de 160 dîners dans deux restaurants américains.

En cuisine, le serveur choisissait une carte dans un jeu. Si la carte était rouge, il devait apporter, en même temps que l'addition, un chocolat enveloppé dans un petit papier brillant. Si la carte était noire, les clients ne recevaient que l'addition [1].

1. De cette façon, il avait autant de chances de voir, dans les deux conditions, des personnes plus généreuses que d'autres ou plus ivres, ou plus seules, ou plus bêtes, ou plus intelligentes, ou plus gourmandes, ou plus anorexiques, ou plus dépendantes au chocolat, etc.

Après que le client eut quitté le restaurant, le serveur relevait une série de mesures (nombre de convives à table, paiement comptant ou par carte, sexe du débiteur, etc.). Mais la donnée la plus importante qu'il relevait concernait la somme laissée en pourboire par le client. Les chercheurs constatèrent ainsi que la présence du chocolat faisait passer le pourboire de 15 à 18 % du montant de la facture.

Dans une seconde expérience, une serveuse présentait un panier de sucreries et proposait aux clients et à ses convives, soit d'en choisir une, soit d'en choisir deux.

Il y avait également une condition dans laquelle la serveuse devait proposer un chocolat, puis, après avoir quitté la table, devait revenir à la charge afin d'en proposer un second (1 + 1). Ce qui fait que le total de chocolat offert était exactement le même que dans la seconde condition, mais l'attitude de la serveuse semblait plus généreuse.

Les résultats indiquèrent que lorsque le chocolat était donné seul, le pourboire représentait 19 % de la facture, quand la serveuse en présentait deux, il était de 21 %, et quand elle revenait afin de présenter une deuxième sucrerie à des personnes qui n'en avaient eu qu'une, le pourboire passait alors à 23 % du montant de l'addition.

Les résultats de ces deux études suggèrent que le simple fait de fournir à un client une sucrerie puisse avoir un impact positif sur les pourboires. Et plus il y a de chocolat, plus le pourboire est important.

Mais davantage que le chocolat, il semble que ce soit l'attitude généreuse du serveur qui entraîne une réciprocité. En effet, lorsque nous sommes le destinataire d'un acte de générosité, cela nous engage et nous motive à renvoyer l'ascenseur (Cialdini, 1993). En échange de l'attitude généreuse du serveur, le client ferait à son tour un geste amical : un pourboire plus conséquent. Cela explique pourquoi le pourcentage de pourboire est plus important dans la condition « 1 + 1 », c'est-à-dire quand le serveur semble être particulièrement attentif aux besoins des clients.

Conclusion

Ne croyez pas que ces différences de pourboire soient anodines : les chercheurs ont calculé que dans la seconde expérience, si la serveuse avait utilisé la stratégie (1 + 1) envers tous ses clients, elle aurait pu augmenter ses gains de 21 % (c'est-à-dire 234 dollars en plus) par rapport à une serveuse qui n'aurait proposé aucun chocolat.

D'après Strohmetz, des gestes peu coûteux et personnalisés, comme donner à ses clients une sucrerie à la fin d'un repas, pourraient représenter annuellement plusieurs millions de dollars supplémentaires dans les poches des deux millions de serveurs américains.

Mais les petites mignardises ne sont pas les seuls facteurs qui peuvent conditionner notre générosité. Une recherche a également mis en évidence que nous donnions un pourboire plus important aux serveurs qui sont physiquement beaux, surtout si ce sont des serveuses (Lynn et Simons, 2000). On a également découvert que le pourboire pouvait être triplé, si la serveuse avait un large sourire (toutes dents dehors) au moment où elle apportait la boisson à son client (Tidd et Lockard, 1978). Cet effet est également présent si le client est une femme. Et même si, dans ce cas, l'effet s'avère moins important, il est quand même le double de ce que la serveuse obtiendrait si elle n'effectuait qu'une ébauche de sourire.

Enfin, que penser de la qualité du service ? Donnez-vous moins d'argent aux serveurs qui vous paraissent incompétents ? Et bien la recherche de Lynn et Simons (2000) suggère également que si nous avons affaire à une serveuse, son niveau de compétence n'affectera pas l'importance du pourboire. En revanche, si c'est un serveur, c'est tout différent. Il semble, en effet, que sur ce point, nous soyons beaucoup plus exigeants envers le personnel masculin : il n'aura rien ou pas grand-chose s'il est nul…

Pour en savoir plus

CIALDINI R. (1993). *Influence : Science and Practice*, New York, Harper Collins, 3e éd.

LYNN M., SIMONS T. (2000). « Predictors of Male and Female Servers' Average Tip Earnings », *Journal of Applied Social Psychology, 30*, 241-252.

STROHMETZ D., RIND B., FISHER R., LYNN M. (2002). « Sweetening the Till : The Use of Candy to Increase Restaurant Tipping », *Journal of Applied Social Psychology, 32* (2), 300-309.

TIDD A., LOCKARD J. (1978). « Monetary Significance of the Affiliative Smile : A Case of Reciprocal Altruism », *Bulletin of Psychonomic Society, 11*, 344-346.

46 Pourquoi vaut-il mieux éviter de faire ses courses en survêtement ? *L'impact de l'attraction du client sur le comportement des vendeurs*

Ne vous êtes-vous jamais posé la question suivante : « Comment vais-je m'habiller pour aller faire mes courses ? » Une recherche révèle que cette interrogation n'est pas aussi futile qu'on pourrait le croire…

Regan et Llamas (2002) ont montré que notre façon de s'habiller pouvait influencer l'attitude des vendeurs à notre égard.

Ces chercheurs ont élaboré une expérience qui a été effectuée dans de nombreux magasins d'habillement pour femmes de Los Angeles. Ils ont observé comment les vendeurs se comportaient face à une cliente qui serait habillée de différentes façons.

Parfois, l'expérimentatrice était vêtue comme pour se rendre dans une salle de gymnastique, c'est-à-dire chaussée de baskets, d'un pantalon de jogging et d'un tee-shirt surdimensionné... Elle ne portait pas de maquillage, et ses cheveux étaient attachés en queue-de-cheval. Dans d'autres situations, elle était habillée de façon plus traditionnelle, comme pour se rendre à son travail (jupe, chemisier, collants, chaussures classiques). Elle était également maquillée et les cheveux tirés.

Lorsqu'elle rentrait dans le magasin, elle activait tout de suite un chronomètre qu'elle tenait discrètement dans sa main et s'approchait du premier rayon en regardant 5 secondes chaque affichage, sans toucher aucun article. Un employé finissait toujours par s'approcher. Elle arrêtait alors le chronomètre au moment où celui-ci lui adressait la parole. Elle répondait simplement : « je regarde », puis sortait du magasin.

Les résultats indiquèrent que les vendeurs s'approchaient beaucoup plus rapidement et montraient davantage d'empressement à adresser la parole à la cliente, lorsque celle-ci était vêtue de façon traditionnelle plutôt que de façon « sportive ».

L'attraction physique, qu'elle soit liée à la beauté ou au style d'habillement, confère du « crédit social » aux personnes. Ainsi, les vendeurs tirent certainement la conclusion qu'un client très décontracté est un acheteur moins crédible que les autres...

Conclusion

La façon dont nous sommes habillés exerce une forte influence sur la façon dont nous sommes traités par les autres. Les résultats de la recherche de Regan et Llamas suggèrent que si vous voulez accroître l'attention du vendeur, vous devez éviter les tenues trop décontractées.

Alors si vous entrez dans une boutique de prêt-à-porter et que vous vous étonniez de ne trouver aucun vendeur, interrogez-vous d'abord sur la façon dont vous êtes vêtu. Le commerçant vous a peut-être déjà remarqué, caché derrière une pile de linge, mais il est possible que votre accoutrement ne l'incite à venir vous conseiller… qu'à reculons.

Pour en savoir plus

REGAN P.C., LLAMAS V. (2002). « Customer Service as a Function of Shopper's Attire », *Psychological Reports*, *90*, 203-204.

47 Comment faire pour que votre enfant avale ses brocolis, sans que vous soyez obligé de le punir par des chocs électriques d'intensité croissante ? *Pouvoir et obéissance*

Pensez-vous parvenir facilement à obtenir de votre partenaire ce que vous souhaitez ? Avez-vous généralement et facilement une emprise sur les autres ? Et qui en a sur vous ? Enfin comment exercez-vous ce pouvoir ?

Grâce à deux chercheurs qui en ont établi la classification (French et Raven, 1959), on sait qu'il existe différentes formes de pouvoir et que celles-ci peuvent se rencontrer aussi bien dans les relations sociales et le monde du travail que dans les relations intimes.

1. Le pouvoir de coercition ou de punition

Vous avez un pouvoir coercitif si une personne s'imagine que vous pouvez la punir, soit par l'usage de la force physique, soit en lui retirant ses privilèges ou ses libertés.

En général, ce type de pouvoir est exercé sous la forme de menaces verbales ou non verbales comme le froncement de sourcil. On le retrouve dans le monde du travail sous la forme de menaces de licenciement ou de mise à pied, si l'on ne se plie pas aux règles de l'organisation (absences, retards, etc.). En famille, les signes d'un tel pouvoir peuvent être évidents, comme c'est le cas dans la fessée donnée à l'enfant. Ils peuvent également être plus subtils lorsque votre partenaire boude et détériore le climat de la soirée, ou encore qu'il vous prive de relations intimes.

2. Le pouvoir de récompense

Si certaines personnes estiment que vous êtes en mesure de leur accorder des faveurs, alors vous disposez à leur endroit d'un pouvoir de récompense. Ces récompenses peuvent être très personnelles comme un sourire ou la reconnaissance officielle par la Légion d'honneur. Elles peuvent aussi concerner l'argent ou les cadeaux. Dans l'entreprise, elles se manifestent par les primes (assiduité, rendement) ou encore par les félicitations du supérieur hiérarchique. Dans les relations privées, elles peuvent revêtir toutes les formes que votre imagination peut mettre à votre disposition…

Si l'on vous pose la question « quelle est la forme de pouvoir qui fonctionne le mieux ? », que répondriez-vous ? En fait, l'efficacité est à peu près la même. Ce qui diffère repose sur la motivation que l'on retrouve dans la récompense mais beaucoup moins dans la punition. En effet, le pouvoir de récompense ne demande pas de surveillance, la personne étant motivée pour accomplir ce qu'on lui a demandé afin d'obtenir sa gratification. En revanche, la coercition génère de la soumission uniquement lorsque la source du pouvoir est présente. Mais selon le contexte, il n'est pas toujours simple d'organiser la récompense, c'est pourquoi lorsqu'il s'agit de la conduite des automobilistes, il est plus pratique de sanctionner les mauvais comportements que de récompenser les bonnes attitudes.

3. Le pouvoir de connaissance

Certaines personnes s'imaginent que vous possédez des connaissances ou des compétences particulières qui font de vous un expert. On écoute les spécialistes et on suit leurs conseils. On obéit à un médecin qui nous prescrit une injection, même si l'on ne connaît pas parfaitement les effets et la composition du produit. Beaucoup d'entre vous ont un pouvoir de connaissance au travail car ils détiennent des informations capitales. Un simple archiviste travaillant au sixième sous-sol et qui partirait à la retraite sans donner à son successeur la façon dont sont classés les documents, pourrait bloquer le fonctionnement de l'entreprise pendant plusieurs semaines. Il détient donc un pouvoir de connaissance considérable.

4. Le pouvoir d'information ou de persuasion

Dans cette forme de pouvoir, on utilise l'argumentation, l'information, pour obtenir d'une personne ce que l'on souhaite. Par exemple, si l'on cherche à convaincre sa femme ou son mari d'aller voir un film plutôt qu'un autre, on les renseignera sur ce film grâce à des arguments forts (bonne critique, bons acteurs, etc.). Peu importe que vous soyez un expert ou pas, c'est ce que vous évoquerez, c'est-à-dire le contenu de votre message, qui entraînera de l'influence et non votre statut.

5. Le pouvoir de référence ou pouvoir charismatique

Si vous avez du pouvoir de référence, c'est que l'on vous reconnaît des qualités personnelles, du charisme, on veut vous ressembler, les gens s'identifient à vous, on vous copie, vous imite, bref on vous admire. Cela entraînera de l'obéissance et vous conférera du pouvoir. Cette influence peut également être suscitée par un groupe auquel on se réfère, parce qu'on voudrait en faire partie. On imite alors les comportements des membres de ce groupe dans un but d'identification. Ce type d'influence est parfois utilisé par les parents afin de contraindre un enfant à ingurgiter un aliment particulier : « Spiderman adore le chou-fleur ! », diront-ils. Le chérubin, qui s'identifie à Spiderman, aura alors tendance à manger plus facilement cet excellent légume.

Il existe aussi un pouvoir de référence inversé, quand un sujet adopte les attitudes contraires spécialement pour se distinguer d'un groupe détesté. C'est le cas dans le snobisme où le groupe snobé ou la personne snobée possèdent un pouvoir de référence. C'est également le cas d'une fille qui détesterait sa mère et se comporterait de façon contraire à celle-ci. Dans cette situation, la mère détestée est utilisée comme un modèle (inversé) et possède donc un pouvoir de référence.

6. Le pouvoir légitime

Vous avez un pouvoir légitime si votre statut vous autorise à demander à autrui d'agir d'une certaine façon. C'est le cas de l'instituteur qui demande à ses élèves de se mettre en rang ou celui du chef d'entreprise qui demande à son assistante de lui taper une lettre. Ce pouvoir est légitime, car il repose sur les rôles sociaux dont l'autorité est traditionnellement acceptée (père, mère, enseignant) mais également sur la législation (force de police, juge, etc.) Ce type de pouvoir s'exerce parfois en cascade lorsqu'il existe plusieurs niveaux hiérarchiques (P-DG, directeur de division, directeur d'usine, chef de services, superviseur, opérateur, etc.).

> En 1988, Bushman a mis en évidence à quel point nous sommes sensibles aux signes extérieurs d'autorité.
>
> Dans son expérience, un complice de l'expérimentateur arrêtait des passants dans la rue pour leur ordonner de donner de l'argent à une personne qui se tenait prêt d'un parcmètre, fouillait dans ses poches et ne semblait plus avoir de monnaie pour payer.
>
> Dans une condition, le complice était habillé en costume-cravate, dans une autre, avec un uniforme de pompier. Bushman observa que face à la personne en costume-cravate, une personne sur deux obtempéra (ce qui en soi n'est finalement déjà pas si mal). En revanche, lorsque le compère avait revêtu un uniforme de pompier, c'est 82 % des gens qui obéirent.

Le pouvoir de l'impuissant est un autre type du pouvoir légitime. Il concerne les personnes qui présentent un besoin momentané ou permanent qui ne peut être satisfait sans l'aide d'autrui. C'est le cas du malade qui demande un verre d'eau. Vous cédez à sa demande et lui concédez de l'influence. C'est également le pouvoir de l'aveugle qui demande à ce qu'on l'aide à traverser la rue. Au travail, il s'agira du stagiaire qui demande un renseignement.

Le pouvoir légitime est une forme d'influence extrêmement puissante, comme en témoigne l'expérience qui suit (Milgram, 1963, 1965, 1974).

> Imaginez que le laboratoire d'une grande université vous propose 15 euros pour participer à des travaux sur l'apprentissage.
>
> Lorsque vous arrivez, vous n'êtes pas seul. Un autre participant s'est également déplacé. Il a quelques bonnes années de plus que vous, il est assez gros et chauve. L'expérimentateur en blouse blanche vous accueille et vous propose un tirage au sort pour désigner qui sera le « maître » et qui sera « l'élève ». Le hasard vous désigne comme professeur, l'autre sera donc l'élève.
>
> Votre travail sera de le punir en cas de mauvaise réponse grâce à des chocs électriques dont l'intensité sera croissante. Le chercheur vous montre l'appareil en question. Vous remarquez une commande sur le pupitre, elle vous permettra d'augmenter la puissance, allant de « choc léger » (15 volts) à « danger choc grave » (450 volts).
>
> On assied l'élève sur une chaise et on le relie par des câbles au matériel électrique. L'expérience commence, mais l'élève est nul, ses capacités d'apprentissages sont mauvaises. Vous commencer donc à lui envoyer quelques chocs légers jusqu'à passer à des chocs de plus en plus forts. Le pauvre bougre commence à se plaindre des douleurs ressenties. La tâche d'apprentissage continue, mais les erreurs sont toujours présentes. Lorsque vous arrivez à 150 volts, il crie, refuse de continuer, il dit qu'il est cardiaque. À 350 volts, il n'a plus de réaction.
>
> Bien entendu, avant d'en arriver là et devant la détresse de la victime, vous vous plaignez à l'expérimentateur, vous

soutenez qu'il faut arrêter l'expérience. Le chercheur vous demande de continuer. Après votre premier refus, il vous explique que c'est absolument essentiel que vous continuiez. Au deuxième refus, il prétend que vous n'avez pas le choix, que vous devez continuer ! Enfin, lorsque vous refusez une troisième fois, il arrête l'expérience.

En fait, l'élève était un acteur, complice de l'expérimentateur et son travail était de simuler la douleur afin de vous faire croire qu'il recevait réellement ces chocs.

Les résultats de cette expérience sont surprenants, car, dans l'expérience princeps (1963), Milgram (1974) montrera que tous les participants se sont soumis aux ordres de l'expérimentateur en infligeant des chocs jusqu'à 285 volts. Pire encore, 65 % des sujets allèrent même jusqu'à 450 volts. Notons que Milgram rapporte qu'aucun des sujets n'éprouvait de plaisir à faire souffrir l'élève. Les entretiens qui suivirent l'expérience montrèrent que ce fut même le contraire. Néanmoins, cela ne les empêcha pas de continuer d'obéir à l'autorité…

Cette expérience a été reproduite de nombreuses fois et toujours avec autant de succès (pour une excellente synthèse de ces travaux, *cf.* Guéguen, 2002, pp. 7 à 81).

On a fait varier certaines conditions pour étudier les facteurs qui pourraient influencer cette soumission à l'autorité. En voici les principaux :

– le fait que le participant ne puisse voir directement la victime augmente l'influence de l'expérimentateur. Plus la proximité grandit et moins la soumission est importante. On enregistre 30 % de soumission, quand le sujet a des contacts physiques avec la victime au moyen de gants afin de lui infliger la punition, 40 %, si « maître » et « élève » sont dans la même pièce, 60 % lorsque les lieux sont séparés mais que le participant entend la voix de sa victime et enfin 70 % lorsqu'elle est ni vue, ni entendue. À ce propos, Milgram raconte que le criminel

SS Eichmann eut la nausée, quand il visita les camps de concentration, mais comme il se contentait de suivre les ordres en signant des papiers derrière son bureau, il lui était plus facile de se soumettre et de participer à l'Holocauste. Kilham et Mann (1974) ont d'ailleurs mis en évidence que l'on a deux fois plus de facilité à suivre les ordres si l'on n'a pas à les exécuter soi-même ;

– si le participant n'est pas à proximité de l'autorité et que l'expérimentateur donne ses ordres par téléphone, seuls 40 % obéissent. D'autres mentent même sur l'intensité des chocs qu'ils donnent ;
– contrairement à ce que pourraient penser certains d'entre nous, le sexe et l'âge des participants ne sont pas des facteurs qui font varier le taux de soumission.

Ces différents travaux permettent de comprendre comment et pourquoi certaines personnes peuvent laisser faire et même participer à l'exécution de millions d'autres, ou encore pourquoi les gens acceptent de participer à des suicides collectifs.

7. Pourquoi acceptons-nous le pouvoir ?

Dès les premières années de notre vie, nous recevons des injonctions plusieurs fois par jour. Ces ordres peuvent prendre plusieurs formes : « va ranger ta chambre ou tu auras une fessée » (pouvoir de coercition), « si tu ranges ta chambre, tu pourras regarder la télé » (pouvoir de récompense), « Je suis ta mère et je te demande de ranger ta chambre » (pouvoir légitime), etc. Nous sommes donc « formatés » précocement à l'acceptation de ce type d'influence, et notre éducation intègre le fait qu'il faille obéir aux lois, à nos parents, bref à l'autorité.

Les enfants subissent, mais s'entraînent également très tôt à l'exercice du pouvoir, que ce soit sur leurs camarades, leurs soldats ou leurs poupées. Observez donc un enfant qui joue, vous reconnaîtrez les différentes formes de pouvoirs qu'il met en œuvre...

Si, comme vous venez de le voir, la soumission à l'autorité est aujourd'hui davantage la règle que l'exception, il n'est pas impossible que ces comportements évoluent avec le temps. En effet, un sondage effectué en 1924 révélait que les mamans américaines choisissaient l'obéissance et la loyauté comme étant les traits de personnalité les plus souhaitables pour leurs enfants. En 1988, un même sondage montra que les valeurs n'étaient plus les mêmes, elles concernaient il y a quinze ans maintenant l'indépendance et la tolérance (Remley, 1988).

Conclusion

Dans la vie de tous les jours, nous sommes constamment impliqués dans des relations de dépendance et des relations de pouvoirs avec les autres. Celles-ci peuvent prendre différentes formes qui s'additionnent également souvent. Par exemple, un expert cumule fréquemment le pouvoir de connaissance et celui d'information. Si c'est un enseignant et qu'il s'adresse à un étudiant, y sera également associé le pouvoir légitime. La force de l'influence s'en trouvera alors accrue, car, comme le dit un proverbe africain : « En additionnant des toiles d'araignées les unes aux autres, on peut emprisonner un lion. »

Pour en savoir plus

BUSHMAN B.J. (1984). « Perceived Symbols of Authority and their Influence on Compliance », *Journal of Applied Social Psychology*, *14*, 501-508.

FRENCH J.R.P. Jr., RAVEN B.H. (1959). « The Bases of Social Power », *in* D. Cartwright (éd.), *Studies in Social Power*, Ann Arbor, MI, University of Michigan Press, 150-167.

Guéguen N. (2002). *Psychologie de la manipulation et de la soumission*, Dunod, Paris.

Kilham W., Mann L. (1974). « Level of Destructive Obedience as a Function of Transmitter and Executant Roles in the Milgram Obedience Paradigm », *Journal of Personality and Social Psychology*, *29*, 5, 696-702.

Milgram S. (1963). « Behavioral Study of Obedience », *Journal of Abnormal and Social Psychology*, *67*, 371-378.

Milgram S. (1965). « Some Conditions of Obedience and Disobedience to Authority », *Human Relations*, *18*, 57-77.

Milgram S. (1974). *Soumission à l'autorité*, Paris, Calmann-Lévy.

Remley A. (1988). « The Great Parental Value Shift : From Obedience to Independance », *Psychology Today*, *22*, 56-59.

48 Pourquoi sont-ce toujours les mêmes qui ne fichent rien ?
La différenciation des rôles sociaux

Si vous êtes passionné par la téléréalité, vous avez certainement déjà vu les émissions dans lesquelles un groupe de personnes se retrouve dans un environnement confiné pendant plusieurs mois sous l'œil avide des caméras qui tournent vingt-quatre heures sur vingt-quatre.

Il existe souvent entre les candidats une tension importante du fait (entre autres) de l'élimination souvent imminente de certains membres. Les conflits sont légions, notamment à propos des tâches ménagères, même si tout le monde est censé participer aux différents travaux domestiques (vaisselle, ménage, etc.). On s'aperçoit rapidement que certaines personnes en font beaucoup plus que d'autres. Ces dernières préfèrent attendre tranquillement que le repas soit préparé. Bref, il semble qu'il y ait comme des « spécialisations » qui se mettent en place… On peut se demander si ces comportements sont uniquement liés à la personnalité des participants ou encore s'ils sont dus à la contrainte de la situation en elle-même.

Des expériences effectuées sur des rats illustrent à quel point certaines situations stressantes et vécues en groupe influencent et structurent nos comportements (Colin et Desor, 1986 ; Krafft, Colin et Peignot, 1994 ; Toniolo, Desor et Dickes, 1997).

Les chercheurs ont observé le comportement de rats vivant à 6 dans une cage.

Afin de se nourrir, ceux-ci devaient emprunter une voie d'accès menant à une mangeoire qui ne distribuait qu'une boulette de nourriture à chaque fois. Par manque d'appui, les rats ne pouvaient manger sur place et devaient revenir dans leur cage avec la boulette entre les dents afin de la déguster.

Par la suite, les chercheurs ont immergé progressivement l'unique voie d'accès. Cela a eu pour conséquence d'obliger les rats à plonger et à nager sous l'eau jusqu'à la mangeoire, à prendre une boulette de nourriture dans la gueule et à revenir en apnée afin de réintégrer leur cage d'habitation. Mais voilà, les rats n'aiment pas nager en apnée. On observa alors des comportements étranges.

Les expérimentateurs constatèrent, en effet, que cette situation amenait progressivement les rongeurs à se spécialiser. Au bout de quelque temps, ils ont pu repérer trois catégories de rats :

• les *transporteurs « ravitailleurs »*, c'est-à-dire ceux qui vont plonger, qui ramènent la nourriture mais se la font très souvent subtiliser par les autres ;

• les *non-transporteurs* qui sont des rats qui ne plongent jamais et obtiennent leur nourriture en la volant aux transporteurs ;

• enfin, une troisième catégorie constituée de rats transporteurs mais qui conservent la nourriture qu'ils sont allés chercher, ce sont les *transporteurs « autonomes »*.

Les proportions sont stables dans le temps, que ce soit chez les rats ou les souris. On retrouve toujours 50 % de transporteurs (dont quelques autonomes) pour 50 % de non-transporteurs. Et même si l'on place ensemble 6 transporteurs, on obtient au bout d'un certain temps, 3 non-transporteurs et 3 transporteurs (dont 1 autonome).

Cette différenciation semble émerger des caractéristiques individuelles initiales (la personnalité des rats pourrait-on dire...) mais aussi des interactions entre les membres du groupe.

On pourrait croire que les rats qui se font dévaliser sont les plus anxieux, en réalité, il n'en est rien. Les chercheurs ont montré que les non-transporteurs l'étaient encore davantage que les autres, certainement parce qu'ils dépendent des ravitailleurs.

Toniolo et Hennemann (2001) se sont demandés si cette structure pouvait également se retrouver chez l'être humain. Ils ont donc effectué une expérience relativement proche de celle réalisée sur des rats, mais avec un groupe d'étudiants.

120 étudiants ont participé à cette expérience. Ils ont été rassemblés par groupes de six dans une pièce. L'objectif était pour eux d'obtenir un maximum de points (des petits croisillons), puis d'aller les placer dans une boîte située à l'autre bout de la pièce. Les points pouvaient se gagner de différentes manières :

• soit en effectuant une épreuve d'habileté manuelle qui consistait à parcourir un fil métallique de 1,20 mètre avec un anneau en évitant le contact entre les deux (on peut faire ici l'analogie avec la plongée pour les rats) ;

• soit en piquant les points d'un partenaire en l'obligeant à les mettre en jeu dans un défi (jeu stratégique « Puissance 4 »). Cette étape correspond aux joutes entre les rats pour se subtiliser la boulette. Les capacités intellectuelles pour ce jeu peuvent compenser une défaillance à l'épreuve d'habilité manuelle (fil).

Les chercheurs ont comptabilisé par individu le nombre de points gagnés aux épreuves, ainsi que le nombre global de points perdus et le nombre global de points récupérés.

Au final, sur les 120 étudiants, les chercheurs ont remarqué que :

• 26 individus étaient très habiles en psychomotricité (épreuve du fil) mais se faisaient souvent piquer leurs points au jeu, c'était des ravitailleurs ;

• 32 sujets étaient très bons en psychomotricité et sortaient également vainqueurs au jeu de stratégie. Ils allaient alors chercher des points au fil moins souvent que les autres parce qu'ils pouvaient les conserver. Les chercheurs ont reconnu ici les autonomes ;

• enfin, 62 étudiants n'allaient pas chercher les points à l'épreuve du fil. Ils se contentaient d'attendre que les ravitailleurs capitalisent des points pour les leur piquer en les défiant à l'épreuve de « Puissance 4 ». Vous aurez reconnu vous-mêmes la catégorie de rats à laquelle on peut les associer…

Un questionnaire effectué à la fin de l'expérience a montré qu'au début, les étudiants cherchaient à suivre le comportement des autres. Mais, rapidement, cette situation leur a complètement échappé. Aussi, face à la forte pression ressentie, les individus se sont centrés davantage sur leurs propres interactions et ont perdu la vision d'ensemble du jeu. Même ceux qui avaient envisagé de se soutenir réciproquement sont rentrés en compétition de façon tenace.

Ainsi, dans des situations collectives particulièrement stressantes, un système qui échappe aux sujets peut se mettre en place et utiliser les complémentarités des différents individus pour la survie du groupe. Ces spécialisations pourraient reposer sur des différences individuelles au niveau de l'anxiété des membres (Schroeder, Toniolo, Nehlig et Desor, 1998).

Conclusion

Ces expériences sont fascinantes, même si les raisons précises des comportements qu'elles révèlent ne sont pas encore totalement élucidées. Toujours est-il que si ces résultats sont applicables à des situations plus communes, ils pourraient enfin expliquer pourquoi, dans un groupe, ce sont toujours les mêmes qui demandent : « Alors, quand est-ce qu'on mange ?... »

Pour en savoir plus

COLIN C., DESOR D. (1986). « Behavioral Differentiation of Rats Subjected to the Diving-for-Food Situation », *Behavioral Processes*, *13*, 85-100.

KRAFFT B., COLIN C., PEIGNOT P. (1994). « Diving-for-Food : A New Model to Assess Social Roles in a Group of Laboratory Rats », *Ethology*, 96 (1), 11-23.

SCHROEDER H., TONIOLO A.-M., NEHLIG A., DESOR D. (1998). « Long-Term Effects of Early Diazepam Exposure on Social Differentiation in Adult Male Rats Subjected to the Diving-for-Food Situation », *Behavioral Neuroscience*, *112* (5), 1209-1217.

TONIOLO A.-M., DESOR D., DICKES P. (1997). « Déterminisme individuel au cours de l'ontogenèse et rôles sociaux à l'âge adulte ; Une étude chez le rat Wistar », *in* M. Launay (éd.), *Actes des XIe Journées de psychologie différentielle*, Montpellier, PUM, 21-30.

TONIOLO A.-M., HENNEMANN M. (2001). « Résolution de problèmes en situation de confinement : profils comportementaux et structuration de groupe », *in* A. Flieller, C. Bocéréan, J.-L. Kop, E. Thiébaut, A.-M. Toniolo et J. Tournois (éds.), *Questions de psychologie différentielle*, Rennes, PUR, 345-350.

49 Pourquoi trouverez-vous que les sauterelles ont meilleur goût si le cuisinier est exécrable ? *La dissonance cognitive*

Lisez d'abord ce compte rendu d'expérience, puis répondez à la question…

> En 1962, il y eut une intervention musclée de la police sur le campus d'une université américaine. Ce geste fut condamné par tous les étudiants de la faculté. Un chercheur (du nom de Cohen) profita de ces événements pour examiner le rôle de la rémunération sur le changement d'attitude (Brehm et Cohen, 1962).
>
> Cohen connaissait l'attitude négative des étudiants à l'égard des forces de l'ordre, mais, sous prétexte d'étudier l'intervention de la police, il demanda à des étudiants d'écrire un texte qui serait favorable à l'intrusion de la police dans l'université, précisant qu'il disposait déjà suffisamment de textes défavorables.
>
> Les sujets qui acceptèrent de participer furent payés. Selon les conditions, Cohen leur proposa 50 cents, 1, 5 ou 10 dollars. Une fois les copies ramassées, le chercheur évalua, grâce à un questionnaire, leur attitude à l'égard de l'intervention de la police.
>
> À votre avis, quels sont les étudiants qui montrèrent l'attitude la plus favorable à la police, ceux qui avaient été payés 50 cents, 1, 5 ou 10 dollars ? Si vous avez répondu 10, vous avez appliqué la théorie de l'apprentissage qui consiste à proposer que la récompense facilite le changement d'attitude. Hélas, ce n'est pas ce qui ce passe ici. En revanche, si vous avez répondu 50 cents, alors bravo, car c'est ce qu'ont révélé les résultats : moins les individus étaient payés, plus leur attitude était favorable à l'égard de l'intervention de la police sur le campus. Étonnant, non ?

Comment expliquer ces résultats ? D'abord, il faut savoir que, selon la théorie de la dissonance cognitive (Festinger, 1957), nous avons besoin d'entretenir des relations « équilibrées » entre ce que nous pensons et la façon dont nous agissons. Nous aspirons à éliminer les pensées ou les comportementaux qui sont contradictoires.

Par exemple, si je suis écologiste, je ne jetterais pas de piles électriques à la poubelle. Si je le faisais, cela engendrerait un état de tension psychologique désagréable, un état de « dissonance » entre mon attitude écologique et mon comportement.

Une façon de rétablir l'équilibre consiste à mobiliser des idées (cognitions) qui justifient mon comportement. Je pourrais, par exemple, me convaincre que les piles seront de toute façon retrouvées au centre de tri des ordures ménagères. Une autre manière de diminuer la dissonance pourrait être de modifier *a posteriori* mes opinions, afin qu'elles s'accordent avec mon comportement : je pourrais penser que, finalement, je ne suis peut-être pas aussi écolo que je me l'imaginais…

C'est selon ce dernier principe qu'ont réagi les étudiants de l'expérience de Cohen. Écrire un plaidoyer qui va à l'encontre de leurs convictions peut se justifier par le fait qu'ils ont reçu une bonne petite somme d'argent pour accomplir cette tâche. Par conséquent, ils n'ont pas de raisons de changer d'avis quant à l'intervention policière. Les individus qui reçurent une forte rémunération n'étaient pas en situation de dissonance. En revanche, les sujets qui ont accepté de participer à l'expérience pour une faible somme d'argent sont en état de dissonance. En effet, comment concilier le fait d'être contre l'intervention de la police et dans le même temps d'accepter d'écrire un texte en leur faveur ? Ce n'est tout de même pas pour 50 malheureux centimes… Le seul moyen pour eux de réduire la dissonance est alors de changer d'opinion quant à l'intervention.

L'étude de la dissonance cognitive a donné lieu à toutes sortes d'expériences des plus insolites…

> En 1965, Zimbardo et ses collègues ont invité des soldats américains à manger des sauterelles grillées sous le prétexte de tester de nouvelles nourritures.
>
> Dans une condition, l'expérimentateur qui formulait la demande était sympathique, saluait le participant de manière chaleureuse, semblait sensible à ses besoins et était très avenant avec son adjoint (un complice). Dans une autre, le chercheur était antipathique, bourru et réprimandait sans arrêt son assistant.
>
> Une fois les délicieuses bestioles consommées, les chercheurs évaluèrent les goûts des militaires pour ce mets. Les soldats de la condition dans laquelle le chercheur s'était montré antipathique trouvèrent les sauterelles plus savoureuses que les soldats de l'autre condition. Ceux qui avaient eu un expérimentateur aimable avaient une raison toute trouvée de s'être pliés au jeu : faire plaisir à un chercheur sympa.
>
> En revanche, comment justifier le fait d'avoir ingéré des insectes alors que le chercheur était désagréable ? La solution consistait à rationaliser son acte en changeant *a posteriori* son attitude à l'égard des sauterelles…

Notons que dans toutes ces expériences, il est essentiel que le sujet se sente libre d'avoir accepté de participer de son plein gré. Dans le cas où il serait contraint à commettre l'acte, le sujet ne serait pas en état de dissonance, il aurait une bonne explication à son comportement : s'il l'a accepté, c'est parce qu'on l'y a forcé.

1. Justifier son effort

La théorie de Festinger prédit que si vous avez fourni beaucoup d'efforts pour atteindre un but et que le résultat est négligeable, vous allez vous retrouver dans un état de dissonance cognitive qu'il vous faudra réduire.

Par exemple, si au terme d'une semaine de régime, vous n'avez pas perdu un seul gramme, vous pourriez dire que vous vous sentez quand même mieux. Vous pourriez également vous mentir à vous-même, en soutenant que vous étiez plus gros en début de semaine. C'est ce que montre l'expérience suivante.

Conway et Ross (1984) ont proposé à des étudiants de s'inscrire librement à un programme visant à améliorer leur efficacité dans leur travail (prise de notes, étude, etc.). Il s'agissait en réalité d'un programme qui n'avait aucune efficacité. Bien entendu, les participants l'ignoraient avant de s'y engager.

Avant de commencer, les sujets devaient d'abord évaluer leurs compétences.

Comme le programme était « bidon », aucune différence ne fut constatée sur le plan des performances scolaires réelles, entre les étudiants ayant suivi ce programme et ceux d'un groupe témoin qui ne l'avaient pas suivi, les performances étaient les mêmes pour les deux groupes avant et après le programme.

Cependant, lorsqu'on sollicita les étudiants afin d'évaluer le programme, ils le trouvèrent très performant, mais surtout lorsqu'on leur demanda de se remémorer leurs aptitudes antérieures, ils les sous-estimèrent et se trouvèrent bien meilleurs après avoir suivi le programme... Cette mémoire sélective leur permettait de justifier les efforts consentis pour un but non atteint.

Mais l'histoire ne s'arrête pas là. Plusieurs mois plus tard, l'expérimentateur retourna voir les étudiants pour leur demander leurs notes de fin d'année. Il constata alors que ceux qui avaient suivi le programme lui attribuèrent des notes plus élevées qu'elles ne l'étaient en réalité. Ce ne fut pas le cas pour les personnes du groupe témoin...

2. Trivialiser

Une façon de réduire la dissonance lorsqu'on vient de commettre un acte dont on se rend compte qu'il a des implications négatives insoupçonnées, est de « trivialiser ». Cela consiste à minimiser l'importance de l'acte accompli (Simon, Greenberg et Brehm, 1995).

Imaginez que votre conjoint vous reproche d'avoir eu un comportement excessif, quand vous avez réprimandé votre fille qui depuis, pleure dans sa chambre. Vous pourriez trivialiser de la façon suivante : « Oh mais c'est pas si grave, je lui ai simplement demandé de faire des efforts, elle va bien finir par se calmer... » Vous chercherez à diminuer l'importance du comportement problématique, de façon à réduire la dissonance entre vos sentiments d'amour à l'égard de votre fille et le fait de l'avoir fait souffrir.

Conclusion

La réduction de la dissonance risque parfois de nous entraîner à persévérer dans l'erreur plutôt que de reconnaître que nous nous sommes trompés. Nous avons tendance à nous justifier, même si nous avons parfois au fond de nous le sentiment diffus de nous être trompés ou d'avoir été trompés. Il faut poursuivre à tout prix pour ne pas rendre vains les sacrifices consentis en temps ou en argent. Nous aurions pourtant tout à gagner à changer de cap.

Hélas, nous « rationalisation » souvent en acte, en ajoutant un comportement qui va dans le sens du comportement problématique initial, de façon à réduire la dissonance. Nous pouvons justifier ainsi le caractère rationnel de notre première décision..., et c'est l'escalade.

Pour finir, si après un achat, vous vous mettez à regretter votre choix et à penser : « Avais-je vraiment besoin de mettre 2 500 euros dans ce caméscope alors qu'il en existe à 800 ? » N'ayez pas trop d'inquiétudes, le mécanisme de réduction de la dissonance fera rapidement son œuvre de façon à réduire votre tension interne. Vous trouverez alors toutes sortes de justifications venant confirmer que vous avez effectué le meilleur choix… N'était-ce pas d'ailleurs ce que vous avait dit le vendeur ?

Pour en savoir plus

BREHM J., COHEN A. (1962). *Explorations in Cognitive Dissonance*, New York, Wiley.

CONWAY M., ROSS M. (1984). « Getting what You Want by Revising what You Had », *Journal of Personality and Social Psychology*, *47*, 738-748.

SIMON L., GREENBERG J., BREHM J. (1995). « Trivialization : The Forgotten Mode of Dissonance Reduction », *Journal of Personality and Social Psychology*, *68* (2), 247-260.

ZIMBARDO P.G., WEISENBERG M., FIRESTONE I., LEVY B. (1965). « Communicator Effectiveness in Producing Public Conformity and Private Attitude Change », *Journal of Personality*, *33*, 233-255.

50 Bien que vous soyez inflexible, pourriez-vous résister à la pression de 50 000 personnes ? *L'impact du bruit de la foule sur les décisions des arbitres*

Les cris d'une foule en délire peuvent-ils influencer notre performance sportive ? En tout cas, c'est ce que semblent penser les athlètes dans les stades, quand ils réclament les encouragements du public. C'est certainement aussi la raison pour laquelle les footballeurs préfèrent jouer à domicile, c'est-à-dire devant leurs fans. Ils prétendent en tirer un avantage.

Les chercheurs se sont également demandés si la réaction de la foule pouvait influencer la décision des arbitres.

Afin d'examiner cette question, Nevill et ses collègues (2002) ont proposé à 40 arbitres qualifiés de participer à une expérience. Le travail consistait à visionner la cassette vidéo d'un match opposant Liverpool à Leicester, afin d'évaluer la légalité de 43 incidents intervenus pendant cette rencontre sportive. Bien entendu, les participants donnaient leur avis avant de voir la décision officielle. Signalons un fait qui a son importance : l'équipe de Liverpool jouait à domicile.

Dans une première condition (groupe A), les arbitres devaient évaluer les actions avec le son du match, c'est-à-dire, les cris de la foule mais sans les commentaires des journalistes. Dans une seconde condition (groupe B), les autres arbitres devaient accomplir ce même travail mais sans entendre le son. Les sujets des deux groupes devaient aussi dire à quel point ils étaient sûrs de leurs décisions.

Les résultats ont montré que les arbitres ayant eu à effectuer leur tâche en entendant les cris de la foule (groupe A) ont été moins sûrs de leurs décisions et, surtout, qu'ils ont attribué 16 % de sanctions en moins à l'équipe qui recevait à domicile (Liverpool) que les participants de l'autre condition (B).

Notons que les arbitres du groupe A n'attribuaient pas davantage de fautes à l'équipe invitée, ils se contentaient de moins sanctionner l'équipe qui recevait.

Tout laisse à penser que ces arbitres se sont laissés influencer par les cris de la foule acquise à la cause de Liverpool. Ce qui est amusant, c'est que les décisions prises par le groupe d'arbitres ayant entendu le bruit de la foule, furent en conformité avec celles de l'arbitre sur le terrain (forcément).

Conclusion

Si vous êtes juge sportif ou arbitre de foot, jouez avec des bouchons d'oreilles, car les cris de la foule risquent d'avoir un rôle crucial sur vos décisions, notamment en faveur de l'équipe qui joue à domicile.

Pour en savoir plus

NEVILL A.M., BALMER N.J., WILLIAMS A.M. (2002). « The Influence of Crowd Noise and Experience upon Refereeing Decisions in Football », *Journal of Sport and Exercise*, 3, 261-272.

51 Pourquoi suivons-nous l'avis du public dans les jeux télévisés ? *Le conformisme*

L'opinion des autres a-t-elle un impact sur vos choix et vos décisions ? En général, on répond plutôt par la négative à ce genre de question, convaincus que nous sommes d'avoir une personnalité forte et consistante.

La réalité montre que les choses sont différentes et que, bien souvent, nous avons tendance à adhérer à la majorité bien pensante, à suivre les modes, bref à nous conformer.

Le conformisme désigne le changement d'opinions d'un individu dans le sens des opinions affichées par plusieurs autres personnes. En somme, la conformité, c'est quand on se rallie à la majorité en sa présence (ou pas).

Imaginez que vous avez été recruté pour participer à une expérience qui porte sur la perception visuelle. Quand vous arrivez dans la salle, six personnes sont déjà installées.

Vous vous asseyez alors sur la seule chaise libre, c'est-à-dire l'avant-dernière.

L'expérimentateur prend la parole et explique aux individus, dont vous faites partie, quelle sera la tâche à effectuer. Il s'agira de répondre oralement, et un par un, si les lignes présentées sur un carton sont plus grandes ou plus petites qu'une ligne étalon (« la ligne A est-elle plus grande ou plus petite que la ligne étalon ? »).

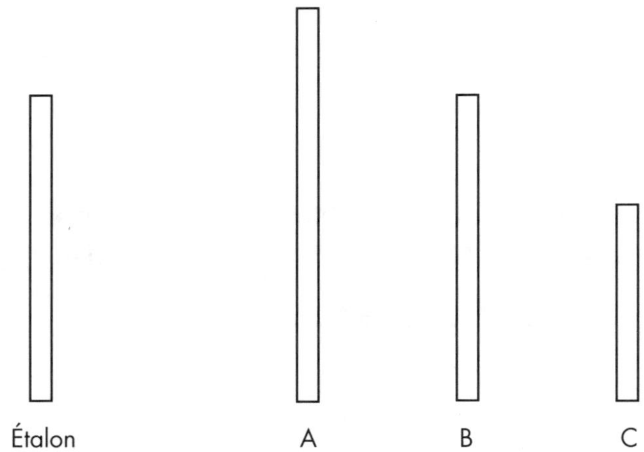

Vous vous dites que cela a l'air simple. Effectivement, ce n'est pas compliqué. L'expérience commence de gauche à droite, vous serez donc l'avant-dernier à répondre. Les deux premiers tours passent rapidement et sans incidents ; tous les sujets fournissent la même réponse.

Tout à coup, au troisième tour, le premier sujet donne une réponse erronée mais sans que sa voix ou son comportement marquent une hésitation. Il voit la ligne plus petite que l'étalon, alors que vous, vous la voyez plus grande. Que se passe-t-il ? A-t-il perdu la vue ?

Le deuxième sujet prend alors la parole et donne la même réponse erronée. Le troisième sujet également, et avec le même degré de certitude qui caractérise les deux autres individus. Avant même d'avoir compris ce qui se passe, tous les participants ont répondu en donnant la même mauvaise réponse, et c'est maintenant à votre tour. Qu'allez-vous faire ? Dire ce que vous voyez vraiment ou vous conformer à la majorité et donner, vous aussi, une mauvaise réponse ?

Cette expérience a été réalisée pour la première fois par Asch (1951) et a été reproduite depuis à de nombreuses reprises. Vous aurez deviné que les autres personnes étaient des complices de l'expérimentateur et qu'ils avaient la consigne de se comporter de cette façon. Mais ce qui est étonnant, c'est que les sujets naïfs ont suivi systématiquement l'avis de la majorité (des complices) dans 40 % des cas. Vous vous dites que cela ne vous arriverait jamais, que vous n'êtes pas un mouton de Panurge. C'est vrai qu'environ 25 % des sujets ne se sont jamais ralliés aux fausses réponses, mais 75 % des autres l'ont fait systématiquement, une fois sur deux ou de temps en temps. Finalement, n'avez-vous jamais applaudi une personne ou un spectacle simplement parce que tout le monde en faisait autant ?

1. Pourquoi se conforme-t-on ?

D'après certains psychologues (Kelman, 1958), on se conforme :

- par influence de l'information, c'est-à-dire que si plusieurs personnes sont d'accord, c'est qu'elles ont raison (« elles doivent posséder une information à laquelle je n'ai pas accès ») ;
- par « suivisme », par « complaisance » afin d'éviter les conséquences négatives, même si en privé, on peut rejeter l'idée de la majorité ;
- par « identification ». C'est le cas des adolescents qui prennent leurs idoles en référence et s'y conforment en agissant ou en s'habillant comme elles. Ils sont motivés par le désir d'être comme la personne qu'ils admirent ;

– par « intériorisation ». On change d'opinion et on se rallie à la cause d'une personne si elle est experte, sincère ou digne de confiance.

2. Quels sont les facteurs qui font varier le conformisme ?

Les *personnes autoritaires* se conforment plus que les autres, en raison de leur respect inconditionnel des normes, des conventions, du pouvoir et de l'autorité (Crutchfield, 1955).

Ceux qui ont une *faible estime de soi* se conforment plus que les autres, car ils ont peu confiance en leurs capacités (Stang, 1972).

La *taille du groupe* est aussi un facteur. Le conformisme augmente avec le nombre de personnes présentes mais jusqu'à un certain point seulement. Au-delà de cinq personnes, le taux se stabilise (Gerard, Wilhelmy et Conolley, 1968).

Une *majorité unanime ou non* est un élément à prendre en compte. Si une autre personne donne la bonne réponse, le taux de conformisme tombe à 6 %. Même si cette autre personne a des gros verres et dit ne pas bien voir, car ce qui compte c'est qu'une autre personne ose défier la majorité (Allen et Levine, 1971).

Le *sexe* intervient aussi : les hommes se conforment plus sur des tâches ou thèmes féminins et les femmes sur des tâches ou thèmes masculins (Sistrunk et McDavid, 1971).

Quant à la *culture*… Les Français se conforment moins que les Norvégiens, et les Américains plus que les Japonais. En raison des traditions, de l'environnement, certaines cultures se conforment davantage que d'autres (cultures collectivistes/cultures individualistes ; *cf.* Milgram, 1961).

Conclusion

Dans nos cultures, on inculque à nos enfants le modèle du conformisme dès l'école maternelle. Ainsi, les filles doivent jouer à la poupée et les garçons aux petites voitures, on doit être poli et se comporter comme tout le monde, etc. On retrouve également ce conformisme dans l'entreprise (costume/cravate, acceptation des ordres, etc.), afin d'éviter les conflits avec les supérieurs et les sanctions de groupes, comme le rejet.

Malgré tout, il peut être dangereux pour un groupe (par exemple, dans une réunion) qu'un des individus taise un jugement qui pourrait être précieux. Hélas, on se conforme souvent aux décisions du groupe au lieu de donner son point de vue personnel…

Pour en savoir plus

ALLEN V., LEVINE J. (1971). « Social Support and Conformity : The Role of Independent Assessment of Reality », *Journal of Experimental Social Psychology*, *7*, 48-58.

ASCH S.E. (1951). « Effects of Group Pressure upon the Modification and Distortion of Judgments », *in* H. Guetzkow (éd.), *Group, Leadership, and Men*, Pittsburgh, PA, Carnegie Press.

CRUTCHFIELD R.S. (1955). « Conformity and Character », *American Psychologist*, *10*, 191-198.

GERARD H.B., WILHELMY R.A., CONOLLEY E.S. (1968). « Conformity and Group Size », *Journal of Personality and Social Psychology*, *8*, 79-82.

KELMAN H.C. (1958). « Compliance, Identification, and Internalization : Three Processes of Attitude Change », *Journal of Conflict Resolution*, *2*, 51-60.

MILGRAM S. (1961). « Nationality and Conformity ; with a Biographical Sketch », *Scientific American*, *205* (34), 45-51.

SISTRUNK F., MCDAVID J. (1971). « Sex Variable in Conforming Behavior », *Journal of Personality and Social Psychology*, *17*, 200-207.

STANG D.J. (1972). « Conformity, Ability, and Self-Esteem », *Representative Research in Social Psychology, 3* (2), 97-103.

52 Est-il possible de convaincre vos amis, lorsqu'ils pensent tout le contraire de ce que vous pensez ? *L'influence minoritaire*

En général, lorsque nous devons porter un jugement, nous avons tendance à suivre le plus grand nombre. Ce type d'influence trouve son illustration dans certaines émissions télévisées : quand le candidat peut demander l'avis du public, il se conforme systématiquement à la majorité. Mais est-ce à dire que l'avis d'une personne isolée qui s'oppose au plus grand nombre n'est jamais suivi d'effet ? L'expérience qui suit répond à cette question.

> Des chercheurs (cité par Moscovici, 1994) ont présenté à des sujets des triangles dont les angles faisaient entre 90° et 85°. Leur travail consistait alors à évaluer le degré d'angle de ces triangles. Dans cette expérience, les sujets faisaient partie soit d'une condition, soit d'une autre :
>
> • dans la première condition, que l'on appellera « influence majoritaire », on montrait l'angle de 85° aux sujets en leur disant : « pour vous aider, sachez que 90 % des gens perçoivent cet angle comme étant de 50° » ;
>
> • dans la seconde condition, que l'on appellera « influence minoritaire », on disait aux sujets, en montrant l'angle de 85° : « pour vous aider, sachez que 10 % des gens perçoivent cet angle comme étant de 50° ».

Tous ces triangles pouvaient être imaginés comme représentant une part de fromage, par exemple, une part de brie. D'ailleurs, à la fin de la série de mesure des angles, on demandait aux sujets d'estimer le poids de la portion de fromage que ces angles étaient susceptibles de représenter à leurs yeux.

Au final, on s'aperçut que :

- les sujets qui avaient été soumis à l'influence de la majorité, dirent avoir vu l'angle de 85° plus petit qu'il ne l'était réellement. Ici, les participants ont suivi la majorité. Ils ont réagi comme les individus de l'expérience de Asch sur les bâtonnets, ils se sont conformés (*cf.* p. 211) ;
- les sujets qui avaient été soumis à l'influence de la minorité ne trouvèrent pas l'angle de 85° plus petit. Le fait de leur avoir dit que 10 % des gens l'avaient vu plus petit n'a pas influencé leur perception. En revanche, à la question sur le poids, ils ont imaginé que la portion de brie relative à cet angle était plus légère que l'estimation faite par l'autre groupe.

Cette influence est indépendante, puisque l'individu n'a pas été exposé à un jugement de la minorité ou de la majorité sur la portion de fromage. On dit qu'il y a eu influence indirecte ou latente.

Conclusion

Cette expérience nous amène à penser que, dans une réunion de travail ou en famille, il est toujours utile de donner son point de vue, même si celui-ci ne va pas dans le sens de ce qui est dit par l'ensemble des personnes présentes. Certes, dans ce cas précis, vous n'influencerez que rarement l'auditoire, car accepter votre point de vue impliquerait une déviance par rapport au reste du groupe.

Cela étant, défendez votre idée et argumentez, vous recueillerez bien souvent une influence indirecte (latente).

Un petit peu comme si vous aviez diffusé un virus dans la tête des personnes présentes, virus qui fera son œuvre petit à petit. Alors donnez votre avis, il en restera toujours quelque chose…

Pour en savoir plus

MOSCOVICI S. (dir.) (1994). « Influences conscientes et influences inconscientes », *Psychologie sociale des relations à autrui*, Paris, Nathan Université, 141-160.

53 Pourquoi ça va moins vite à deux ? *La paresse sociale*

Imaginez que vous avez décidé de faire installer une piscine dans votre jardin. Vous faites appel à une entreprise spécialisée qui vous envoie un ouvrier. Vous observez le début des travaux avec impatience et constatez que l'employé qui creuse votre trou évacue 1 mètre cube de terre à l'heure. Votre femme vous fait remarquer, avec raison, que cela va prendre beaucoup de temps et vous regrettez alors de ne pas avoir demandé à l'entreprise trois ouvriers au lieu d'un seul. En toute logique, leur performance aurait été de 3 mètres cubes de terre en une heure, ce qui aurait considérablement réduit les délais.

Hélas, les recherches effectuées sur le travail collectif nous amènent à penser que le résultat de votre calcul est fortement surestimé et que la quantité de terre dégagée par trois ouvriers soit bien inférieure à 3 mètres cubes par heure. En effet, on a remarqué depuis longtemps que le rendement d'un travail collectif n'est pas proportionnel au nombre de personnes : la performance d'un individu à une tâche est plus faible, quand il l'effectue en coopération avec d'autres personnes. Ces données illustrent ce que les chercheurs ont appelé « la paresse sociale ».

> Latané, Williams et Harkins (1979, 1981) ont réuni des personnes et leur ont demandé d'applaudir et de crier le plus fort possible.
>
> Les chercheurs faisaient varier le nombre de sujets effectuant cette tâche. Dans une première situation, les sujets étaient seuls. Dans les trois autres, ils étaient placés dans des groupes de 2, 4 ou 6 personnes. La quantité de bruit émis par chacun était mesurée de façon indépendante.
>
> Les résultats en décibels ont été enregistrés et ont mis en évidence que la performance des individus décroît, à mesure que la taille du groupe augmente.
>
> Par rapport à la performance individuelle, la performance collective était inférieure de 29 % lorsque les participants étaient deux, de 49 % lorsqu'ils étaient quatre, et de 60 % quand ils étaient six.

Cette expérience a été reproduite avec des sujets qui avaient les yeux bandés et étaient munis d'un casque permettant de les isoler et de leur faire croire qu'une ou plusieurs personnes les accompagnaient. Là encore, la baisse de performances des sujets était fonction du nombre de personnes censées les accompagner dans leurs cris. Leur performance était maximale lorsqu'ils étaient seuls, baissait lorsqu'ils croyaient être accompagnés d'une personne et était minimale lorsqu'ils pensaient être accompagnés de cinq personnes.

L'individu deviendrait-il fainéant lorsqu'il travaille en groupe ? C'est ce que tendent à montrer les nombreux travaux qui ont été effectués sur des tâches de production d'idées, d'apprentissage de labyrinthes, d'évaluation de messages, motrices (tirer sur une corde), etc. Ces expériences dévoilent toujours le même effet : la performance collective reste inférieure à la somme des performances obtenues préalablement par chaque membre du groupe en situation individuelle.

Plusieurs hypothèses ont été avancées pour expliquer ce phénomène (Huguet, 1995) ; toujours est-il que la paresse sociale apparaît lorsque les tâches collectives sont simples et qu'on ne peut dire avec précision qui a fait quoi. Dans ces cas-là, le sujet n'est pas motivé, car il est dans l'impossibilité de faire valoir un succès en cas de bonne performance. La pression à l'effort va alors diminuer. Et lorsque le travail est dirigé par un donneur d'ordre, on constate que son impact est dilué proportionnellement au nombre de personnes présentes. Autrement dit, le pouvoir de celui qui commande (qu'il soit présent ou pas) décroît à mesure que le nombre de sujets augmente.

Conclusion

Vous êtes peut-être surpris des résultats de ces expériences, alors qu'on vous a toujours rabâché que le travail d'équipe était préférable et supérieur au travail individuel. Vous pensez également que tout cela évoque une conception assez inquiétante du travail collectif. Mais rassurez-vous, la présence d'autrui (réelle ou imaginaire) n'a pas toujours un effet négatif sur la performance individuelle. C'est ce que nous verrons plus loin.

Pour en savoir plus

HUGUET P. (1995). « Travail collectif et performances individuelles », *in* G. Mugny, D. Oberlé et J.-L. Beauvois (éds.), *Relations humaines, groupes et influence sociale*, Grenoble, PUG, 31-41.

LATANÉ B., WILLIAMS K., HARKINS S. (1979). « Many Hands Make Light the Work : The Causes and Consequences of Social Loafing », *Journal of Personality and Social Psychology*, *37*, 822-832.

WILLIAMS K., HARKINS S., LATANÉ B. (1981). « Identifiability as a Deterrent to Social Loafing : Two Cheering Experiments », *Journal of Personality and Social Psychology*, *40*, 303-311.

54 Pourquoi devez-vous travailler tout seul si vous êtes nul ? *La facilitation sociale*

En 1897, l'une des toutes premières expériences de psychologie sociale concernait l'effet de la présence d'autrui sur la performance individuelle.

Norman Triplett (1897), qui était fanatique de courses cyclistes, avait remarqué que les coureurs pédalaient plus vite quand ils couraient dans le peloton (33 kilomètres/heure en moyenne) que quand ils couraient seuls contre la montre (24 kilomètres /heure en moyenne).

Il entreprit donc d'effectuer une expérience en laboratoire afin de valider son observation. Dans cette étude, 40 enfants devaient enrouler un maximum de fil de pêche autour d'un moulinet en un minimum de temps. Ils effectuaient cette manipulation, seuls dans une pièce, puis en présence d'un autre enfant (coaction), lui-même occupé à la même tâche[1].

1. Ces conditions sont donc différentes de celles qui ont révélé l'effet de paresse sociale où la réalisation concerne une tâche commune sans visibilité des performances individuelles.

Les résultats montrèrent clairement que la présence d'autrui pouvait améliorer la performance : 20 enfants étaient plus rapides en présence d'autrui que seuls, 10 ne changeaient pas et enfin 10 autres étaient moins performants. On baptisa ce phénomène : la facilitation sociale.

Ainsi la présence d'autrui pouvait améliorer la performance individuelle. Pourtant, pendant les décennies suivantes, les études réalisées sur l'homme et l'animal validèrent tantôt ces résultats, tantôt l'inverse. Ainsi, Chen (1937) montra que les fourmis s'engagent plus rapidement dans la construction de leur nid et transportent trois fois plus de terre en présence d'autres fourmis occupées à la même activité qu'en situation d'isolement. D'autres chercheurs montrèrent que, placées dans un labyrinthe en « E » qui ne leur était pas familier, des cafards (qui ne supportent pas la lumière) rejoignaient moins vite le refuge obscur en présence de congénères que seuls.

Tous ces résultats sont contradictoires, puisqu'on constate des effets tantôt facilitateurs, tantôt inhibiteurs de la présence d'autrui sur la performance individuelle dans les situations de coaction. En fait, il n'y a pas « une » réponse générale qui s'appliquerait à toutes les situations. Une synthèse des différentes recherches montre que la performance dépend de la perception qu'a le sujet de son efficacité personnelle (Sanna, 1992) :

– quand les tâches sont simples, le sujet sait qu'il va réussir. La motivation est forte, car il anticipe le succès, les gratifications et l'augmentation de l'estime de soi. Il réagira alors positivement à la présence d'autrui, et sa performance sera meilleure en présence d'un coacteur ou d'un observateur ; en revanche, si la situation rend impossible toute évaluation de la production personnelle, l'individu ne sera pas motivé, car il lui sera impossible de faire valoir son succès. On verra donc ici apparaître la « paresse sociale » ;

– quand les tâches sont complexes, le sujet envisage une issue négative (il va certainement échouer ou ne pas être bon, on risque de le blâmer, il va y avoir une baisse de l'estime de soi, etc.). Si l'on peut évaluer précisément son travail, la performance sera moins bonne en présence d'autrui, car l'individu sera inhibé. Vous-même avez peut-être vécu la situation suivante : vous êtes « jeune conducteur » et la présence de votre petit(e) ami(e) ou d'un passager vous gêne. Vous vous dites : « C'est bizarre, mais quand il (elle) est avec moi dans la voiture, je conduis moins bien que quand je suis tout(e) seul(e). » En revanche, si la situation rend impossible toute évaluation de la production personnelle, la présence d'autrui augmentera la performance par rapport à une situation où l'on peut évaluer précisément « qui a fait quoi ». Il y aura une diminution de l'inhibition.

On peut résumer les effets de la présence d'autrui sur la performance individuelle et collective de la façon suivante :

Le sujet s'attend à échouer ou bien tâches complexes	
Travail en groupe avec évaluation de la production individuelle impossible	Performance de groupe proportionnellement supérieure à celle d'un travailleur isolé
Travail en présence d'autrui avec évaluation de la production personnelle possible (co-action)	Performance individuelle inférieure à celle d'un travailleur isolé

Le sujet s'attend à réussir ou bien tâches simples	
Travail en groupe avec évaluation de la production individuelle impossible	Performance de groupe proportionnellement inférieure à celle d'un travailleur isolé
Travail en présence d'autrui avec évaluation de la production personnelle possible (co-action)	Performance individuelle supérieure à celle d'un travailleur isolé

Bon d'accord, vous pourriez dire : « mais le brainstorming, c'est bien » et « les groupes de résolution de problèmes, ça fonctionne ».

Un groupe utilisant la technique du brainstorming produit deux fois plus d'idées intéressantes et acceptées qu'un groupe « témoin » n'employant pas cette technique (Parnes, 1974). Mais l'idée qui consisterait à dire (à propos de la créativité), que la situation de groupe est supérieure à la somme des situations individuelles n'a jamais été démontrée.

Dans un groupe de résolution de problèmes (GRP), les membres perçoivent la production des uns et des autres, ainsi que celle de celui qui a les idées les plus originales. Il y a donc une grande visibilité de production. Si la tâche est complexe, la performance sera inférieure à celle d'un travailleur isolé à cause de l'inhibition sociale. Si le travail est simple, ce sera le contraire. Mais attention, ces prévisions s'entendent « toutes choses égales par ailleurs ». En effet, la production d'un groupe peut être altérée par la présence d'un chef autocratique et celle d'un travailleur isolé par d'autres variables parasites (fatigue, faim, etc.).

Somme toute, le principe du GRP est plutôt avantageux, car le travail de groupe amène des bénéfices que le travail individuel n'apporte pas (circulation plus rapide de l'information et réajustement instantané, production de consensus, prise de décision plus rapide, les sujets peuvent se motiver les uns les autres, augmentation de la production dans la durée, prise en compte des différents points de vue, etc.). Finalement, dans les groupes réels, ces différents aspects pourraient compenser la baisse de la performance, lorsque la tâche est difficile.

Conclusion

Pas si facile de savoir si deux têtes valent mieux qu'une. Pour cela, il vous sera nécessaire de connaître le contexte dans lequel est effectué le travail. Vous pourrez alors appliquer ces différents résultats à toutes sortes de situations et effectuer vos pronostics.

Par exemple, si vous devez passer un examen ou participer à un concours, la présence des autres occupés à la même tâche pourrait augmenter votre performance à la condition que vous ayez bien révisé et que votre niveau soit correct. En revanche, si vous avez de grosses lacunes et que dans cette matière, vous êtes plutôt mauvais, alors attention, en situation collective, vous risquez d'être encore plus nul.

Pour en savoir plus

CHEN S.C. (1937). « Social Modification of the Activity of Ants in Nest-Building », *Physiological Zoology, 10*, 420-436

PARNES S.J. (1974). « Education et créativité », *in* A. Beaudot (éd.), *La Créativité*, Paris, Dunod, 175-187.

SANNA L.J. (1992). « Self-Efficacy Theory : Implications for Social Facilitation and Social Loafing », *Journal of Personality and Social Psychology, 62*, 774-786.

TRIPLETT N. (1897). « The Dynamogenic Factors in Pacemaking and Competition », *American Journal of Psychology, 9*, 507-533.

55 Pourquoi ne faut-il pas accepter de se faire toucher ? *Contacts physiques et comportement d'achat*

Pensez-vous que le simple fait de vous faire toucher l'épaule ou le bras par un vendeur aura une influence sur votre comportement d'achat ? Si vous répondez non à cette question, et bien vous vous trompez, car l'expérience de Smith et ses collègues (1982) prouve le contraire.

Dans un supermarché, un chercheur déguisé en démonstrateur se tient debout dans un rayon devant une petite table sur laquelle repose une assiette contenant des morceaux de pizza. Lorsque des personnes passent à proximité, il tend son assiette afin qu'ils en goûtent un morceau.

Dans une condition, le dégustateur saisit le bras du client, il s'agit d'un simple contact et non d'une franche empoignade. Dans une autre, il n'y a pas de contact physique entre le vendeur et le client. Plus loin dans le magasin, se trouve l'emplacement de vente des fameuses pizzas. Un complice observe et relève les comportements des clients, lorsqu'ils passent devant ce rayon.

Les résultats sont les suivants :

- près de 80 % des clients acceptent de goûter la pizza à la suite d'un contact, alors qu'ils sont moins de 50 % lorsqu'il n'y a pas de contact ;
- 19 % des individus ayant goûté la pizza sans contact physique l'achètent ;
- ils sont deux fois plus nombreux (37 %), lorsque le démonstrateur leur a touché le bras.

Une recherche effectuée dans un restaurant illustre également à quel point le fait d'être touché peut nous influencer.

> Lynn et Sherwyn (1998) ont sollicité l'aide d'un serveur pour étudier l'impact du contact physique sur l'importance du pourboire laissé par les clients.
>
> Lorsque l'un deux rentrait dans le restaurant, le serveur tirait (en cachette) à pile ou face pour savoir s'il devrait toucher l'épaule de son client ou pas[1] au moment de la remise de l'addition. De nombreux clients furent donc touchés par le serveur à la fin de leur repas.
>
> Lorsque l'on fit les comptes des pourboires laissés sur la table, les résultats montrèrent une différence entre les deux conditions. Alors que le pourboire moyen était de 11,5 % dans la condition sans contact, il passait à 15 % lorsque le serveur avait mis la main sur l'épaule de son client. Cette augmentation se vérifia autant auprès des clients que des clientes.
>
> Enfin, même si les sujets de tout âge ont attribué de plus gros pourboires dans la condition « main sur l'épaule », les augmentations les plus fortes ont été observées chez les personnes les plus jeunes.

Si un employé peut être motivé par les pourboires, un patron pourrait l'être davantage par la quantité de produit consommé par le client. La recherche présentée ci-dessous

1. Cette technique permet d'affecter de façon aléatoire les clients aux deux conditions, afin de contrôler d'éventuels facteurs parasites. Chaque personne (avec sa spécificité, son histoire personnelle, etc.) a autant de chance de se retrouver dans la condition « touché » que dans la condition « non touché ».

pourrait alors donner quelques idées cupides à des restaurateurs désireux d'améliorer leur chiffre d'affaires.

Kaufman et Mahoney (1999) demandèrent à des serveuses de devenir leurs complices le temps d'une expérience. Chacune d'elles devait se rendre à des tables où devaient être assis deux clients, ni plus ni moins. La serveuse devait d'abord s'adresser à l'un des deux clients (membre secondaire), afin de lui demander ce qu'il désirait boire, puis devait procéder de même avec le second client (membre principal), mais en lui touchant l'épaule pendant quelques secondes. Dans une autre condition, la serveuse ne devait toucher aucun des deux clients. Les chercheurs observèrent alors les clients à leur insu afin de noter ce qu'ils avaient consommé. Les consommations furent converties en équivalence d'onces de bière (1 once de bière = alcool présent dans 30 centilitres de bière).

Kaufman et Mahoney obtinrent les résultats suivants :

Situation avec toucher		**Situation sans toucher**	
Membre principal	**Membre secondaire**	**Membre principal**	**Membre secondaire**
29 onces	25 onces	20,5 onces	21,5 onces

On observe que le toucher augmente non seulement la consommation du membre principal mais également celle du membre secondaire (qui n'a pourtant pas été touché). Les chercheurs supposent que le toucher a induit chez le membre principal des comportements visant à encourager l'autre membre à boire davantage…

Mais l'effet du toucher peut également être employé à des fins pédagogiques…

Guéguen (sous presse) a mené une expérience auprès d'étudiants pendant un cours de statistiques.

L'expérimentateur circulait dans la salle, s'approchait d'un étudiant, observait quelques instants son travail et l'encourageait en lui disant : « C'est bien, bon travail. » Le professeur continuait à circuler et reproduisait ce comportement avec 3 autres élèves. Sur les 4 étudiants cibles, 2 étaient touchés au bras par le professeur pendant les encouragements, alors que les deux autres ne l'étaient pas. Ces comportements ont été reproduits dans plusieurs classes.

Vers la fin du cours, le professeur demandait à l'ensemble de la classe si quelqu'un accepterait de venir corriger l'exercice au tableau. Parmi les bras levés, le professeur notait si les 4 étudiants cibles étaient ou n'étaient pas volontaires.

Les résultats ont montré que plus de 35 % des étudiants encouragés s'étaient portés volontaires, lorsqu'ils avaient été touchés au bras, alors qu'ils n'étaient à peine plus que 20 % en situation « absence de contact ». Guéguen trouva des résultats similaires, que les étudiants fussent des filles ou des garçons.

… ou à des fins plus charitables…

Dans une expérience produite par Whitcher et Fisher (1976), des patients fraîchement admis à l'hôpital se faisaient expliquer par une infirmière le déroulement de l'intervention chirurgicale qu'ils allaient subir. Ils examinaient ensemble un petit livret d'informations à propos de l'opération. La moitié des patients fut touchée au bras pendant environ une minute par l'infirmière lors de l'examen du livret. Les autres ne le furent pas.

Les chercheurs observèrent ensuite les patients. Il s'avéra que :

- les patients touchés avaient mieux compris les informations incluses dans le livret ;

- leur niveau d'anxiété était bien moins important que celui des patients non touchés ;
- ils perçurent également l'hospitalisation comme moins pénible que les autres.

Il est surprenant de constater qu'il exista également des différences physiologiques entre les deux groupes de patients. En effet, on constata chez ceux qui avaient été touchés au bras une diminution de la pression artérielle, avant, pendant et après l'opération. Il est probable que cette réduction de la pression fut une conséquence de la diminution de l'anxiété du patient.

Conclusion

La raison pour laquelle le phénomène du toucher est opérant n'est pas encore vraiment élucidée. Le fait de toucher un individu n'est pas la règle, néanmoins, si vous le faites, il se pourrait que cette transgression soit perçue comme le témoignage d'une grande marque de sympathie, d'estime envers la personne. En effet, on ne touche que ceux que l'on aime. Sur la base de la norme de réciprocité, la personne touchée pourrait alors, à son tour, montrer une attitude favorable à votre endroit, en acceptant votre requête ou en vous laissant un gros pourboire, tant que le geste n'est pas interprété comme un acte d'autorité ou en rapport avec la sexualité.

Alors si vous vous rendez au cinéma avec un copain et que vos avis divergent quant au choix du film : prenez une minute de plus pour regardez les affiches en tenant votre ami par le bras ou par l'épaule, vous augmenterez ainsi vos chances pour qu'il vous suive dans votre choix…

Pour en savoir plus

GUÉGUEN N. (sous presse). « Encouragement non verbal à participer en cours : l'effet du toucher », *Psychologie & Éducation*.

KAUFMAN D., MAHONEY J. (1999). « The Effect of Waitresses'touch on Alcohol Consumption in Dyads », *The Journal of Social Psychology, 139*, 261-267.

LYNN M., LE J., SHERWYN D. (1998). « Reach out and Touch your Customers », *Cornell H.R.A. Quarterly*, 60-65.

SMITH D.E., GIER J.A., WILLIS F.N., (1982). « Interpersonal Touch and compliance with a Marketing Request », *Basic Applied Social Psychology, 3* (1), 35-38.

WHITCHER S., FISHER J. (1976). « Multidimensional Reaction to Therapeutic Touch in a Hospital Setting », *Journal of Personality and Social Psychology, 37*, 87-96.

56 Pourquoi votre ami rit-il de la même façon que vous ? *L'effet caméléon*

Peut-être avez-vous déjà observé que lorsque vous vous touchiez les cheveux pendant une conversation avec votre meilleure amie, à son tour, elle en faisait autant ? Ou encore que certaines personnes changeaient parfois de voix au contact d'une autre ? Si vous répondez affirmativement à ces questions, sachez que vos observations ne reposent pas sur de vagues impressions. Elles illustrent ce que les chercheurs ont appelé « l'effet caméléon » (Chartrand et Bargh, 1999).

Cet effet se réfère à l'imitation automatique de la posture, des manières, des expressions faciales, du rire, des intonations de voix et des autres comportements de la personne avec laquelle nous sommes en interaction. Ainsi, en présence d'un individu, notre comportement expressif change passivement et involontairement pour devenir le même que le sien. Selon les chercheurs, le seul fait de percevoir le comportement d'une autre personne augmente automatiquement la probabilité de nous engager dans ce même comportement. C'est ce que tend à prouver la série d'expériences ci-dessous.

> Dans une étude récente, Chartrand et Bargh (1999) ont demandé à 72 étudiants de s'asseoir individuellement avec un expérimentateur afin de discuter d'un ensemble de photographies.
>
> Dans la première des trois expériences, les sujets étaient soit en compagnie d'un expérimentateur qui se grattait de temps en temps le nez, soit avec un expérimentateur qui se secouait le pied.
>
> Les résultats ont montré que les petites manies de l'expérimentateur avaient influencé le comportement moteur des participants : ceux qui s'étaient trouvés en présence de la personne qui se grattait le nez se grattèrent davantage le nez qu'ils ne se secouèrent le pied. Réciproquement, ceux qui étaient en compagnie d'une personne qui se secouait le pied de temps en temps, se secouèrent davantage le pied qu'ils ne se touchèrent le nez.
>
> Lorsque les chercheurs demandèrent aux sujets s'ils avaient eu conscience de s'être engagés dans ces comportements, aucun d'eux ne reconnut les faits.
>
> Dans la deuxième expérience, la moitié des sujets était en compagnie d'un expérimentateur qui imitait subtilement leurs maintiens, leurs mouvements et leurs manières, se croisant les jambes ou encore se tournant les cheveux dès que les participants effectuaient ces comportements. Pour l'autre moitié, l'expérimentateur n'imitait pas les sujets. Après l'expérience, on demanda aux étudiants d'évaluer l'expérimentateur : ceux dont les mouvements avaient été imités estimèrent le chercheur comme plus aimable que ne le firent ceux qui n'avaient pas été imités. Ils déclarèrent également avoir eu des interactions plus agréables avec lui. Cela montre que l'imitation influence les impressions affectives : le fait d'imiter une personne augmente la probabilité d'être aimé en retour.

> Dans la dernière expérience, les chercheurs ont mesuré la capacité des participants à faire preuve d'empathie, c'est-à-dire leur capacité à se mettre à la place d'autrui et à ressentir ce qu'autrui peut ressentir. Après quoi, ils les ont mis dans le même genre de situation que celles décrites précédemment.
>
> Les résultats ont montré que les individus très empathiques présentaient un « effet caméléon » plus important que les autres : ils imitaient davantage autrui que les personnes peu empathiques. Ces résultats ne sont guère étonnants, puisque les personnes empathiques font plus attention aux autres et ont en retour davantage d'amis.

D'autres expériences ont également mis en évidence l'effet caméléon.

> Dans l'une d'elles, un chercheur racontait à des sujets « naïfs » les ennuis (fictifs) qui lui étaient arrivés. Il y ajoutait des expressions faciales de crispations et des grimaces, comme on peut en faire dans ces cas-là. Les participants qui l'observaient en firent tout autant, et plus le visage était grimaçant, plus celui des sujets l'était aussi (Bavelas, Black, Lemery et Mullett, 1986),
>
> Dans la même veine, Provine (1986) a montré que des participants ont bâillé plus souvent quand l'expérimentateur bâillait que quand il ne bâillait pas.
>
> Une dernière expérience confirme ce que vous avez certainement dû observer couramment : les mères tendent à ouvrir leur bouche en même temps que leurs bébés ouvrent la leur pour manger (O'Toole et Dubin, 1968).

Conclusion

Finalement, nous sommes tous des caméléons, nous imitons fréquemment et naturellement les mimiques et les expressions des autres, lorsque nous sommes à leur contact. On pourrait en déduire la maxime suivante : « qui s'assemble fini par se ressembler ». C'est d'ailleurs ce que soutient la recherche de Zajonc, Adelman, Murphy et Niedenthal (1987) qui met en évidence que les similitudes des mimiques faciales des couples mariés depuis plus de vingt-cinq ans sont plus importantes que celles des jeunes mariés.

En retour, il semble que le caméléon soit davantage aimé, car l'imitation est perçue comme un hommage et renforce les liens. Une recherche de Van Baaren et de ses collègues (2003) révèle d'ailleurs qu'un serveur qui imite ses clients (par exemple, en répétant après eux chacune des phrases de leur commande ou de leurs recommandations) peut doubler ses pourboires par rapport à un serveur qui n'utilise pas cette stratégie.

L'imitation est donc une sorte de « colle sociale ». En revanche, si elle n'est pas sincère, elle risque alors d'apparaître comme de la flagornerie, de l'hypocrisie. Chartrand déconseille donc d'imiter activement son nouveau patron. La perte risque d'être plus importante que le gain. En effet, les gens n'apprécient guère les courtisans. Selon cet auteur, une meilleure approche afin de se faire bien voir consisterait à pratiquer un peu de compassion.

Pour en savoir plus

Bavelas J.B., Black A., Lemery C.R., Mullett J. (1986). « "I Show You how I Feel" : Motor Mimicry as a Communicative Act », *Journal of Personality and Social Psychology, 50*, 322-329.

Chartrand T.L., Bargh J.A. (1999). « The Chameleon Effect : The Perception-Behavior Link and Social Interaction », *Journal of Personality & Social* Psychology, 76 (6), 893-910.

O'Toole R., Dubin R. (1968). « Baby Feeding and Body Sway : An Experiment in George Herbert Mead's "Taking the Role of the Other" », *Journal of Personality and Social Psychology, 10*, 59-65.

Provine R.R. (1986). « Yawning as a Stereotypical Action Pattern and Releasing Stimulus », *Ethology, 71*, 109-122.

VAN BAAREN R.B., HOLLAND R.W., STEENAERT B., VAN KNIPPENBERG A. (2003). « Mimicry for Money : Behavioral Consequences of Imitation », *Journal of Experimental Social Psychology*, *39*, 393-398

ZAJONC R.B., ADELMAN P.K., MURPHY S.T., NIEDENTHAL P.M. (1987). « Convergence in the Physical Appearance of Spouses », *Motivation and Emotion*, *11*, 335-346.

57 Pourquoi est-ce aussi difficile de sortir dans la rue en chaussons ? *L'effet projecteur*

Imaginez la situation suivante : vous marchez allégrement dans le couloir de la grande entreprise où vous travaillez. Vous souriez, dites bonjour à l'un et à l'autre. Vous traversez de nombreux bureaux avant d'arriver enfin au vôtre. Vous vous mettez alors à travailler. Au milieu de la matinée, vous vous rendez compte que vous avez oublié de fermer votre braguette ce matin en vous habillant. Un sentiment de honte vous envahit. Vous pensez aussitôt à toutes les personnes que vous avez croisées et qui doivent encore en rire. Vous êtes épouvanté en pensant à quel point vous avez dû paraître grotesque à trottiner d'un pas léger, le sourire aux lèvres et… la braguette ouverte.

Cet exemple illustre ce que les chercheurs ont appelé l'effet projecteur, qui se définit comme la tendance que nous avons à surestimer l'attention que les autres peuvent porter à nos actions ou à notre physique.

L'effet projecteur est très courant. Il est présent :

– lorsque vous pensez que vos collègues de bureau passent les deux tiers de leur journée à échanger des informations sur la façon dont vous êtes habillé ou sur la tête que vous avez ce matin ;

– lorsque vous avez l'impression que tout le monde a vu que vous veniez de trébucher et que vous êtes persuadé qu'ils en rient encore deux heures après ;
– quand vous regrettez d'avoir mis une tenue que vous jugez après coup un peu trop transparente et que vous êtes convaincue que tout le monde regarde vos dessous ;
– quand vous vous apercevez, après avoir animé une réunion pendant une heure, que vous avez un bout de feuille de salade sur une dent...

Gilovich et ses collègues (2000) ont mis en évidence ce phénomène de manière cocasse...

> Dans l'une de leurs expériences, ils ont demandé à des étudiants hommes et femmes de revêtir un tee-shirt sur lequel on pouvait voir une énorme tête d'un chanteur démodé. Chacun des participants devait ensuite aller s'asseoir dans une pièce au milieu de 5 autres étudiants que les chercheurs avaient réunis sous un prétexte quelconque. Les psychologues ont alors demandé à chacun des pauvres étudiants accablés d'estimer le nombre de personnes qui avait remarqué leur tee-shirt abominable. Parallèlement, ils demandèrent à chaque étudiant assis dans la salle s'ils étaient capables de se remémorer la façon dont était habillée la « victime ».
>
> Les résultats mirent en évidence que les étudiants ayant revêtu le fameux tee-shirt s'imaginaient qu'environ 50 % des étudiants avaient remarqué le vêtement, alors que, en réalité, ils étaient entre 10 et 20 % à y avoir prêté attention...

Les recherches prouvent qu'en réalité, il y a bien moins de personnes qui notent nos gaffes que ce que nous l'imaginons. Et quand elles le font, c'est de façon bien moins féroce que nous le pensons (Savitsky, Epley et Gilovich, 2001).

Conclusion

L'effet projecteur est lié à la peur d'être rejeté par le groupe et remonterait, selon Epley et ses collègues (2002), très loin dans l'histoire de l'humanité, à une époque où il existait une forte dépendance des individus à l'égard du groupe. À une époque où le prix d'être banni était la mort. Néanmoins, nous continuons à nous comporter parfois comme si nous vivions sous une loupe avec la crainte d'être banni au moindre faux pas. Nous imaginons que le « projecteur social » nous éclaire davantage qu'il ne le fait réellement.

Cette tendance à s'imaginer que les autres nous prêtent une attention particulière n'aide pas les gens à se détendre et génère également une perte de temps importante dans les salles de bains afin de vérifier une foule de petits détails que les autres pourraient examiner.

Rassurez-vous, les gens ne notent pas vos imperfections autant que vous l'imaginez et ne passent pas leur journée à penser à votre physique ou à vos comportements. Mais alors que font-ils ? Et bien comme le dit Epley : « Ils font comme vous, ils pensent à eux… »

Pour en savoir plus

EPLEY N., SAVITSKY K., GILOVICH T. (2002). « Empathy Neglect : Reconciling the Spotlight Effect and the Correspondence Bias », *Journal of Personality & Social Psychology, 83*, 300-312.

GILOVICH T., MEDVEC V.H., SAVITSKY K. (2000). « The Spotlight Effect in Social Judgment : An Egocentric Bias in Estimates of the Salience of One's Own Actions and Appearance », *Journal of Personality and Social Psychology, 78* (2), 211-222.

SAVITSKY K., EPLEY N., GILOVICH T. (2001). « Do Others Judge Us as Harshly as We Think ? Overestimating the Impact of Our Failures, Shortcomings, and Mishaps », *Journal of Personality and Social Psychology*, 81, 44-56.

58 Pourquoi devez-vous vous méfier des demandes exagérées ? *La technique de la « porte au nez »*

Peut-être avez-vous déjà vu à la télévision ce reportage dans lequel un vendeur de vins en porte à porte parvenait à pénétrer chez un couple de personnes âgées. Le vendeur, au bagout intarissable, proposait aux deux petits vieux une cave de 200 bouteilles de vins fins à un prix exorbitant. Ceux-ci naturellement refusaient, arguant du fait qu'ils n'avaient qu'une maigre retraite, qu'ils ne recevaient jamais personne et ne buvaient pas d'alcool. Le vendeur, charitable, proposait alors sa deuxième requête : deux cartons de 12 bouteilles du même vin pour une valeur certes beaucoup moins importante, mais néanmoins encore considérable. Le couple de personnes âgées finissait par accepter, alors même qu'il ne buvait jamais de vin. Ils venaient d'être victimes d'une « porte au nez »...

La stratégie de la « porte au nez » consiste à présenter à autrui une demande extrême qui sera probablement refusée (tant mieux si elle est acceptée), puis d'en formuler une plus raisonnable, celle que l'on souhaite réellement voir accepter.

Cialdini et ses collègues (1975) demandèrent à des étudiants en psychologie de venir s'occuper bénévolement, deux heures par semaine et pendant deux ans, de jeunes délinquants. À votre avis les étudiants déclinèrent-ils l'offre ? Oui bien sûr.

Mais sans attendre que les sujets n'eussent le temps de se remettre d'une demande aussi conséquente, le chercheur formula une seconde demande : « Seriez-vous d'accord pour accompagner un groupe de jeunes délinquants au zoo de la ville pendant deux heures ? » À cette nouvelle requête, 50 % des étudiants acceptèrent et tinrent leur engagement.

En revanche, lorsque la dernière requête (visite du zoo) était présentée d'emblée, c'est-à-dire non précédée d'une demande exagérée, seulement 17 % acceptèrent...

Comment cela fonctionne-t-il ? Le quémandeur donne l'impression de faire une concession, lorsqu'il revient à la charge avec une demande plus limitée. Cela a pour effet d'augmenter la pression sur l'autre personne afin qu'elle fasse à son tour une concession. Ce mécanisme est appelé « norme de réciprocité ». Quand quelqu'un nous offre un cadeau, à notre tour, nous nous devons de lui faire un cadeau. Si je vous souris, vous me rendrez à votre tour un sourire (à moins que je vous le fasse la nuit, dans une ruelle obscure et déserte). Dans notre culture, la réciprocité est une norme [1].

Même si les expériences montrent qu'elle fonctionne parfaitement, la technique de la « porte au nez » est peu utilisée dans la vie quotidienne. Il est probable que l'on craigne de passer pour quelqu'un qui aurait perdu le sens des réalités en formulant une demande exagérée...

Néanmoins, on peut imaginer un cadre qui demanderait, par exemple, à l'un de ses subordonnés d'être présent un week-end afin d'absorber le surplus de travail. Devant le refus du salarié, le supérieur hiérarchique pourrait alors proposer à son équipier de rester plus tard, uniquement ce soir. Selon la théorie de la porte au nez, celui-ci acceptera cette seconde requête avec beaucoup plus de facilité que si

1. Les cadeaux commerciaux que l'on nous offre parfois par téléphone et que nous devons aller chercher au magasin sont des « faveurs déguisées » qui reposent sur ce principe. Si vous acceptez, vous risquez de vous engager à donner naturellement quelque chose en retour, comme, par exemple, accepter de subir que le vendeur de cuisine vous déballe son catalogue. Selon la théorie de l'engagement (Kiesler, 1971), accepter les six verres à pieds pourrait bien vous faire repartir avec la cuisine entière...

elle lui avait été faite d'emblée. Mais afin de ne pas faire de prosélytisme, nous pouvons imaginer qu'un salarié pourrait également utiliser cette technique avec son supérieur, par exemple dans le cas d'un rapport qu'il lui est impossible de remettre en temps et en heure. Il pourrait alors demander à son chef un délai trois fois supérieur à celui qu'il proposera dans sa seconde requête.

Les personnes qui sont confrontées à des clients ou des fournisseurs connaissent ce stratagème et savent s'en défaire le cas échéant, en refusant la seconde requête, qu'elle soit précédée d'un « tout petit rien », d'un cadeau ou d'une demande exagérée.

Conclusion

Méfiez-vous des demandes exagérées qui sont suivies de demandes plus modérées afin de ne pas être victime d'une « porte au nez ». On a, par exemple, davantage tendance à accepter un devis, lorsque celui-ci nous a été précédemment proposé avec un total exorbitant puis revu à la baisse, que lorsqu'il nous a été présenté d'emblée à un prix convenable.

Posez-vous la question suivante : si dans un supermarché, votre fils vous dit : « Maman, achète-moi ces rollers ! », votre réponse sera certainement négative, car l'achat de ce produit implique un coût important. Mais si juste après, votre enfant vous demande : « Maman, tu m'achètes une glace ? », allez-vous refuser ?

Pour en savoir plus

CIALDINI R.B., VINCENT J.E., LEWIS S.K., CATALAN J., WHEELER D., DARBY B.L. (1975). « Reciprocal Concessions Procedure for Inducing Compliance : The Door-in-the-Face Technique », *Journal of Personality and Social Psychology*, 31, 206-215.

KIESLER C.A. (1971). *The Psychology of Commitment*, New York, NY, Academic Press.

59 Pourquoi devez-vous éviter d'accepter de donner l'heure dans la rue à une personne que vous ne connaissez pas ? *La technique du « pied dans la porte »*

Vous serez certainement d'accord avec moi si je vous dis qu'il est indispensable de connaître les techniques d'influence, autant pour obtenir des autres ce que l'on souhaite que pour ne plus se faire manipuler. Certaines stratégies ont cela de spécial qu'elles sont des moyens d'obtenir d'autrui le comportement escompté sans recours à la pression, ni à l'usage de la force.

Mais avant d'aller plus loin, commencez par vous imaginer à la sortie de votre travail vers 17 heures sur un grand boulevard parisien. Tout en vous dirigeant vers la bouche de métro, vous réfléchissez à ce que vous allez mettre ce soir dans la vôtre.

C'est alors que vous êtes accosté par une femme en blouse blanche qui sort sa carte professionnelle et se présente comme étant l'employée d'un centre de transfusion sanguine. Elle vous demande si vous êtes d'accord pour signer une pétition afin d'accélérer le financement par l'état de campagnes de promotion du don de sang. Comme il s'agit d'une bonne cause, vous sortez votre stylo et apposez votre griffe sur la longue liste de signatures. L'infirmière vous remercie pour votre engagement à soutenir les initiatives qui visent à augmenter la réception de sang qui fait tant défaut aux centres de transfusion. Mais à peine avez-vous eu le temps de vous gargariser du fait que l'on a perçu en vous cette personne charitable, que votre interlocutrice vous lance une seconde demande : « Êtes-vous d'accord pour montrer un peu plus de soutien à cette cause qui vous est chère en donnant une unité de sang dans la station installée juste derrière ? » Embarrassé mais pris au piège, vous la suivez dans le fourgon blanc... Vous venez d'être victime d'un « pied dans la porte », tout comme le conducteur qui s'arrête pour faire monter une auto-stoppeuse mais s'aperçoit, un peu tard, que la fille n'est pas seule. Malgré tout, il acceptera le groupe et le chien, alors qu'il ne se serait jamais arrêté s'il avait eu connaissance de l'existence des amis de la demoiselle.

La technique du pied dans la porte est une stratégie qui consiste à nous extorquer un acte, un petit service qu'à peu près personne ne pourrait refuser, avant de faire une demande beaucoup plus importante. La demande véritable n'est formulée qu'après une requête moins coûteuse. Si la seconde demande (don de sang) nous est adressée directement, il y a fort à parier que nous déclinerions l'offre en prétextant un travail important à finir, le fait d'être attendu ou encore que nous avons un sanglier sur le feu.

A contrario, être le propriétaire du pied peut être avantageux. Ainsi, si vous demandez une pièce de 1 euro aux passants que vous croisez dans la rue, vous avez 1 chance sur 10 de réussir. En revanche, si vous avez précédemment demandé un renseignement à la personne (« quelle heure est-il SVP ? »), vos chances de succès sont multipliées par quatre (Joule et Beauvois, 1987).

> Sur ce principe, des chercheurs ont demandé à des femmes d'accepter d'apposer un autocollant sur la prévention du risque routier afin de s'impliquer dans la semaine de la sécurité au volant qui avait lieu dans leur ville. Quelques jours plus tard, ils sont revenus avec un immense panneau vantant les mérites d'une conduite prudente et ont demandé à ces mêmes ménagères si elles acceptaient de l'implanter dans leur minuscule

jardin. 76 % de celles qui avaient accepté l'autocollant autorisèrent l'implantation du panneau, alors qu'elles n'étaient que 16 % quand cette demande leur était faite d'emblée (Freedman et Fraser, 1966).

Pourquoi la technique du pied dans la porte fonctionne-t-elle ? D'après certaines théories, il semble que ce soit en observant nos propres comportements que nous en arrivons à nous connaître et à conclure que nous sommes comme ceci ou comme cela. Si l'individu piégé accepte la sconde demande, c'est parce qu'il estime être une personne qui accepte ce genre de requêtes. Il s'est déjà vu faire d'autres comportements allant dans ce sens, notamment en acceptant la première demande. Le sujet se conforme alors à la deuxième sollicitation. Bien entendu, dans cette technique, la personne doit avoir l'impression d'être libre d'agir comme bon lui semble.

Ainsi, grâce au premier comportement (donner l'heure dans notre premier exemple), la personne s'est « engagée » dans une attitude plutôt positive vis-à-vis du « taxeur ». Ce premier comportement engendre donc des modifications des opinions du passant qui se trouve ensuite plus disposé à émettre un acte, allant dans le même sens que le premier, même s'il est plus coûteux. Ne pas accepter le second comportement irait à l'encontre de notre besoin de maintenir l'uniformité psychologique entre nos pensées et nos actions. La contradiction en serait douloureuse, car nous recherchons toujours l'équilibre entre nos opinions et nos comportements.

Vous avez bien compris qu'accepter librement un premier comportement peut nous engager à en émettre un second qui peut être bien plus lourd de conséquences. Le danger est donc cet engrenage, cette escalade d'engagement commençant avec un choix libre de la victime qui va éviter ensuite inconsciemment les réflexions critiques sur son premier choix, persévérant dans celui-ci et refusant de remettre son premier comportement en question. En fait, si nous tergiversons souvent avant de prendre une décision, pesant patiemment le pour et le contre, une fois la décision prise et transformée en une conduite effective, en un comportement, nous avons tendance à ne plus le remettre en cause. Nous assumons trop nos engagements. Il est alors facile de nous extorquer un second comportement allant dans le même sens que le premier.

Conclusion

Pour échapper aux coups de pieds dans la porte et aux phénomènes d'engrenage, méfiez-vous des petites demandes, elles sont parfois suivies de demandes plus importantes. Ce n'est pas parce que vous avez dit oui à la première demande que vous ne pouvez plus dire non ensuite. Il faut apprendre à revenir sur une décision pour éviter les phénomènes d'escalades, au risque de passer pour quelqu'un d'inconsistant…

Pour en savoir plus

FREEDMAN J.L., FRASER C.C. (1966). « Compliance without Pressure : The Foot-in-the-Door Technique », *Journal of Personality and Social Psychology*, 4, 195-202.

JOULE R.V., BEAUVOIS J.-L. (1987). *Petit Traité de manipulation à l'usage des honnêtes gens*, Grenoble, PUG.

60 Pourquoi personne ne bouge quand une grand-mère se fait piquer son sac ?

Le comportement d'aide

Vous êtes un homme, vous êtes assis dans le train, lorsque vous entendez un cri. Vous vous retournez et constatez qu'une femme est en train de se faire agresser par trois hommes. Intervenez-vous ?

Les journaux nous font régulièrement l'écho de telles situations où personne n'est intervenu, alors même que le wagon était rempli. Ces comportements ont intrigué les psychologues. Ils ont cherché à comprendre ce mécanisme qu'ils ont baptisé : « l'effet du spectateur » (Darley et Latané, 1968).

Dans une expérience de Harris, Benson et Hall (1975), une secrétaire plaçait dans une salle des participants venus remplir un questionnaire. Elle retournait ensuite dans son bureau qui se trouvait dans la pièce d'à côté.

Selon les conditions, le sujet était soit seul, soit en présence d'un autre participant ou encore de 4 autres. Au bout de quelques instants, on pouvait entendre un grand bruit, suivi de cris de détresse provenant du bureau de la secrétaire.

Les résultats ont montré que 85 % des participants intervenaient en moins d'une minute s'ils étaient seuls. En revanche, plus ils étaient nombreux, moins ils portaient secours. Et quand ils acceptaient de le faire, c'était dans un temps de plus en plus long…

	% de participants qui interviennent	Temps moyen d'intervention
Seul	85 %	52 secondes
1 autre participant :	62 %	93 secondes
4 autres participants :	31 %	166 secondes

Selon certains auteurs, la responsabilité se diffuse[1] proportionnellement au nombre de personnes présentes. En conséquence, plus ce nombre augmente, moins les gens se sentent responsables de ne pas intervenir.

Mais le nombre de personnes en présence n'est pas le seul facteur qui peut influencer le comportement d'aide.

Imaginez que vous trouviez un dossier comprenant l'adresse et la photo de son propriétaire. Croyez-vous que la tête du propriétaire aura une influence sur votre comportement à renvoyer le document ? Et bien, sachez que Benson, Karabenick et Lerner (1976) ont montré que les gens ont davantage tendance à renvoyer par la poste le dossier à son propriétaire, si celui-ci possède, sur la photo, un physique attirant plutôt que quand son physique est plus banal, voire ingrat…

Pensez-vous également que le simple fait de se sentir coupable augmente la fréquence du comportement d'aide ? La réponse est affirmative si l'on se réfère à l'expérience ci-dessous…

1. La diffusion de la responsabilité peut également s'appliquer à d'autres conduites comme les comportements écologiques. Cialdini (1977) a mis en évidence que 10 % des gens jettent leurs détritus dans un site non prévu à cet effet, si un autre déchet s'y trouve déjà. En revanche, si le nombre de déchets déjà présent est d'une vingtaine, alors 40 % des individus y jetteront également leurs ordures.

Harris, Benson et Hall (1975) se sont placés à l'entrée d'une église afin de faire l'aumône auprès de catholiques. Ils s'aperçurent qu'avant de se confesser, 40 % des personnes donnaient de l'argent. Mais lorsqu'ils mendièrent de l'argent aux personnes qui venaient de se confesser, elles ne furent que 17 % à leur mettre une pièce dans la main...

On peut également se sentir coupable de ne pas avoir pu aider quelqu'un qui en avait besoin. Ce sentiment nous prédispose alors à porter davantage notre aide ultérieurement. C'est ce que montre Dolinski (2000)...

Un compère de Dolinski abordait des inconnus dans la rue afin de leur demander à quel endroit se trouvait une rue qui, en réalité, n'existait pas. Les gens s'excusaient de ne pas pouvoir répondre, puis continuaient leur chemin. Un peu plus loin, un second complice abordait les mêmes personnes en leur demandant s'ils voulaient bien surveiller leur sac (soi-disant très lourd). Le complice précisait qu'il avait oublié quelque chose dans l'immeuble d'à côté et que cela ne lui prendrait que quelques instants d'aller le chercher.

Les résultats indiquèrent que 58 % des personnes qui n'avaient pu apporter de l'aide à propos de la localisation de la rue étaient d'accord pour surveiller le sac. En revanche, dans une situation où il ne leur était rien demandé précédemment, ils ne furent que 34 % à accepter la demande.

Récemment, les psychologues ont également constaté que le nom porté par l'individu qui demande de l'aide peut avoir de l'importance...

Oates et Wilson (2002) ont envoyé un courrier électronique à près de 3 000 personnes. Dans chacun des messages, les chercheurs ont falsifié leur propre identité de façon à posséder soit le même prénom que le destinataire, soit le même nom que le destinataire, soit les mêmes noms et prénoms, soit encore un nom et prénom totalement différents des destinataires. Quant au message, il demandait au destinataire des informations sur l'équipe sportive de sa propre ville (« Quelle est la mascotte de l'équipe de foot de votre ville ? »).

Les résultats ont montré que les individus étaient 6 fois plus nombreux à répondre au message, quand l'expéditeur partageait (soi-disant) leur prénom et leur nom de famille.

Selon les chercheurs, un nom partagé indique que deux personnes sont susceptibles de partager des gènes. L'évolution a pu nous enseigner qu'il faut se montrer agréable avec les personnes qui partagent nos noms, car elles partagent peut-être également notre sang. Cette motivation semble être encore présente dans nos communications modernes...

Il existe encore d'autres facteurs qui peuvent influencer l'aide que nous porterons à autrui. C'est le cas de notre humeur (Salovey, Mayer et Rosenhan, 1991), du fait que nous ayons ou non une personnalité altruiste (Clary et Orenstein, 1991), ou encore de notre degré d'intimité avec la personne à aider (Rabow, Newcomb, Monto et Hernandez, 1990).

Conclusion

Apporter son aide peut parfois occasionner un coût, comme celui de salir son beau costume ou encore de paraître ridicule, pour avoir séparé deux personnes qui étaient en fait des amis en train de chahuter.

Mais le plus souvent, cela engendre des conséquences positives non seulement pour la personne aidée, mais également pour « l'aidant », et ce, autant sur le plan de la satisfaction que sur celui de l'équilibre psychologique. C'est ce qu'a découvert Midlarsky (1991). Ce chercheur a encouragé les personnes âgées d'une maison de retraite à aider les autres résidents. Lorsque, six mois plus tard, il fit passer un bilan psychologique aux personnes qui avaient aidé les autres, il s'aperçut d'une nette amélioration de leur état de santé mentale.

Pour en savoir plus

BENSON P.L., KARABENICK S.A., LERNER R.M. (1976). « Pretty Pleases : The Effects of Physical Attractiveness, Race, and Sex on Receiving Help », *Journal of Experimental Social Psychology, 12*, 409-415.

CLARY E.G., ORENSTEIN L. (1991). « The Amount and Effectiveness of Help : The Relationship of Motives and Abilities to Helping Behaviour », *Personality and Social Psychology Bulletin, 17*, 58-64.

DOLINSKI D. (2000). « On Inferring One's Beliefs from One's Attempt and Consequences for Subsequent Compliance », *Journal of Personality and Social Psychology, 78*, 260-272.

DARLEY J.M., LATANÉ B. (1968). « Bystander Intervention in Emergencies : Diffusion of Responsability », *Journal of Personality and Social Psychology, 8*, 377-383.

HARRIS M.B., BENSON S.M., HALL C.L. (1975). « The Effects of Confession on Altruism », *Journal of Social Psychology, 96*, 187-192.

MIDLARSKY E. (1991). « Helping as coping », in M.S. Clark (éd.), *Review of Personality and Social Psychology*, vol. 12, Prosocial Behavior, Newbury Park, CA, Sage, 238-264.

OATES K., WILSON M. (2002). « Nominal Kinship Cues Facilitate Altruism », *Royal Society of London, Proceedings : Biological Sciences, 269* (1487), 105-109.

RABOW J., NEWCOMB M., MONTO M., HERNANDEZ A. (1990). « Altruism in Drunk Driving Situations : Personal and Situational Factors in Intervention », *Social Psychology Quarterly, 53*, 199-213.

SALOVEY P., MAYER J.D., ROSENHAN D.L. (1991). « Mood and Helping : Mood as a Motivator of Helping and Helping as a Regulator of Mood », *Review of Personality and Social Psychology, 12*, 215-237.

61 Pourquoi nous marions-nous aussi rarement avec nos amis d'enfance ? *L'effet Westermarck*

L'effet Westermarck est dû à un sociologue finlandais du même nom qui avait formulé, il y a plus d'un siècle, l'hypothèse suivante : quand deux enfants vivent ensemble pendant les toutes premières années de leur vie, ils se désensibilisent sur le plan de l'attraction sexuelle à venir. En revanche, si des enfants de mêmes parents sont séparés pendant cette période d'une année ou plus, le risque d'un contact sexuel postérieur augmente. Mais s'il n'y a pas eu séparation, la familiarité en bas âge entre deux individus inhibe l'activité sexuelle ou, si l'on préfère, génère la répulsion sexuelle (1891, 1921).

Bevc et Silverman (1993) ont interviewé 150 personnes. La moitié avait eu des relations sexuelles incestueuses et l'autre pas.

Les chercheurs leur ont posé de nombreuses questions relatives à la nudité dans la maison, au nombre d'heures d'intimité qu'ils avaient passées avec leurs frères ou leurs sœurs, la période et l'ampleur de toutes les séparations de plus d'une année intervenues tôt dans l'enfance, etc.

Ils ont découvert que :

• près de la moitié de ceux qui avaient eu des rapports génitaux avec leur frère ou leur sœur avaient été séparés de cet enfant pendant au moins un an lors des six premières années de leur vie ;

- plus les formes de relations sexuelles étaient explicites, plus il y avait eu de séparation.

Ces résultats soutiennent largement l'hypothèse de Westermarck, même si grandir ensemble n'ôte pas toutes formes d'intérêt sexuel entre les enfants de mêmes parents.

Bevc et Silverman (1993, 2000) rappellent que l'effet Westermarck est également présent chez diverses espèces de rongeur. Il est probable que cette tendance règne de façon héréditaire chez les humains depuis des millions d'années, avant même la naissance de l'*Homo sapiens*.

L'effet Westermarck ne semble donc avoir aucun rapport avec la morale et l'interdit de l'inceste. En revanche, s'il fait partie de la nature biologique de la reproduction, les mécanismes sous-jacents sont peu clairs. Certaines études proposent que cet effet pourrait reposer sur une sélection olfactive (Schneider et Hendrix, 2000).

Conclusion

Même s'il a davantage intéressé l'inceste, l'effet Westermarck suggère également que si vous avez côtoyé de façon très proche un enfant lorsque vous l'étiez vous-même, il y a peu de chance pour qu'à l'âge adulte, vous éprouviez du désir pour lui, excepté si vous l'avez perdu de vue pendant une période assez longue[1]…

1. Dans une étude effectuée sur 2 769 mariages de personnes vivant en kibboutz, seuls 13 se sont produits entre enfants de la même communauté et sur ces 13 couples, l'un des deux membres avait quitté le groupe avant l'âge de six ans (Fischer, 1992).

Pour en savoir plus

BEVC I., SILVERMAN I. (1993). « Early Intimacy and Proximity between Siblings and Later Incestuous Behavior », *Ethology and Sociobiology, 14*, 171-181.

BEVC I., SILVERMAN I. (2000). « Early Separation and Sibling Incest : A Test of the Revised Westermarck Theory », *Evolution and Human Behavior, 21*, 151-161.

FISHER H. (1992). *Anatomy of Love : The Mysteries of Mating, Marriage, and Why We Stray*, New York, Simon & Schuster, 48.

SCHNEIDER M.A., HENDRIX L. (2000) « Olfactory Sexual Inhibition and the Westermarck Effect », *Journal of Human Nature, 11* (1), 65-91.

WESTERMARCK E. (1891). *The History of Human Marriage*, Londres, Macmillan, 1921, 5e éd.

62 Pourquoi, au restaurant, les dernières places sont-elles les plus mauvaises ? *Le choix des places dans un lieu public*

Quand vous allez déjeuner au self ou au restaurant, le choix de la place a-t-il une importance pour vous ? Vous asseyez-vous à n'importe quel endroit, ou bien le choix de votre place dépend-il de certains critères ? Vous pourriez me répondre que vous vous asseyez là où vos collègues sont déjà assis ou encore, là où il y reste de la place. Et bien une recherche montre que les gens choisissent une position dans un espace public de façon à satisfaire un besoin « d'autoprotection ».

Barash (1972) a fait une expérience intrigante... Dans un snack-bar, il a réorganisé la salle et placé le même nombre de tables le long des murs qu'au centre de la pièce. Il observa ensuite comment les clients se plaçaient.

Barash remarqua alors que les individus solitaires choisissaient quatre fois plus souvent les tables le long du mur que les autres tables. Il observa le contraire chez les personnes en groupe. Celles-ci préféraient s'asseoir aux tables placées au centre de la pièce. Il fut également étonné de constater un rapport entre le nombre de coups d'œil portés autour de soi et la place occupée : les individus assis seuls au centre de la pièce regardaient plus souvent autour d'eux que ceux qui étaient assis seuls auprès du mur.

On ne retrouva pas ces résultats lorsque le client était en groupe. Le nombre de coups d'œil aux tables alentours fut le même, que les groupes soient placés le long du mur ou au centre du restaurant.

Pour l'auteur de cette expérience, ces résultats indiquent que l'acte de manger est une activité dangereuse pour de nombreux animaux et que le groupe pourrait protéger et sécuriser l'individu lors de cette activité.

Conclusion

Le choix d'une place ne s'effectue donc pas au hasard. D'ailleurs, il semble que l'occupation de l'espace dans les salles publiques (salle de réunion) suive les mêmes exigences d'autoprotection. Ainsi, les gens préfèrent les places situées face à la porte (quand c'est possible) de façon à conserver un contrôle visuel sur leur environnement (Codol, 1979).

Pour en savoir plus

BARASH D.P. (1972). « Human Ethology : the Snack-Bar Security Syndrome », *Psychological Reports*, *31*, 577-578.

CODOL J.-P. (1979). « L'anticipation du placement des personnes dans une salle publique », *Cahiers de psychologie*, 22, 263-287.

63 Lors d'un entretien, devez-vous soutenir votre regard ou baisser les yeux ? *L'impact du regard*

Pensez-vous que le regard que vous portez à votre interlocuteur puisse influencer ses décisions et ses jugements ? Les autres vous jugent-ils sur la qualité de votre regard ? Autant de questions auxquelles de nombreux psychologues ont tenté de répondre.

> Dans une expérience (Kleine, 1980), une personne (complice) devait en solliciter d'autres afin d'obtenir une pièce. Elle prétextait qu'il lui fallait cet argent pour téléphoner afin qu'on vienne la chercher. Soit la complice regardait les sujets droits dans les yeux en effectuant sa demande, soit, au contraire, elle évitait de les regarder directement.
>
> Kleine observa que 84 % des sujets acceptèrent de donner de l'argent en situation de regard soutenu, alors qu'ils ne furent que 64 % lorsque le regard était absent.

Le regard direct influence donc l'acceptation d'une demande, c'est ce que soutiennent également les travaux de Morgan, Lockard, Fahrenbrugh et Smith (1975).

> Ces chercheurs ont demandé à des sujets de faire de l'auto-stop. Dans une situation, les auto-stoppeurs devaient regarder les automobilistes dans les yeux et maintenir ce regard jusqu'à ce qu'ils passent devant eux. Dans une autre condition, ils ne devaient pas regarder le conducteur mais plutôt regarder ailleurs, bien que leur bras fût néanmoins tendu.

Sur 6 068 automobilistes, plus de 10 % s'arrêtèrent lorsqu'ils étaient regardés dans les yeux par l'auto-stoppeur. Ils furent moins de 5 % en l'absence de contact visuel direct.

Mais la façon dont nous portons notre regard n'influence pas uniquement les taux d'acceptation pour une requête que nous pourrions formuler. Il influence également le type de jugements que peut nous porter autrui…

Brooks, Church et Fraser (1986) ont demandé à des étudiants d'observer une bande-vidéo présentant un chercheur interviewant une personne pendant 1 minute. Bien que le son fût coupé, le participant devait quand même tenter d'évaluer la personne sur différents traits de personnalité.

Dans cette expérience, il y avait plusieurs conditions différentes : soit la personne interviewée ne regardait pas le chercheur, soit elle le regardait pendant 5, 30 ou 50 secondes.

Les résultats montrèrent que plus la personne regardait longtemps le chercheur, plus elle était évaluée positivement par l'étudiant (rationnel, digne de confiance, sociable). L'évaluation la plus négative fut portée sur le film dans lequel la personne n'avait regardé le chercheur que pendant 5 secondes.

Mais il est également intéressant de remarquer que, dans cette expérience, l'évaluation des traits de personnalité liés à la « dominance » fut influencée par le temps de regard : plus la personne regardait longtemps le chercheur, plus elle fut évaluée comme mature, indépendante, efficace, dominante et ayant davantage de leadership. Son niveau de diplôme fut également jugé comme étant plus important que lorsque le temps de regard était court.

Conclusion

Ces expériences montrent que la façon dont nous regardons les autres n'est pas anodine. Un regard direct et soutenu peut nous permettre d'obtenir davantage de soumission de la part de notre entourage. Ces regards appuyés peuvent également avoir un effet positif notoire sur la façon dont nous serons évalués. Alors, si vous devez vous présenter à un entretien d'embauche, efforcez-vous de regarder votre recruteur droit dans les yeux. Vous serez jugé de façon bien plus positive que si vous vous passez votre temps à regarder vos chaussures.

Mais savez-vous pourquoi nous sommes évalués plus positivement lorsque nos regards sont appuyés ? Et bien, pour certains auteurs, si vous regardez votre interlocuteur droit dans les yeux, cela renforce votre position de dominant (Thayer, 1969). Tout comme dans le règne animal, où seul le dominant s'autorise à regarder le dominé…

Pour en savoir plus

BROOKS C., CHURCH M., FRASER L. (1986). « Effects of Duration of Eye Contact on Judgments of Personality Characteristics », *Journal of Social Psychology, 126*, 71-78.

KLEINE C. (1980). « Interaction between Gaze and Legitimacy of Request on Compliance in a Field Setting », *Journal of Nonverbal Behavior, 5*, 3-12.

MORGAN C., LOCKARD J., FAHRENBRUGH C., SMITH J. (1975). « Hitch-Hiking : Social Signals at a Distance », *Bulletin of the Psychonomic Society, 5*, 459-461.

THAYER S. (1969). « The Effects of Interpersonal Looking Duration on Dominance Judgments », *The Journal of Social Psychology, 79*, 285-286.

6

Motivation, émotion et personnalité

Sommaire

▶ **64** Une personne ouverte et chaleureuse à 20 ans peut-elle devenir hostile et acariâtre à 40 ?
Développement de la personnalité 259

▶ **65** Pourquoi ne faut-il pas regarder *Le père Noël est une ordure* avant d'aller travailler ?
Effet de l'humeur sur l'activité 262

▶ **66** Pourquoi vaut-il mieux embrasser votre prétendant au sommet de la tour Eiffel que sur le Champ-de-Mars ?
L'attribution émotionnelle 265

▶ **67** Pourquoi vaut-il mieux ne jamais être payé pour faire ce que l'on aime ?
La motivation intrinsèque 268

▶ **68** Pourquoi les enfants aiment-ils jouer avec les allumettes ?
La réactance 271

▶ **69** Pourquoi bâillez-vous lorsque vous voyez quelqu'un bâiller ?
Bâillement et empathie 275

▶ **70** Pourquoi vous êtes-vous fait « braconner » votre conjoint ?
Style d'attachement et braconnage humain 280

▶ **71** Pourquoi trouvez-vous la soupe meilleure si vous mettez vos mains sous le plateau de la table et que vous le poussez vers le haut ?
Les effets d'incorporations 286

64 Une personne ouverte et chaleureuse à 20 ans peut-elle devenir hostile et acariâtre à 40 ? *Le développement de la personnalité*

Notre personnalité se modifie-t-elle avec le temps ou bien reste-t-elle identique tout au long de notre vie ? Sommes-nous les mêmes à 20, 30 ou 40 ans ? Est-ce que, comme le dit la croyance populaire, tout est joué très tôt et qu'il n'y a plus de changements possibles dans la personnalité des individus après 30 ans ? Autant de questions auxquelles Srivastava et ses collègues (2003) ont tenté de répondre.

Ces chercheurs ont demandé à 132 000 personnes âgées de 21 à 60 ans de compléter par le biais d'Internet, un questionnaire de personnalité très fréquemment utilisé par les psychologues (Big Five). Ce test analyse, à travers de nombreuses questions, les cinq traits de personnalité suivants :

- droiture (sens des responsabilités, organisation, minutie, autodiscipline, franchise, etc.) ;
- extraversion (sociabilité, activité, expressivité, enthousiasme, etc.) ;

• amabilité (bienveillance, tolérance, altruisme, sympathie, etc.) ;

• stabilité émotionnelle (calme, détente, confiance en soi, « bon caractère », etc.) ;

• ouverture d'esprit (imagination, curiosité, culture, vivacité, perspicacité, etc.).

On sait que les réponses aux questions de ce test ne sont pas soumises à des facteurs comme l'humeur passagère des individus, ce qui risquerait d'avoir comme conséquences d'entraîner des erreurs dans l'interprétation des données.

Bien que de nombreux psychologues pensent que ces cinq caractéristiques principales sont en partie génétiquement déterminées et ne changent pas après 30 ans (McCrae et Costa, 1996), les résultats de la recherche montrent le contraire : non seulement les gens continuent de changer après 30 ans ; mais il existe en plus des différences entre les hommes et les femmes :

• ainsi, concernant la stabilité émotionnelle, on constate qu'elle augmente avec l'âge pour les femmes mais pas pour les hommes. Les femmes sont donc moins névrosées en vieillissant. Cela étant, comme les jeunes femmes sont moins stables émotionnellement que les jeunes hommes (Margalit et Eysenck, 1990), la différence entre les deux sexes se gomme tout simplement avec le temps ;

• l'amabilité (affection, chaleur) continue d'augmenter pour les deux sexes après 30 ans ;

• l'extraversion (enthousiasme) diminue pour les femmes mais pas pour les hommes ;

• la droiture (franchise, organisation) augmente fortement entre 20 et 30 ans, puis continue de progresser très lentement après 30 ans pour les deux sexes ;

• l'ouverture d'esprit décline à partir de 30 ans pour les deux sexes.

Srivastava pense que les évolutions sur le plan de la droiture et de l'amabilité pourraient être dues aux changements qui interviennent dans l'activité (travail) et dans la vie privée des individus. Entre 20 et 30 ans, les personnes commencent à travailler, s'engagent sur le plan affectif et ont des enfants. Cela implique un plus grand sens des responsabilités et entraîne davantage d'altruisme et de chaleur humaine.

Cependant, on ne sait pas précisément si c'est l'environnement social du sujet qui provoque ces changements ou bien si les personnalités se développent naturellement pour leur permettre d'assumer ces rôles sociaux. Il est donc difficile d'établir si les changements dépendent de facteurs biologiques ou environnementaux.

Conclusion

La recherche de Srivastava et de ses collègues permet donc d'affirmer que notre personnalité continue de se modifier et même de se bonifier après 30 ans, puisque l'on devient plus chaleureux, moins névrosé, et plus responsable avec l'âge.

Certes, ces changements sont relativement faibles. Vous ne verrez qu'exceptionnellement un homme de 30 ans, timide et droit comme la justice devenir une « reine de la nuit » à 60 ans. Cela étant, il semble que l'on puisse accorder une certaine valeur à la pensée populaire qui voudrait que l'on devienne plus sage en vieillissant…

Pour en savoir plus

MARGALIT M., EYSENCK S. (1990). « Prediction of Coherence in Adolescence : Gender Differences in Social Skills, Personality, and Family Climate », *Journal of Research in Personality, 24,* 510-521.

MCCRAE R.R., COSTA P.T. Jr. (1996). « Toward a New Generation of Personality Theories : Theoretical Contexts for the Five-Factor

Model », *in* J.S. Wiggins (éd.), *The Five-Factor Model of Personality : Theoretical Perspectives*, New York, Guilford Press, 51-87.

Srivastava S., John O.P., Gosling S.D., Potter J. (2003). « Development of Personality in Early and Middle Adulthood : Set Like Plaster or Persistent Change ? », *Journal of Personality and Social Psychology*, *84*, 1041-1053.

65 Pourquoi ne faut-il pas regarder *Le père Noël est une ordure* avant d'aller travailler ? *L'effet de l'humeur sur l'activité*

On a longtemps pensé que les ouvriers heureux étaient de « meilleurs » ouvriers. Cependant, des travaux récents en psychologie montrent que ce n'est pas toujours le cas... Lavis et Sinclair (1999) ont effectué une série de quatre expériences sur le thème des effets de l'humeur sur la productivité des ouvriers.

> Ces chercheurs ont induit expérimentalement la tristesse et la joie[1] chez des ouvriers, puis leur ont demandé d'effectuer un travail pénible : réaliser des cartes de circuits imprimés sur des chaînes de production.

1. Les chercheurs utilisent plusieurs moyens pour induire expérimentalement des états émotionnels chez leurs participants. Ils peuvent leur montrer des films (gais, tristes), leur faire des cadeaux (joie), leur faire lire des textes émouvants ou leur faire écrire un récit d'une expérience les ayant rendu tristes, joyeux ou en colère. Ils peuvent également demander aux participants de mimer l'expression émotionnelle, les faire échouer (tristesse) ou réussir (joie) à un test, leur faire écouter de la musique ou encore recourir à l'hypnose (pour une revue, *cf.* Westermann et coll., 1996).

Même s'il n'y a eu aucune différence dans le nombre de pièces effectuées par les deux populations, les résultats ont cependant mis en évidence que les produits des participants joyeux ne passaient pas les contrôles qualité aussi bien que les produits des ouvriers tristes : les personnes de bonne humeur commettaient 50 % d'erreurs en plus que les personnes tristes.

D'après les chercheurs, le travail, même s'il est pénible, permet aux personnes tristes de se distraire de leur humeur. *A contrario,* les gens heureux cherchent à maintenir leur humeur positive, ils considèrent alors que ce type de travail pourrait amoindrir leurs sentiments et générer de la tristesse. Ils engagent donc moins d'énergie et de concentration dans une tâche qui pourrait les distraire de leur bonne humeur.

À la vue de ces résultats, on peut s'interroger sur les sommes démesurées qui sont dépensées pour rendre les travailleurs plus heureux. En effet, certaines entreprises louent même des comédiens afin que leurs employés aient le sourire.

Est-ce à dire que les employeurs devraient inciter leurs salariés à être tristes afin d'améliorer leur efficacité ? La réponse est non, car, dans une seconde expérience, Lavis et Sinclair ont remarqué un fait troublant : quand les ouvriers ont cru que la tâche améliorerait leur état émotionnel, ils ont tous consacré davantage d'énergie au travail (peu importe qu'ils aient été tristes ou gais). Les résultats ont révélé que la qualité de la production était même supérieure à celle des personnes tristes de la première expérience.

Ainsi, plutôt que d'induire de la tristesse chez les salariés, la solution consisterait donc à créer des situations dans lesquelles les employés imaginent que leur travail améliore leur état affectif.

Mais la bonne humeur peut également avoir des avantages sur notre travail. En effet, une expérience met en évidence que les gens joyeux sont plus créatifs que les autres…

> Isen et ses collègues (1987) ont induit chez des participants une humeur positive en leur montrant un film rigolo ou en leur offrant un petit sac de bonbons. D'autres participants devaient regarder un film quelconque (« neutre »).
>
> Tous les sujets ont ensuite été soumis à une épreuve de créativité : on leur donnait une bougie, une boîte d'allumettes ainsi que des punaises. Leur travail consistait à fixer la bougie au mur afin qu'on puisse l'allumer. Il était impossible de transpercer la bougie avec les punaises qui étaient trop courtes. La solution consistait à vider la boîte, à l'épingler sur le mur avec les punaises et à s'en servir pour supporter la bougie.
>
> Au bout d'une dizaine de minutes, les chercheurs demandèrent aux participants leur solution. 75 % des participants joyeux découvrirent la solution, contre 20 % des personnes qui avaient vu le film « neutre ».
>
> Il semble que les états affectifs positifs génèrent une approche « ouverte », intuitive, c'est la raison pour laquelle les personnes joyeuses sont plus créatives et perçoivent davantage de relations originales entre les éléments auxquels elles sont exposées.

Conclusion

Si vous travaillez, par exemple, dans la publicité et que vous devez effectuer un travail « créatif », la bonne humeur est recommandée. Remémorez-vous alors le jour où vos parents vous avaient offert un petit poisson rouge. En revanche, si vous devez accomplir un travail analytique ou qui demande de l'attention, rappelez-vous la peine que vous avez ressentie, lorsque vous avez découvert votre poisson flottant à l'envers, un soir en rentrant de l'école…

Certes, il n'est pas toujours facile de modifier ses humeurs. Il s'agit donc simplement d'avoir conscience du phénomène et d'évaluer son état affectif avant de prendre une décision ou d'effectuer une tâche importante. Les recherches indiquent, en effet, que nos humeurs ont des conséquences importantes sur notre travail…

Pour en savoir plus

ISEN A.M., DAUBMAN K.A., NOWICKI G.P. (1987). « Positive Affect Facilitates Creative Problem Solving », *Journal of Personality and Social Psychology*, *52*, 1122-1131.

LAVIS C.A., SINCLAIR R.C. (1999). « Are Happy Workers Better Workers ? Examining the Effects of Mood on Productivity », *Proceedings & Abstracts of the Annual Meeting of the Midwestern Psychological Association*, *71*, 11.

WESTERMANN R., SPIES K., STHAL G., HESSE F. (1996). « Relative Effectiveness and Validity of Mood Induction Procedures : A Meta-Analysis », *European Journal of Social Psychology*, *26*, 557-580.

66 Pourquoi vaut-il mieux embrasser votre prétendant au sommet de la tour Eiffel que sur le Champ-de-Mars ? *L'attribution émotionnelle*

Vous pensez qu'il ne peut pas y avoir d'émotion sans son cortège de réactions physiques (accélération du rythme, rougeur, chaleur, etc.) ? Et bien, certains chercheurs soutiennent le contraire. L'activation physiologique n'est pas nécessaire à l'expérience de l'émotion, ce qui importe, c'est de croire que l'on est activé physiologiquement…

Afin de tester cette hypothèse, Valins (1966) fit une étude dans laquelle des étudiants devaient visionner 10 photographies érotiques en entendant, grâce à des écouteurs, le son de leurs pulsations cardiaques. Les participants ignoraient que ce qu'ils percevaient était en fait des bandes sonores préalablement enregistrées. Parfois, les individus entendaient leur rythme s'accélérer, la plupart du temps, il restait calme.

En toute fin d'expérience, Valins demandait aux sujets d'évaluer par ordre de préférence (d'attirance) les différentes photographies qu'ils avaient pu voir.

Les résultats montrèrent que les participants avaient trouvé plus plaisantes les photographies qui avaient été combinées à une accélération du rythme que les autres photos.

Le pire, c'est que les sujets persistèrent à préférer les photos choisies, même quand ils furent informés de l'artifice expérimental et du fait d'avoir été manipulés... (Valins, 1972).

Vous trouvez peut-être cette expérience inquiétante mais ce n'est pas tout, il semble même qu'une intense activation physiologique (peu importe la cause) puisse déclencher un « coup de foudre »...

Dutton et Aron (1974) firent leur expérience près de Vancouver, dans un site touristique où coule une rivière. Celle-ci est traversée par deux ponts suspendus à une centaine de mètres du sol. L'un d'eux est très instable, peu large, en lattes de bois, il est maintenu par des câbles et sa main courante est très basse. Ces éléments rendent sa traversée très impressionnante. L'autre pont (pont contrôle) est un pont en dur enjambant la même rivière.

Les participants devaient traverser l'un des deux ponts et chemin faisant, ils étaient contactés par une personne, soit un homme, soit une femme, dans le but de remplir un questionnaire sur place. Une fois terminé, l'enquêteur(trice) donnait son numéro de téléphone à chaque individu de façon à continuer la discussion plus tard, si le participant le désirait.

Au final, 9 des 18 individus contactés sur le pont instable par la femme lui téléphonèrent contre seulement 2 sur les 18 qui avaient été contactés par cette même personne sur le pont contrôle. Pour les individus contactés par un homme sur le pont instable, 2 sur les 18 téléphonèrent contre un seul sur le pont contrôle.

Ainsi, l'activation physiologique due au caractère effrayant de la situation avait-elle été étiquetée (attribuée) comme étant un « éveil érotique » répondant aux caractéristiques sexuelles de l'expérimentatrice.

Les résultats de cette expérience répondent à la question figurant dans le titre de cette fiche : « Pourquoi vaut-il mieux embrasser votre prétendant au sommet de la tour Eiffel que sur le Champ-de-Mars ? ». Effectivement, si vous avez compris la conclusion de l'étude de Dutton et Aron, alors filez avec votre prétendant au sommet de la tour Eiffel. De là-haut, vous augmenterez ainsi vos chances qu'il (elle) accepte de vous embrasser, en raison de la confusion des sources émotionnelles (vertige, peur, désir) et de la difficulté pour lui (elle) d'étiqueter son ressenti. Si vous n'êtes pas trop moche, l'activation physiologique due au caractère effrayant de la situation pourra alors être attribuée à vos caractéristiques sexuelles. En revanche, si vous êtes un vrai laideron, l'activation due à la peur du vide risquera d'être attribuée à votre physique ingrat et là, ce n'est pas gagné…

Conclusion

Ces expériences mettent en évidence que c'est souvent la pensée (cognition) qui déclenche et oriente nos affects. Il suffit simplement de croire que l'on ressent une émotion pour la ressentir réellement. Cette impression nous amène alors à rechercher autour de nous l'élément qui pourrait servir de cause à la présumée activation physiologique.

Nous pourrions ainsi tomber amoureux, simplement parce que notre pouls s'est accéléré pour une raison quelconque (hypoglycémie), en la présence d'un ou d'une inconnue. Gageons qu'il faille tout de même que nous reconnaissions un minimum de charme à cette personne pour que le processus soit opérant.

Pour en savoir plus

DUTTON D.G., ARON A.P. (1974). « Some Evidence for Heightened Sexual Attraction under Conditions of High Anxiety », *Journal of Personality and Social Psychology*, *30*, 510-517.

VALINS S. (1966). « Cognitive Effects of False Heart Rate Feed-Back », *Journal of Personality and Social Psychology*, *4*, 400-408.

VALINS S. (1972). « Persistent Effects of Information about Internal Reactions : Ineffectivness of Debriefing », *in* R.H. et R.E. Nisbett (éds.), *The Cognitive Alteration of Feeling States*, Chicago, IL, Aldine, 116-140.

67 Pourquoi vaut-il mieux ne jamais être payé pour faire ce que l'on aime ? *La motivation intrinsèque*

Imaginez que comme bénévole, vous alliez jouer du piano deux fois par semaine dans la maison de retraite qui est à côté de chez vous. C'est une activité que vous aimez faire et qui vous procure du plaisir. Un jour, la directrice vous fait signer un contrat afin de vous payer pour cette activité. Vous viendrez donc le mardi et le vendredi soir pour jouer une heure devant les personnes âgées de l'établissement.

Vous vous dites : « Je vais enfin être payé pour faire quelque chose que j'aime. » Hélas, les recherches montrent que vous éprouverez moins de plaisir et d'intérêt à jouer du piano que lorsque vous n'étiez pas payé... Et que vous vous lasserez plus vite de cette activité que lorsque vous étiez bénévole.

En effet, selon certains auteurs, travailler pour la récompense (motivation extrinsèque) peut réduire notre motivation à travailler pour le plaisir que cela procure (motivation intrinsèque).

> Dans une étude (Deci, 1972), des participants recevaient 1 dollar à chaque fois qu'ils réussissaient à trouver, dans le temps qui leur a été imparti, la solution d'un casse-tête que le chercheur leur présentait. Un autre groupe ne recevait pas cet argent. Une fois l'expérience soi-disant terminée, on proposait aux sujets de participer librement à une résolution d'autres casse-tête.
>
> On mesura le temps qu'ils y consacrèrent et on s'aperçut que ceux qui avaient été payés passèrent deux fois moins de temps que les autres sur cette nouvelle série. Le fait de percevoir de l'argent avait diminué la motivation intrinsèque de ces participants.

Cet affaiblissement de la motivation intrinsèque intervient, parce que l'individu attribue l'origine de son action, non pas à lui-même mais à la récompense. Il sera alors moins autodéterminé et il s'ensuivra une baisse d'intérêt pour l'activité. La personne se sentira prisonnière de son comportement et travaillera moins longtemps ou de moins bonne façon que lorsqu'elle effectuait ce travail simplement pour le plaisir que cela lui procurait.

D'autres éléments peuvent également infléchir la motivation intrinsèque comme un contexte d'évaluation ou encore une surveillance étroite (Deci et Ryan, 1985). C'est la raison pour laquelle il est préférable de laisser un certain contrôle aux enfants en leur permettant de choisir leurs activités extrascolaires.

En revanche, certaines formes de récompenses plus « sociales » l'augmentent : si vous valorisez le travail d'une personne (mais sans surveillance étroite), cela aura pour conséquence d'améliorer ses sentiments de compétence. Il en résultera alors une augmentation de la motivation intrinsèque (Vallerand et Reid, 1988).

Conclusion

Ne voyez pas dans les différents travaux exposés ci-dessus une bonne raison pour ne pas récompenser ceux qui travaillent ! Mais veillez simplement à ne pas diminuer la motivation intrinsèque en donnant des récompenses matérielles à une personne qui n'en avait pas besoin pour accomplir ce qu'elle aurait accompli pour des raisons qui parfois vous échappent.

Préférez, comme le montrent d'autres études, jouer sur le défi ou sur la curiosité afin d'augmenter la motivation intrinsèque, notamment chez vos enfants lorsqu'il s'agit d'activités scolaires (Malone et Lepper, 1987).

Cela étant, si, en contrepartie d'une pièce ou deux, votre fils de 12 ans accepte de laver votre voiture, vous pourrez considérer que le fait qu'il soit ou ne soit pas intrinsèquement motivé pour cette tâche n'a qu'un intérêt très limité, et vous aurez sans doute raison…

Sachez pour finir que des chercheurs ont remarqué que les personnes motivées par la satisfaction intrinsèque de leurs actions sont plus heureuses dans leur vie et en meilleure santé mentale que celles qui courent après les motivations extrinsèques comme la richesse, la renommée et l'image (Kasser et Ryan, 2001).

Pour en savoir plus

DECI E.L. (1972). « The Effects of Contingent and Non-Contingent Rewards and Controls on Intrinsic Motivation », *Organizational Behavior and Human Performance*, *8*, 217-229.

DECI E.L., RYAN R.M. (1985). *Intrinsic Motivation and Self-Determination in Human Behavior*, New York, Plenum Press.

KASSER T., RYAN R.M. (2001). « Be Careful what You Wish for : Optimal Functioning and the Relative Attainment of Intrinsic and Extrinsic Goals », *in* P. Schmuck et K. Sheldon (éds.), *Life Goals and Well-Being*, Gottingen, Hogrefe.

MALONE T.W., LEPPER M.R. (1987). « Making Learning Fun : A Taxonomy of Intrinsic Motivations for Learning », *in* R.E. Snow et M.J. Farr (éds.), *Aptitude, Learning, and Instruction,* vol. 3 : *Cognative and Affective Process Analysis,* Hillsdale, NJ, Erlbaum, 223-253.

VALLERAND R.J., REID G. (1988). « On the Relative Effects of Positive and Negative Verbal Feedback on Males' and Females' Intrinsic Motivation », *Canadian Journal of Behavioral Science*, *20*, 239-250.

68 Pourquoi les enfants aiment-ils jouer avec les allumettes ? *La réactance*

Pourquoi l'interdiction ou l'obligation ne fonctionne-t-elle pas toujours comme on le voudrait ? Pourquoi les gens n'exécutent-ils pas nos ordres avec le sourire ? Pourquoi avons-nous tant de mal à faire en sorte que nos prescriptions soient suivies d'effets ? L'enfant joue avec les allumettes prohibées, les gens prennent les sens interdits ou ne suivent pas les recommandations.

La théorie de la réactance psychologique permet de comprendre une partie du phénomène.

Les gens pensent et ont besoin de savoir qu'ils sont libres d'agir. La liberté est une notion fondamentale dans notre société, c'est même le premier mot de la Déclaration des droits de l'homme, c'est dire si c'est important pour nous. Nous tenons ainsi à conserver ces libertés, et lorsqu'elles sont menacées, nous sommes fortement motivés pour les rétablir. Cette motivation à retrouver la liberté va générer des comportements et des jugements allant dans le sens opposé de la prescription. Nous devenons alors « réactants » à ce que nous percevons comme une contrainte à nos libertés d'agir ou de penser. C'est le « je le ferais quand même ! » ou encore « je fais cela si je veux ! ».

On peut résumer la réactance ainsi : quand une personne est contrainte dans sa liberté d'agir comme bon lui semble, elle agira de façon contraire à ce qui lui est demandé.

À titre d'exemple, imaginons que M. Smith a l'habitude d'aller jouer au golf les dimanches après-midi bien qu'il en passe également certains à regarder la télévision ou à bricoler (Brehm, 1966). Un dimanche, sa femme lui demande d'aller jouer au golf, parce qu'elle reçoit ses amies et qu'elle ne souhaite être dérangée ni par le bruit du marteau, ni par celui de la télé. Les libertés comportementales de M. Smith sont menacées, on enregistre alors de la réactance ; par exemple, M. Smith pourrait protester qu'il y a justement un programme télé particulièrement intéressant ce dimanche, ou encore qu'il doit finir un travail important dans son atelier.

La réactance est constituée de deux effets :

- elle favorise la tendance à voir apparaître le comportement interdit ou menacé : M. Smith à davantage tendance à rester à la maison que si on ne lui avait rien demandé ;
- elle rend plus attractif l'activité ou l'objet sur lesquels porte la menace : M. Smith a très envie de regarder cette émission du dimanche.

Une célèbre expérience vérifie ces prédictions.

En 1976, Heilman a demandé à des passants de signer une pétition en faveur du contrôle des prix de la viande et des légumes. Mais avant que les gens ne se décident à signer la pétition, l'expérimentateur ajoutait : « Je dois préalablement vous lire certaines informations. »

Dans une condition (*pression faible*), cette information supplémentaire indiquait qu'un certain Raymond T., membre d'une association locale, s'était déclaré franchement hostile à la résolution du contrôle des prix, car, selon lui, elle mettait en danger l'économie. Dans une autre (*pression forte*), l'expérimentateur ajoutait que Raymond T. avait déclaré que les gens ne devaient en aucun cas être autorisés à distribuer ou à signer une telle pétition. Enfin, dans la condition *représailles*, le prétendu Raymond T. proposait, en plus, de prendre des renseignements sur toutes les personnes qui signeraient la pétition.

Comme le montre clairement la figure ci-dessous, les résultats sont en accord avec la théorie de la réactance psychologique. Plus la liberté comportementale des sujets est menacée (c'est-à-dire plus la pression est forte), plus les sujets s'engagent dans le comportement menacé (signer la pétition).

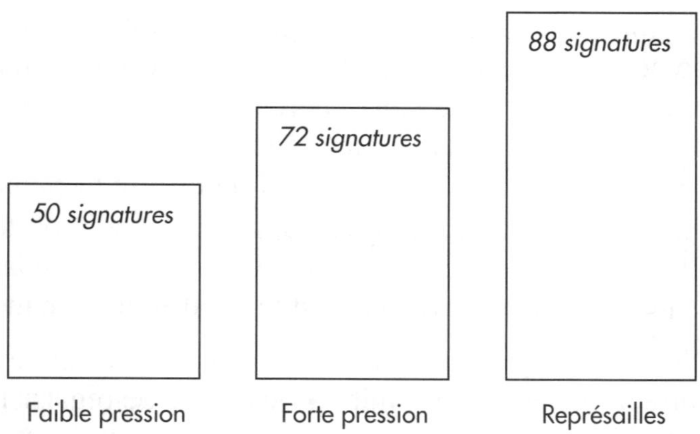

On retrouve également le phénomène de réactance quand on sait que l'on va être la cible d'une tentative de persuasion. C'est, par exemple, le cas lorsqu'on ouvre sa porte à des personnes qui veulent nous convaincre que le « jugement dernier » est proche, ou encore à des vendeurs d'encyclopédies. Dans ces cas-là, nous risquons de nous montrer fortement réactants (pour ne pas dire agressifs).

Conclusion

La réactance est un mécanisme que l'on retrouve souvent à la base des conflits notamment dans le couple ou en famille avec les enfants. Elle est également présente dans les comportements de non-respect de certaines règles ou de lois. Par exemple, le fait que le Code de la route ne soit composé que d'obligations et d'interdictions rend certains comportements, comme la vitesse, encore plus attractifs. Et malgré une évolution des mentalités, on entend encore parfois dire que la ceinture de sécurité est une question de liberté individuelle, ce qui sous-entend : « Comme il ne s'agit que de ma propre sécurité, je suis libre d'agir comme je l'entends. »

Il nous arrive à tous de chercher à imposer une idée, à faire une recommandation que ce soit au travail ou en famille. Nous risquons alors de faire naître de la réactance chez notre interlocuteur, non pas que notre projet soit forcément mauvais mais simplement parce qu'il menace les libertés. Notre partenaire cherchera alors à restaurer son autonomie menacée, et, comme nous venons de le voir dans l'expérience, les conséquences peuvent en être fâcheuses.

Que faire alors pour éviter la réactance ?

- Évitez les menaces intenses qui produisent davantage de réactance.
- Laissez des alternatives de façon que le besoin sur lequel porte la menace puisse être satisfait par d'autres moyens.

– Agissez sur la forme de la communication, en faisant en sorte de donner, par exemple, l'impression que l'idée vienne de l'autre.

Pour finir, vous pouvez, dans certains cas, vous servir de la réactance d'autrui pour arriver à vos fins puisqu'il suffit d'interdire un comportement pour le rendre davantage attractif. Cela donne raison au dicton populaire suivant : « Il y a trois manières d'effectuer un travail : le faire soi-même, embaucher quelqu'un ou interdire à vos enfants de le faire… »

Pour en savoir plus

BREHM J.W. (1966). *A Theory of Psychological Reactance*, New York, Academic Press.

HEILMAN M.E. (1976). « Oppositional Behavior as Function of Influence Attempt Intensity and Retaliation Threat », *Journal of Personality and Social Psychology*, *33*, 574-578.

69 Pourquoi bâillez-vous lorsque vous voyez quelqu'un bâiller ? *Bâillements et empathie*

Le bâillement est un phénomène intrigant, on ne connaît pas encore avec certitude son utilité[1], et surtout on ne sait

1. Baenninger (1997) pense que le bâillement maintient le cerveau réveillé dans les situations où le sommeil n'est pas désiré. Ceci expliquerait pourquoi les bâillements ont lieu tôt le matin ainsi que la nuit, lorsqu'on lutte pour rester éveillé. L'ancienne hypothèse qui consistait à proposer que nous bâillions à cause d'un manque d'approvisionnement du cerveau en oxygène est aujourd'hui considérée comme fausse. Des expériences dans lesquelles des personnes obtenaient plus d'oxygène ou de dioxyde de carbone se sont déroulées sans conséquence sur le bâillement.

pas pourquoi il est contagieux. Et oui, ne dit-on pas qu'un bon bâilleur en fait bâiller sept autres ? Alors, êtes-vous de ceux-là ? Vous laissez-vous tout autant « contaminer » par le bâillement des autres ?

Platek, Critton, Myers et Gallup (2003) ont tenté d'en savoir davantage sur la « contagion » du bâillement d'une personne à une autre…

Ils ont convié des individus à participer à une expérience. La tâche consistait à regarder 24 extraits vidéo sur un ordinateur. Chaque film présentait une personne différente, soit en train de rire, soit en train de bâiller, soit une personne « neutre », c'est-à-dire n'effectuant aucun de ces deux comportements.

Après avoir visionné chacun des petits films, les participants devaient répondre par écrit à quelques questions. En réalité, ces questions n'intéressaient nullement les chercheurs. Ceux-ci étaient davantage occupés à observer les individus derrière un miroir sans tain, afin d'étudier leurs comportements et de noter combien de fois ils bâillaient lorsqu'ils visionnaient les vidéos.

Les observations ont montré que 41 % des personnes qui regardaient un extrait avec un bâilleur, bâillaient à leur tour. Ceux qui bâillaient en regardant une vidéo dont l'acteur ne bâillait pas (rire, neutre) ne furent que 9 %.

Les chercheurs ont poussé leurs investigations en cherchant à savoir pourquoi certaines personnes étaient contaminées par les bâillements d'autrui (41 %), alors que les autres semblaient « immunisées » en face d'un bâilleur. Ils ont pensé que le bâillement par contagion pouvait faire partie d'un phénomène plus général : celui de la capacité à comprendre les états mentaux des autres personnes (émotions, croyance, intentions).

Afin de corroborer cette hypothèse, les participants se sont vus proposer une seconde tâche. Il s'agissait de répondre à des questions après avoir lu trois récits différents. Ce travail permettait d'évaluer la capacité des sujets à comprendre les intentions et les sentiments d'autrui (par exemple : « Richard a acheté un objet à James pour son anniversaire. Quelques mois plus tard, Richard vient chez James. Dans la soirée, James laisse accidentellement tomber l'objet que Richard lui avait offert plusieurs mois auparavant et dit : "Oh ! Ce n'est rien, de toute façon, je n'ai jamais aimé cette horreur, c'est un objet qui m'avait été offert par je ne sais plus qui, pour mon anniversaire..." Les participants devaient répondre à des questions du type : "Pensez-vous que James se souvienne que Richard lui a offert cet objet pour son anniversaire ? Que pense Richard ?" »).

Les chercheurs ont également demandé aux participants de remplir un questionnaire visant à identifier dans quelle mesure ils détenaient des traits de personnalité « schizotypiques [1] » – traits que l'on retrouve chez certains individus qui ne sont pas atteints de schizophrénie [2] proprement dite.

En effet, comme les personnes schizophrènes possèdent un déficit dans leur capacité à identifier et à attribuer des états mentaux à autrui (Frith et Corcoran, 1996), Platek et ses collègues ont imaginé que l'on pourrait retrouver certains traits

1. La personnalité schizotypique est un déficit social et interpersonnel marqué par une gêne aiguë et des compétences réduites dans les relations (anxiété sociale, pas d'amis proches), par des distorsions cognitives et perceptuelles (perception de sensations inhabituelles ou bizarres, pensée magique, suspicion), par une pauvreté des affects et enfin par des conduites excentriques (comportements bizarres) (*cf.* DSM-IV).
2. Trouble psychotique durant au moins six mois et pouvant être caractérisé par des idées délirantes, des hallucinations, un discours désorganisé (coq-à-l'âne, incohérence), un comportement grossièrement désorganisé ou catatonique, des symptômes négatifs (ex. émoussement affectif, perte de volonté), un dysfonctionnement social (dégradations dans les relations interpersonnelles), une perte du rendement dans les activités et le travail (*cf.* DSM-IV).

de personnalité schizotypique chez les personnes non contaminées par les bâillements de leur entourage.

Conformément aux attentes des chercheurs, les résultats ont montré que les personnes contaminées par les bâillements d'autrui étaient davantage susceptibles que les autres de reconnaître ce que croyaient, ressentaient et prévoyaient de faire, les personnages des récits. Ils ont également présenté peu de caractéristiques schizotypiques en réponse au questionnaire, comparativement aux participants qui semblaient immunisées face à un bâilleur.

Finalement, lorsqu'elles voient une personne bâiller, certains individus sont capables, par empathie, de ressentir ce même besoin de bâiller, ce qui déclenche une « personnification », c'est-à-dire qu'elles bâillent à leur tour sans avoir conscience du phénomène.

Si le bâillement est contagieux, cette expérience démontre également que cette transmission repose sur la mécanique de l'empathie, puisqu'elle touche davantage les personnes ayant la capacité à percevoir les états intérieurs d'autrui et à les partager. À l'opposé, les personnalités tendanciellement schizotypiques, qui ont des difficultés à identifier ces états, ne sont pas touchées par cette contagion. Selon Platek, ces résultats peuvent aussi expliquer pourquoi les schizophrènes, qui ont des difficultés à comprendre les intentions d'autrui, sont peu enclins au bâillement par contagion.

Mais si cette expérience nous renseigne sur les différences entre les individus face au bâillement, elle nous dit peu de chose sur l'utilité de cette contagion. Certains chercheurs (Baenninger, 1997) proposent que la contagion du bâillement serait un vestige de l'évolution qui a pu autrefois aider nos ancêtres à coordonner leurs périodes d'activité et de repos. Elle aurait permis à tous les membres d'un groupe d'être prêts à faire la même chose en même temps. Le bâillement aurait été semblable à la formule suivante :

« C'est l'heure de la sieste, passe à ton voisin. » C'est comme cela qu'auraient pu commencer nos premières activités de groupe…

Concernant l'âge d'apparition de ce comportement, il semble se situer chez l'enfant entre 1 et 2 ans (Piaget, 1951). Meltzoff et Moore (1977) proposent que ce n'est que lorsque le bébé se perçoit comme un individu propre et qu'il acquiert la capacité de se reconnaître dans le miroir qu'il est capable d'imiter des mimiques. C'est à ce moment qu'il devient alors sensible à la contagion du bâillement.

Conclusion

Si vous êtes facilement contaminé par le bâillement des autres, il y a des chances que l'on puisse vous définir comme une personne capable de beaucoup d'empathie. C'est-à-dire que vous pouvez assez facilement identifier et comprendre l'état d'esprit des individus que vous avez en face de vous, notamment lorsqu'ils vivent une expérience émotionnelle suite à une gaffe, une offense, une surprise, un heureux événement, etc.

En revanche, si le fait de voir une personne bâiller ne vous fait rien, alors c'est peut-être que vous avez quelques traits de personnalité schizotypique, ce qui entraîne chez vous une difficulté à ressentir ce que les autres peuvent éprouver.

Pour en savoir plus

Baenninger R. (1997). « On Yawning and its Functions », *Psychonomic Bulletin & Review, 4* (2), 198-207.

Frith C.D., Corcoran R. (1996). « Exploring Theory of Mind'in People with Schizophrenia », P*sychological Medicine*, *26*, 521-530.

Meltzoff A.N., Moore M.K. (1977). « Imitation of Facial and Manual Gestures by Human Neonates », *Science*, *198*, 75-78.

Piaget J. (1951). *Play, Dreams and Imitation in Childhood*, Norton (éd.), New York.

Platek S.M., Critton S.R., Myers T.E., Gallup G.G. (2003). « Contagious Yawning : The Role of Self-Awareness and Mental State Attribution », *Cognitive Brain Research*, *17*, 223-227.

Provine R.R. (1989). « Contagious Yawning and Infant Imitation », *Psychonomic Bulletin & Review*, *27*, 125-126.

70 Pourquoi vous êtes-vous fait « braconner » votre conjoint ? *Style d'attachement et braconnage humain*

Lorsque vous souhaitez entamer une liaison avec un nouveau partenaire, il n'existe que deux éventualités : cette personne est seule ou bien elle est déjà en couple… Le fait d'essayer d'attirer (de « draguer ») une personne déjà impliquée dans une relation avec une autre personne est appelé le « braconnage humain » (Schmitt et Buss, 2001).

Avez-vous déjà fait l'objet de braconnage humain ou bien avez-vous usé vous-même de telles pratiques ?

L'étude de Schmitt et Buss (2001) révèle que l'usage du braconnage est courant, les personnes envisagées comme partenaires souhaitables se trouvant souvent déjà impliquées dans des relations stables.

Il ressort de cette recherche que sur près de 250 personnes :

• 50 % ont admis avoir déjà pratiqué le braconnage (avec ou sans succès), et 80 % ont indiqué qu'ils avaient déjà été l'objet de tentatives. Le braconnage semble être une pratique plus importante en Angleterre (32 % des hommes et 18 % des femmes admettent qu'elles ont été braconnées avec succès) qu'en Israël ou qu'au Japon (hommes : 9 % et femmes : 3 %) ;

• un cinquième des rapports à long terme est le résultat d'un braconnage de partenaire ;

• environ 20 % des hommes ont braconné leur partenaire. C'est légèrement moins pour les femmes. Il semble également que les hommes admettent plus facilement avoir eu ce genre de pratique ;

• il existe des différences entre les hommes et les femmes : le désir de l'attraction physique est plus puissant chez les hommes que chez les femmes, ces dernières ayant plutôt une préférence pour les hommes qui peuvent disposer et consacrer des ressources à elles-mêmes et à leur progéniture. Ainsi, les hommes essaient habituellement de braconner les femmes attirantes alors que les femmes tentent habituellement de s'emparer des hommes riches ou généreux ;

• les hommes et les femmes qui pratiquent souvent le braconnage tendent à être désagréables, présomptueux, peu sûrs de leurs jugements et ont une tendance à l'adultère. Les personnes qui braconnent avec succès sont plus « sexy » que les autres ;

• ce que les braconniers préfèrent : les personnes extraverties, charmantes, cultivées, intelligentes, introspectives, aimantes, romantiques et physiquement attrayantes.

En réalité, la recherche montre que les personnes qui ont été braconnées et ont laissé leur partenaire pour le braconnier sont davantage « névrotiques », masculines, moins aimables, fiables (paradoxalement), affectueuses et ont un physique plus attrayant que celles qui ne se sont jamais laissées braconner.

Pour finir, le braconnier fait partie, en général, de l'entourage affectif du couple, c'est même souvent le meilleur ami du partenaire qui sera délaissé...

Comme il semble que le profil psychologique des braconniers de partenaires soit différent de celui des personnes qui s'engagent dans des formes de relations plus « romantiques », certains psychologues ont tenté d'établir un lien entre la pratique du braconnage et le style d'attachement[1] des braconniers…

> Dans une recherche effectuée sur 670 personnes, Hazan et Shaver (1987) ont mis en évidence qu'il existait trois sortes d'attachements chez l'homme :
>
> • l'attachement « anxieux » (19 % des gens). Les personnes témoignent de la jalousie et vivent de nombreux « coups de foudre », ils craignent l'abandon et génèrent beaucoup de conflits dans le couple. Leur comportement s'étend de la vigilance à la violence (durée moyenne des relations : six ans) ;
>
> • l'attachement « sécurisé » (56 % des gens). Ici, l'accent est mis sur la sérénité et la stabilité de la relation qui est envisagée sur le long terme (durée moyenne des relations : dix ans) ;
>
> • l'attachement « évitant » (25 % des gens). Les personnes qui manifestent ce type d'attachement s'impliquent peu dans leurs relations et sont plus ouvertes que les autres à des expériences sexuelles et à des rencontres sans lendemain (durée moyenne des relations : cinq ans).
>
> Ces catégories et pourcentages ont été confirmés par de nombreuses autres études (Collins et Read, 1990).

1. L'attachement est défini comme les différentes façons dont nous nous comportons dans les relations intimes. Ces comportements auraient été appris dans les premières années de la vie. La façon dont nous vivons l'amour, les ruptures et la solitude est une continuation du processus d'attachement que nous avons élaboré dans notre petite enfance vis-à-vis de nos parents (Bowlby, 1980 ; Hazan et Shaver, 1987).

Schachner et Shaver (2002) ont effectué une autre recherche impliquant plus de 260 personnes afin d'explorer le lien éventuel entre le style d'attachement et le braconnage de partenaires. Pour ce faire, ils ont demandé aux participants de remplir différents questionnaires concernant leurs expériences éventuelles en tant que braconniers, les tentatives de braconnage sur leurs partenaires et leurs expériences en tant que cible de tentatives de braconnage par autrui. Les personnes devaient répondre pour des relations à court terme et pour des relations à long terme.

Les chercheurs ont également mesuré sept facteurs intervenant dans la sexualité comme l'exclusivité de la relation. Ils ont aussi évalué 5 traits de personnalité ainsi que le type d'attachement (anxiété, évitement, sécurisé) à leur partenaire.

Ces travaux ont souligné :

- que les personnes portées à l'attachement « évitant » étaient plus susceptibles que les autres de se livrer et de répondre favorablement aux tentatives de braconnage dans le cadre d'une relation à court terme. La raison en est la tendance à privilégier les relations sexuelles de rencontre au détriment des relations à long terme. Ces personnes ne cherchent pas d'ailleurs de relations à long terme dans les relations extra-conjugales. L'évitement ne peut être attribuable à un désir sexuel plus fort, car, dans l'étude, le questionnaire permettant d'évaluer le désir sexuel (partenaire ou masturbation) n'a pas montré de différences avec les personnes ayant un mode d'attachement anxieux ou sécurisé ;

- les personnes présentant un attachement « anxieux » ont tendance à s'inquiéter du fait que leurs partenaires puissent faire l'objet du braconnage en vue de relations à long terme ou de relations de rencontre. Elles craignent l'abandon, adoptent une attitude possessive à l'égard de leur partenaire et, somme toute, finissent plus souvent que les autres par se le faire piquer…

Si vous voulez connaître votre style d'attachement, choisissez la description qui vous représente le mieux [1] :

A. Je trouve relativement facile d'avoir des relations intimes avec les autres. Je suis à l'aise à l'idée de dépendre des autres et de voir les autres dépendre de moi. Je ne crains pas souvent d'être abandonné(e) par les autres. Je n'ai pas peur que les autres soient trop intimes avec moi.

B. Il me semble que les autres hésitent à être aussi intimes avec moi que j'aimerais qu'ils le soient. Je m'inquiète souvent du fait que mon partenaire ne m'aime pas vraiment ou pas assez et je crains alors qu'il ne me quitte. Je veux vraiment ne faire qu'un avec l'autre personne ; mais ce désir fait peur à certaines personnes qui, du coup, s'en vont.

C. Je me sens quelque peu mal à l'aise à l'idée d'être trop près des gens. Je trouve difficile de leur faire confiance complètement, de me permettre de dépendre d'eux. Je suis nerveux(se) quand quelqu'un devient trop intime avec moi. Mes partenaires amoureux veulent souvent que je sois plus intime avec eux à un niveau tel que je ne me sens pas très bien.

Conclusion

Puisque les recherches indiquent qu'il existe un lien important entre le style d'attachement et la tendance au braconnage humain, tentez de repérer votre style d'attachement, vous pourrez savoir si vous êtes plus à même de pratiquer le braconnage, ou bien si vous êtes plus susceptible que d'autres de vous faire dérober votre partenaire.

---

1. Ce texte a été proposé aux participants de l'étude de Hazan et Shaver (1987) afin de déterminer leur style d'attachement. A = attachement sécurisé, B = attachement anxieux, C = attachement évitant.

Si vous voulez modifier votre style d'attachement, sachez que ce n'est pas chose facile. La difficulté réside dans le fait que nous avons tendance à reproduire le mode de relation que nous avons vécu ou observé dans notre petite enfance. Par exemple, un enfant élevé dans une famille monoparentale, dans laquelle les partenaires de la mère (ou du père) se succèdent, apprendra que les relations hommes-femmes sont de courte durée et instables.

Cependant, certains auteurs pensent que le fait de prendre conscience des circonstances et des conséquences d'expériences vécues durant l'enfance permet la rupture avec cette répétition transgénérationnelle et qu'à terme, il est possible de changer le style d'attachement amoureux (Main et coll., 1985).

En définitive, réussir une relation à long terme nécessite une stratégie qui doit résoudre simultanément deux problèmes : défendre son partenaire des braconniers potentiels et l'empêcher de déserter le couple... Être attentif aux besoins de son conjoint semble alors être la meilleure des solutions pour y arriver.

Pour en savoir plus

HAZAN C., SHAVER P.R. (1987). « Romantic Love Conceptualized as an Attachement Process », *American Psychologist*, *46*, 333-341.

MAIN M., KAPLAN N., CASSIDY J. (1985). « Security in Infancy, Childhood, and Adulthood : A Move to the Level of Representation », *in* I. Bretherton et E. Waters (éds.), Growing Points in Attachment Theory and Research. *Monographs of the Society for Research in Child Development*, *50*, 1-2, serial n° 209, 66-106.

SCHACHNER D.A., SHAVER P.R. (2002). « Attachment Style and Human Mate Poaching », *New Review of Social Psychology*, *1*, 122-129.

SCHMITT D.P., BUSS D.M. (2001). « Human Mate Poaching : Tactics and Temptations for Infiltrating Existing Mateships », *Journal of Personality and Social Psychology*, *80*, 894-917.

71 Pourquoi trouvez-vous la soupe meilleure si vous mettez vos mains sous le plateau de la table et que vous le poussez vers le haut ? *Les effets d'incorporations*

Parfois, lorsque nous sommes tristes, notre entourage nous demande de sourire. Nous trouvons cela stupide et sans intérêt, d'abord parce que nous n'en avons pas du tout envie, ensuite parce que nous sommes conscients du fait que ce n'est pas un simple sourire qui changera la face de nos soucis. Et pourtant…

Les expériences qui suivent sont certainement les plus surprenantes qui ont été effectuées en psychologie. Elles mettent en évidence de bien curieuses relations entre le corps et l'esprit, relations auxquelles certains auteurs ont donné le nom « d'effets d'incorporation » (Barsalou, Niedenthal, Barbey et Ruppert, 2002).

Les effets d'incorporations se définissent comme l'impact des états corporels (maintien, postures, mouvements, expressions faciales) sur notre façon de traiter l'information et de voir le monde qui nous entoure. La manipulation de l'expression émotionnelle peut, par exemple, influencer le ressenti des sentiments affectifs. C'est ce que suggère l'expérience suivante.

La recherche de Strack, Martin et Stepper (1988) prétendait porter sur l'étude de la coordination motrice afin d'enseigner aux paraplégiques à écrire avec leur bouche. Les participants sollicités ne furent donc pas choqués qu'on leur demande d'effectuer différents travaux avec un stylo dans la bouche (écriture, lecture, etc.).

L'une de ces tâches concernait l'évaluation du caractère amusant d'un dessin animé humoristique.

Dans une condition (1), les chercheurs demandaient aux sujets de maintenir le stylo (pointe en avant) avec les lèvres mais sans utiliser les dents (bouche en anneau). Dans une autre (2), il leur était demandé d'utiliser les dents mais sans que les lèvres ne touchent le stylo (toutes dents dehors).

Strack et ses collègues constatèrent que les participants de la condition 2 évaluèrent le *cartoon* comme étant beaucoup plus drôle que ceux qui avaient maintenu le stylo avec les lèvres.

Ces résultats confirmèrent leur hypothèse, à savoir que la simple activation physiologique d'une expression émotionnelle, est suffisante pour engendrer une réponse affective.

En effet, la technique de maintien du stylo avait permis aux chercheurs de manipuler les zygomatiques des personnes du groupe 2 à leur insu, pendant la durée du dessin animé. Comme les muscles zygomatiques sont ceux qui sont impliqués dans le sourire, ces sujets avaient trouvé le dessin animé plus amusant que le groupe « bouche en anneau ». Chez ces derniers, l'expression de la bouche type « fumeur de cigares » tendait plutôt à déclencher la musculature impliquée dans le froncement de sourcils.

Alors si vous êtes triste, souriez, cela devrait améliorer votre état affectif… Une autre étude fait apparaître que l'adoption d'une simple posture peut influencer nos sentiments.

Les sujets de l'expérience de Stepper et Strack (1993) pensaient participer à une recherche sur l'étude des différentes postures ergonomiques dans l'exécution d'un travail d'écriture. Ce travail consistait à répondre à un questionnaire à choix multiple (QCM).

Selon les conditions, les sujets travaillaient devant une table, assis sur une chaise et le dos bien droit, ou bien ils étaient contraints de travailler le dos courbé, puisque, dans cette condition, la surface de leur table se trouvait plus bas que la hauteur de leur chaise.

On fit croire à tous les participants que leur performance au QCM était supérieure à la moyenne. Puis les chercheurs leur demandèrent d'évaluer certains aspects du travail, de la position, mais également (et c'est là que l'expérience devient intrigante) leur sentiment de fierté pour leur réussite au questionnaire.

Les résultats montrèrent que ceux qui avaient reçu leur note, alors qu'ils étaient installés le dos bien droit, éprouvèrent plus de fierté à l'égard de leur performance que ceux qui avaient travaillé en étant « effondrés » sur eux-mêmes.

Si, face à une mauvaise nouvelle, comme une mauvaise note, vous sentez que vous « effondrez », redressez-vous et ne courbez pas l'échine, vous vous sentirez mieux…

Les mouvements des bras peuvent aussi induire de drôles d'états… Ainsi, deux expériences ont mis en évidence que de simples gestes effectués en toute naïveté pouvaient amener son auteur à des réactions positives ou à des réactions de rejet.

Cacioppo, Priester et Bernston (1993) ont exploré la relation entre les mouvements de bras et l'évaluation affective.

Les sujets étaient invités à regarder des idéogrammes chinois tout en plaçant leurs mains sous la table et en poussant vers le haut. D'autres participants devaient poser leur main sur la table et effectuer la pression vers le bas.

Lorsqu'on demanda aux sujets d'évaluer à quel point ils avaient aimé les images, on s'aperçut que ceux ayant eu à pousser vers le haut les appréciaient davantage que ceux qui devaient pousser vers le bas. L'explication tient au fait que pousser vers le bas est une action d'évitement, on met l'objet à distance alors qu'effectuer une pression vers le haut renvoie à une action d'approche, on ramène à soi l'objet.

Tom, Pettersen, Lau, Burton et Cook (1991) ont répliqué cette expérience de façon plus amusante... Ils firent croire à des étudiants que leur travail consisterait à tester les écouteurs d'un nouveau casque. Les sujets devaient écouter de la musique en secouant leur tête de façon à s'assurer que le casque reste bien en place sur les oreilles.

Dans une condition, on demandait aux étudiants de remuer la tête verticalement, dans une autre, de la secouer de façon horizontale. Un détail avait son importance : la présence apparemment anodine d'un stylo posé sur la table, juste devant eux. Afin de remercier chaque étudiant pour sa contribution à la recherche, un expérimentateur leur offrit un cadeau. La possibilité était donnée à chacun de choisir entre deux stylos, soit celui qui se trouvait sur la table, soit un autre.

Il est amusant de constater que les sujets qui avaient incliné la tête verticalement se sont davantage emparés du stylo original, alors que ceux de l'autre condition ont préféré prendre le nouveau stylo.

Vous aurez compris que le fait de secouer sa tête horizontalement correspond à une attitude négative, celle de dire « non », alors que la secouer verticalement correspond à une attitude positive, celle de dire « oui ».

Ce qui est intrigant, c'est que ces mouvements ont affecté l'attitude de leurs auteurs à l'égard du stylo présent sur la table.

Si vous avez lu les différentes expériences que nous venons d'exposer et que vous vouliez en tirer parti, alors voilà ce que vous pouvez faire :

– installez-vous sur votre chaise en maintenant votre dos droit comme un « i » ;

– placez ensuite vos mains sous le plateau de la table et poussez vers le haut ;
– enfin, prenez un stylo entre vos dents, sans le toucher avec vos lèvres.

Voilà, vous n'avez plus qu'à attendre que votre chef rentre dans votre bureau pour discuter de votre prochaine augmentation. Installé de cette façon, vous êtes fin prêt à aborder sereinement toutes les situations…

Terminons la présentation des effets d'incorporations avec cette question : avez-vous déjà remarqué que lorsque les gens réfléchissent, ils lèvent souvent les yeux au ciel ? Et bien, c'est ce que confirme une partie des résultats de l'expérience ci-dessous. Une partie seulement, car pour l'autre…

> Barsalou et Barbey (2002) ont demandé à des étudiants soit de décrire les caractéristiques des oiseaux, soit de décrire celles des vers de terre. Ils ont constaté que ceux dont le travail était de réfléchir aux oiseaux portaient davantage leurs regards vers le haut et que, parallèlement, ceux à qui l'on demandait de décrire les propriétés des vers de terres, regardaient principalement… vers le bas.

Ici encore, il est étonnant de constater que la simple description d'un objet peut produire un effet d'incorporation. Le sujet agit comme si l'objet étant présent afin de faciliter le recueil d'informations.

Conclusion

Les recherches que nous venons d'évoquer peuvent laisser perplexe. Elles montrent que nous pouvons réduire ou accentuer notre état émotionnel et nos attitudes simplement en simulant des expressions et des postures. Elles suggèrent également que les thérapies dans lesquelles une vingtaine de personnes se réunissent afin de rire ensemble, peuvent nous aider à nous sentir mieux, même si elles ne s'attaquent d'aucune façon à la cause réelle de nos problèmes.

Pour en savoir plus

BARSALOU L.W., BARBEY A. (2002). *Spontaneous Body Movements during Property Generation for Concepts*, manuscrit en préparation.

BARSALOU L.W., NIEDENTHAL P.M., BARBEY A., RUPPERT J. (sous presse). « Social Embodiment », in B. Ross (éd.), *The Psychology of Learning and Motivation*, vol. 43, San Diego, Academic Press.

CACIOPPO J.T., PRIESTER J.R., BERNSTON G.G. (1993). « Rudimentary Determination of Attitudes : Arm Flexion and Extension Have Differential Effects on Attitudes », *Journal of Personality and Social Psychology*, 65, 5-17.

STEPPER S., STRACK F. (1993). « Proprioceptive Determinants of Emotional and Nonemotional Feelings », *Journal of Personality and Social Psychology*, 64, 211- 220.

STRACK F., MARTIN L.L., STEPPER S. (1988). « Inhibiting and Facilitating Conditions of the Human Smile : A Nonobtrusive Test of the Facial Feedback Hypothesis », *Journal of Personality and Social Psychology*, 54, 768-777.

TOM G., PETTERSEN P., LAU T., BURTON T., COOK J. (1991). « The Role of Overt Head Movement in the Formation of Affect », *Basic and Applied Social Psychology*, 12, 281-289.

7

Quelques différences hommes/femmes…

Sommaire

▶ **72** Pourquoi dit-on que les filles sont des commères ?
Genres et médisances 295

▶ **73** Pourquoi est-ce aussi difficile d'être le copain du premier de la classe ?
Performance scolaire et comportement social 298

▶ **74** Pourquoi les garçons sont-ils forts en science ?
Différences hommes/femmes pour l'attrait des matières scientifiques 301

▶ **75** Les filles sont-elles plus disciplinées que les garçons devant un pot de fleurs ?
Espace vert et autodiscipline 303

▶ **76** Les filles sont-elles vraiment plus souriantes que les garçons ?
Le sourire : différences hommes/femmes et formation d'impression 305

72 Pourquoi dit-on que les filles sont des commères ? *Genres et médisances*

Les femmes usent-elles du commérage comme d'une arme de précision ? Le bon sens populaire voudrait que les filles soient à la fois expertes en bavardage et plus sensibles que les hommes aux ragots dont elles pourraient faire l'objet.

Afin de tester cette hypothèse, Hess et Hagen (2000, 2002) ont effectué une série d'expériences.

> Dans l'une d'elles, ces chercheurs ont demandé à des hommes et à des femmes d'imaginer qu'ils avaient découvert une personne en train de tricher afin de concurrencer un ami réel. Dans le scénario, le tricheur demandait au participant de ne rien dire, sans quoi :
>
> • le participant serait battu par les amis du tricheur (première condition) ;
>
> • le tricheur et ses amis feraient circuler des ragots sur lui (seconde condition).
>
> Les résultats ont montré que les hommes acceptaient davantage de se taire et de ne pas révéler la fraude dans la condition de violence physique que dans la seconde condition. En revanche, on retrouve l'effet inverse chez les femmes.

> Celles-ci se sont davantage inquiétées du fait de se faire salir verbalement que de se faire battre physiquement. Il semble que pour les femmes, le commérage ne soit pas sans importance…

Pourquoi les filles ont-elles plus de raison que les hommes de craindre les ragots ? S'appuyant sur les résultats de cette expérience et de ses autres recherches, Hess avance que ces différences remontent à une période préhistorique. Dans ces temps anciens, les hommes ont coopéré pour la chasse. Et quand ils se concurrençaient, c'était à travers la guerre et d'autres confrontations physiques. Ils étaient donc jugés sur des traits évidents, tels que des capacités de force et de chasse.

Mais les femmes n'avaient pas la résistance physique des hommes. Elles ont alors dû imaginer d'autres moyens de se concurrencer pour obtenir les ressources dont elles avaient besoin mais aussi afin de lutter pour la survie de leurs enfants.

Le commérage pourrait bien en avoir été la clef. Les attributs principaux des femmes (à savoir la fertilité et la fidélité) étaient moins évidents à percevoir et donc plus vulnérables au commérage. De plus, pour que les ragots soient crus, les femmes avaient besoin de la confiance des autres. Elles devaient donc former des coalitions pour que cette confiance se développe. En partageant l'information entre elles, les femmes avaient ainsi une arme puissante pouvant être utilisée dans le but de dévaloriser leurs rivales en endommageant leur réputation et leur statut social.

Selon Hess (qui est une femme), voilà à quoi pouvaient se consacrer les premières femmes des groupes sociaux coopératifs… Le bavardage aurait commencé avec les femmes !

Même si les femmes sont plus sensibles que les hommes aux commérages qui les concernent, les deux sexes montrent de l'intérêt pour les cancans et les ragots qui peuvent toucher les autres…

McAndrew et Milenkovic (2002) ont demandé à plus de 100 étudiants de lire des magazines populaires (tabloïdes) et d'évaluer les célébrités et les chroniques qu'ils trouvaient les plus intéressantes.

Les jeunes hommes ont trouvé davantage attractifs les articles qui relataient les problèmes judiciaires d'un acteur (Robert Downey Jr., né en 1965). Parallèlement, les femmes plus âgées étaient plus intéressées par l'accident d'hélicoptère dont avait été victime Christie Brinkley (top model, née en 1954).

Ainsi, les étudiants se sont montrés plus curieux pour les événements qui concernent les célébrités de même sexe et de même âge qu'eux. D'après les psychologues, ces personnes célèbres auraient pu être des rivaux dangereux dans un passé très ancien. Il aurait alors été important de rechercher des informations exploitables et préjudiciables sur ces personnes à haut statut. Détenir ce type d'information aurait pu aider nos ancêtres à attaquer le rival et à survivre…

Conclusion

Si vous êtes une femme, il semble que vous soyez plus à même de pratiquer la « guerre informationnelle » que les hommes. Les recherches indiquent également que vous êtes plus inquiète d'être salie par les rumeurs que ne le sont les hommes. D'ailleurs, les filles qui sont agressées de cette façon souffrent souvent de dépression et d'anxiété. Ce qui fait dire à Hess qu'il est important d'avoir des amis qui vous soutiennent quand ces rumeurs vous accablent. Il est également important d'éviter de s'isoler dans le travail.

Établissez plutôt une coalition d'amis, interrogez-les soigneusement de temps en temps et évitez de trop en dire sur vous…

Pour finir, sachez qu'au travail, un tiers de nos conversations porte sur des individus non présents, il ne faut alors pas s'étonner de voir se faire et se défaire des réputations sociales (Emler, 1990). Cela étant, la peur du ragot peut être stimulante, car nous connaissons tous le coût qu'il y aurait à avoir une mauvaise réputation. Cette crainte peut alors nous motiver à nous améliorer dans notre domaine de compétences.

Pour en savoir plus

EMLER N. (1990). « A Social Psychology of Reputation », *European Review of Social Psychology*, *1*, 171-193.

HESS N.C., HAGEN E.H. (2002). « Informational Warfare », disponible sur Internet : http://www.uweb.ucsb.edu/~hess/gossip. pdf. CogPrints ID cog00002112

HESS N.C. (2000). « Female Coalitions and Gossip : Two Experiments », *Annual Conference of the Human Behavior and Evolution Society.*

MCANDREW F.T., MILENKOVIC M.A. (2002). « Of Tabloids and Family Secrets : The Evolutionary Psychology of Gossip », *Journal of Applied Social Psychology*, *32*, 1064-1082.

73 Pourquoi est-ce aussi difficile d'être le copain du premier de la classe ? *Performance scolaire et comportement social*

Remémorez-vous vos souvenirs d'enfance… Lorsque vous étiez à l'école, vous avez certainement remarqué qu'il y avait d'un côté les « bons » élèves et de l'autre ceux qui avaient des difficultés dans les différentes disciplines scolaires. Il y avait aussi ceux qui possédaient beaucoup d'amis et semblaient être appréciés par le plus grand nombre, et ceux qui, plus solitaires, avaient peu d'interactions sociales avec leurs petits camarades.

Ces observations intriguent depuis longtemps les psychologues. Ils ont alors voulu étudier le lien entre les performances dans les matières académiques et les compétences sociales, aussi bien chez les femmes que chez les hommes.

Nezlek, Wheeler et Reis (1990) ont recruté des étudiants masculins et féminins vivant sur le campus universitaire. Ils leur ont demandé d'enregistrer sur une période de 18 jours toutes les discussions de plus de 10 minutes qu'ils pouvaient avoir, à l'exception de leurs relations intimes. Les sujets devaient enregistrer quantitativement et qualitativement leurs interactions sociales, en utilisant une forme d'agenda.

Parallèlement, les chercheurs ont relevé leurs différents résultats et performances dans les disciplines universitaires.

Les résultats indiquèrent que :

- les femmes et les hommes ne diffèrent pas en ce qui concerne leurs performances académiques ;
- les femmes ont plus d'interactions par jour que les hommes ;
- plus les hommes sont performants dans les disciplines scolaires, moins ils ont de discussions avec les autres, moins également, ils prennent de plaisir dans les interactions sociales. On ne retrouve pas ces résultats chez les femmes. Il n'y a chez elles aucun lien entre performances académiques et relations sociales

Il ressort de cette étude que les femmes sont plus compétentes que les hommes en ce qui concerne les interactions sociales. C'est la raison pour laquelle leurs interactions sociales seront moins coûteuses pour elles en termes de ressources consacrées à l'activité académique.

Les hommes, par contre, doivent mobiliser plus de ressources et d'efforts que les femmes pour maintenir un même niveau d'activité sociale. De fait, leurs performances académiques s'en trouveront diminuées.

Chez les hommes, les relations sociales sont moins naturelles que chez les femmes. Et lorsqu'ils en ont, c'est souvent dans un but précis (professionnel, sportif, etc.). Les hommes considèrent généralement les interactions sociales en elles-mêmes et l'activité académique comme mutuellement exclusives.

Pour les femmes, en revanche, les interactions sociales se conjuguent naturellement avec leur vie académique.

Conclusion

C'est un fait maintenant établi, il existe des relations négatives entre la performance scolaire et le comportement social chez les hommes, ce qui n'est pas le cas chez les femmes.

Cette recherche nous propose une vision assez pessimiste de l'intégration scolaire pour les garçons puisqu'il leur est difficile d'être, en même temps, un bon élève et compétent sur le plan social. Conjugué à des bonnes performances scolaires, le comportement volontairement solitaire des élèves masculins risque encore d'accentuer le rejet. L'hostilité à l'égard du « premier de la classe » n'est alors pas prête de s'éteindre…

Pour en savoir plus

NEZLEK J.B., WHEELER L., REIS H. (1990). « Academic Performance and Social Behavior », *Journal of Social and Personal Relationship*, 7, 291- 309.

74 Pourquoi les garçons sont-ils forts en science ?

L'attrait des matières scientifiques

Depuis longtemps, on constate que les filles ne choisissent pas autant les filières scientifiques que les garçons. Que ce soit à l'école ou à l'université, les filles semblent avoir davantage de difficultés à exécuter, aussi bien que les garçons, les problèmes scientifiques.

De nombreuses raisons ont été évoquées afin d'expliquer ce constat, mais une recherche semble enfin avoir réussi à en approcher la cause.

Crowley et ses collègues (2001) ont demandé la permission à des parents de les suivre et de les filmer pendant qu'ils effectuaient une visite avec leurs enfants, dans un musée comme le palais de la Découverte.

Près de 300 interactions entre les mères, les pères et les enfants ont été enregistrées sur une période de 26 jours.

Les chercheurs ont ensuite classé les conversations parents-enfants, en fonction de deux critères :

- d'un côté, celles qui impliquaient des descriptions des objets du musée (« c'est beau... », « c'est gros... », « c'est lisse... ») ;
- d'un autre, les conversations qui portaient sur des explications (« ça fonctionne comme ceci... », « ça sert à cela... »).

Les chercheurs ont constaté que les parents utilisaient davantage d'explications, quand ils s'adressaient à leurs fils plutôt qu'à leurs filles. Les conversations comportaient des explications dans 29 % des interactions parents-fils et seulement 9 % dans les conversations parents-filles. Les différences étaient encore plus extrêmes dans des interactions pères-fils.

Pourtant, les garçons n'étaient pas plus demandeurs d'explications que les filles et les parents parlaient autant avec les uns qu'avec les autres, mais quand arrivait l'étape éducative cruciale de fournir une explication pour l'objet, celle-ci était principalement réservée aux garçons.

De fait, la disparité entre les comportements des parents pourrait avoir un effet significatif sur l'intérêt de l'enfant pour la science. Les chercheurs pensent ainsi que les parents développent la pensée scientifique des enfants dans le contexte de l'activité journalière familiale. Ce serait donc la stratégie des parents, qui encouragerait, en grande partie, davantage l'intérêt pour la science chez les garçons que chez les filles. La mère, et surtout le père, mettent bien plus l'accent sur les liens causaux des objets et peut-être aussi des événements quand ils communiquent avec leurs fils. Cela génère une forme de pensée et un intérêt plus grand pour la science chez les garçons que chez les filles.

Conclusion

Pourquoi les parents utilisent-ils davantage l'explication avec leurs fils qu'avec leurs filles ? Peut-être à cause d'un stéréotype présent chez les papas et les mamans, et qui voudrait que les filles aient le sens de l'esthétique et soient « littéraires », alors que les garçons seraient davantage « techniques » et matheux.

Tentez d'observer si vos observations quotidiennes confirment les travaux des chercheurs. Et si vous avez une fille, efforcez-vous d'expliquer davantage le fonctionnement des objets qui vous entourent, plutôt que de vous concentrer sur leurs formes et leurs couleurs…

Pour en savoir plus

Crowley K., Callanan M.A., Tenenbaum H.R., Allen E. (2001). « Parents Explain more often to Boys than to Girls during Shared Scientific Thinking », *Psychological Science*, *12*, 258-261.

75 Les filles sont-elles plus disciplinées que les garçons devant un pot de fleurs ? *Espace vert et autodiscipline*

Pensez-vous que le fait de regarder la nature puisse avoir un impact sur nos comportements ? C'est ce que suggère l'étude ci-dessous qui s'est penchée sur le rapport entre la nature et la concentration chez des enfants ne présentant aucun trouble de l'attention.

Taylor et ses collègues (2002) ont effectué une recherche impliquant 169 enfants âgés de 7 à 12 ans et habitant dans 12 buildings identiques du centre de Chicago[1].

Certains de ces immeubles avaient une vue sur un espace vert, d'autres non. Précisément, les enfants avaient leur fenêtre de leur chambre qui donnait soit sur un parc, soit sur la rue.

Les chercheurs ont évalué l'autodiscipline des enfants en leur faisant passer différents tests :

- quatre pour évaluer leur concentration et trois pour mesurer l'inhibition à l'impulsion ;
- une mesure finale permettait également d'évaluer leurs capacités à retarder leur satisfaction : ils avaient le choix entre obtenir un petit sac de bonbons tout de suite ou un gros sac plus tard.

Une bonne performance dans ces trois secteurs reflète une plus grande autodiscipline.

1. Certains facteurs comme le milieu social ont été contrôlés.

> Les résultats ont montré que les filles dont la fenêtre donnait sur un espace vert étaient davantage capables de se concentrer, de s'abstenir aux actions impulsives et de retarder leur satisfaction, que les filles qui n'avaient pas la même vue de leur chambre.
>
> Les conclusions à propos des garçons ne sont pas les mêmes. En effet, il n'y a pas de différences entre ceux dont la chambre leur permet de voir la nature et les autres. Probablement parce que les garçons tendent à passer plus de temps que les filles à jouer dehors.
>
> Finalement, les vues les plus vertes semblent permettre une meilleure autodiscipline…

Selon les auteurs, l'autodiscipline peut augmenter la réussite scolaire et réduire la délinquance juvénile. Les promoteurs immobiliers et les architectes devraient donc, s'ils s'intéressent au bien-être de leurs clients, incorporer la nature à leur construction afin d'améliorer la qualité de vie et les performances des habitants.

Conclusion

Si la concentration peut être améliorée par le contact avec les espaces verts, alors encouragez les filles à étudier ou à jouer dans des chambres avec une vue sur la nature, incitez également les enfants à jouer dehors dans les espaces verts, entretenez les vôtres et, enfin, ne coupez plus les branches des arbres du voisin sous prétexte qu'elles dépassent de la clôture…

Pour en savoir plus

TAYLOR A., KUO F., SULLIVAN W. (2002). « Views of Nature and Self-Discipline : Evidence from Inner City Children », *Journal of Environmental Psychology. Special Issue : Children and the Environment*, 22 (1-2), 49-63.

76 Les filles sont-elles vraiment plus souriantes que les garçons ? *Le sourire : différences hommes/femmes et formation d'impression*

Lorsque l'on évoque le sourire, on a coutume de dire que les filles sont plus souriantes que les garçons. Certains chercheurs ont alors tenté de vérifier cette hypothèse.

Dodd, Russell et Jenkins (1999) ont étudié plus de 16 000 photographies de classes (de la maternelle à l'université) afin de comparer le nombre de sourires des filles à celui des garçons. Ces documents couvraient une période de 30 ans. Les chercheurs ont examiné aussi bien les enfants que les personnels enseignants présents sur les photos.

Les résultats ont montré que de la maternelle à la sixième, 63 % des garçons avaient le sourire, alors que les filles étaient 82 %. De la cinquième à l'université, les garçons étaient 60 % à sourire et les filles près de 75 %.

Toujours sur la base de photographies de classes, mais aussi de magazines et de journaux, d'autres chercheurs (DeSantis et Nathan, 2000) ont montré que les différences entre les hommes et les femmes portaient également sur la qualité du sourire : le large sourire (toutes dents dehors) est pratiqué par près de 80 % des femmes mais seulement par 58 % des hommes.

Cette différence est certainement bien plus culturelle que génétique, puisque, avant l'âge de 5 ans, on ne constate pas de différences entre les filles et les garçons sur la fréquence du sourire (Otta, 1998).

Cependant, le sourire n'a pas intéressé les chercheurs que sur le plan de la différence homme-femme. La façon dont nous pouvons percevoir une personne qui sourit a également fait l'objet de recherches.

> Dans une expérience (Lau, 1982), des participants devaient observer la photo d'un homme et la photo d'une femme. Certains participants pouvaient voir les photos présentant ces personnes en train de sourire. À d'autres sujets, il était montré les mêmes personnes mais ne souriant pas. Les participants devaient tenter d'évaluer l'intelligence des individus sur les photos mais aussi dire à quel point elles les trouvaient attrayantes.
>
> Au final, on s'aperçut que les personnes des photos qui souriaient avaient été évaluées comme plus amicales mais également plus intelligentes que les personnages des photos qui ne souriaient pas.
>
> Burke (2001) constata, dans une expérience similaire, que les personnes qui sourient sont également jugées plus belles que celles qui ne sourient pas.

Une recherche étonnante montre que le sourire d'une personne A peut influencer le comportement d'une personne B, non pas vis-à-vis de A mais à l'égard d'une personne C.

> Solomon, Zener-Solomon, Arnone, Maur, Reda et Roth (1981) ont demandé à une complice (femme) d'attendre qu'une femme se présente au pied de l'ascenseur d'un centre commercial afin de se mettre à côté d'elle. Selon les conditions, la complice devait soit sourire à la cliente, soit ne pas lui sourire. Les deux femmes montaient alors dans l'ascenseur. C'est alors que surgissait une seconde complice qui se glissait également dans l'ascenseur et demandait à la « victime » à quel endroit se trouvait le rayon maroquinerie.

Les résultats montrèrent que dans la condition où la première complice avait souri, 70 % des clientes avaient donné l'information à la deuxième complice. Elles ne furent que 35 %, lorsque la première complice ne leur avait pas souri.

Ces résultats peuvent être interprétés comme une conséquence de l'humeur. Effectivement, il semblerait que le fait de recevoir un sourire puisse induire en nous une humeur positive. Nous serons alors plus enclins à aider les autres (quels que soient les autres) que si notre humeur est plus neutre, voire négative.

Ces travaux soulignent le rôle éminemment social du sourire qui entraîne d'ailleurs beaucoup de réciprocité : si vous souriez à quelqu'un, vous aurez de grandes chances pour qu'il vous sourie à son tour. On ne retrouve pas cette réciprocité avec d'autres expressions faciales, comme le froncement de sourcils (Hinsz et Tomhave, 1991).

Conclusion

Les différentes recherches évoquées attestent que non seulement il existe des différences entre les hommes et les femmes sur le plan de la fréquence du sourire, mais également que cette expression, lorsqu'elle nous est adressée, peut modifier notre humeur et entraîner des comportements d'aide.

Le sourire peut aussi être une source d'information capitale, lorsque nous devons nous former une impression sur autrui : les personnes qui sourient sont perçues de façon plus positive que celles qui ne sourient pas. Aussi, la personne qui s'efforcerait de ne pas sourire afin de paraître plus intelligente ou plus attrayante, se trompe incontestablement.

Pour toutes ces raisons, il faudrait mieux s'efforcer de sourire plutôt que de s'efforcer de ne pas sourire…

Pour en savoir plus

BURKE N. (2001). *The Effect of Gender on the Personality Characteristics Assigned to Various Facial Expressions*, disponible sur Internet : http://clearinghouse.mwsc.edu/manuscripts/268.asp

DESANTIS M., NATHAN S. (2000). « Women Smiled More Often and Openly than Men when Photographed for a Pleasant, Public Occasion in 20th Century United States Society », *Psychology : A Journal of Human Behavior*, *37*, 21-31.

DODD D., RUSSELL B., JENKINS C. (1999). « Smiling in School Yearbook Photos : Gender Differences from Kindergarten to Adulthood », *The Psychological Record*, *49*, 543-554.

HINSZ V., TOMHAVE J. (1991). « Smile and (Half) the World Smiles with You, Frown and You Frown Alone », *Personality and Social Psychology Bulletin*, *17*, 586-592.

LAU S. (1982). « The Effect of Smiling on Person Perception », *The Journal of Social Psychology*, *117*, 63-67.

OTTA E. (1998). « Sex Differences over Age Groups in Self-Posed Smiling in Photographs », *Psychological Reports*, *83*, 907-913.

SOLOMON H., ZENER-SOLOMON L., ARNONE M., MAUR B., REDA R., ROTH E. (1981). « Anonymity and Helping », *The Journal of Social Psychology*, *113*, 37-43.

Conclusion générale

Cet ouvrage aura, je l'espère, suscité votre curiosité pour la psychologie scientifique. Je souhaite tout autant que cette lecture vous pousse à en savoir davantage et à explorer ce vaste champ à travers toutes les recherches que je n'ai pas évoquées ici. Vous découvrirez alors d'autres sujets aussi passionnants.

Cela étant, tous les travaux effectués en psychologie n'intéressent pas toujours le plus grand nombre. En effet, certains d'entre eux abordent parfois des thématiques qui pourraient vous laisser perplexes, comme en témoignent les quelques exemples suivants.

- Quelles sont les caractéristiques des propriétaires d'aquariums ?

  KIDD A.H., KIDD R.M. (1999). « Benefits, Problems and Characteristics of Home Aquarium Owners », *Psychological Reports*, *84*, 998-1 004.

- La taille de la ville a-elle une importance sur le taux de retour des lettres et des cartes postales perdues ?

  BRIDGES F.S., WELSH R., GRAVES B.S., SONN M. (1997). « Differences in Lost Letter and Postal Card Returns from Cities and Smaller Urban Communities », *Psychological Reports*, *80*, 363-368.

- Quelles sont les caractéristiques des buveurs et des non-buveurs dans les films de 1940 à 1989 ?

McIntosh W.D., Smit S.M., Bazzini D.G., Mills P.S. (1999). « Alcohol in the Movies : Characteristics of Drinkers and Nondrinkers in Films from 1940 to 1989 », *Journal of Applied Social Psychology, 6*, 1191-1199.

- Quels sont les relations entre l'image du corps, le tonus musculaire au repos et la sensibilité aux chatouilles ?

Ruggieri V., Milizia M., Sabatini N., Tosi M.T. (1983). « Body Perception in Relation to Muscular Tone at Rest and Tactile Sensitivity To Tickle », *Perceptual and Motor Skills, 56*, 799-806.

- Quelles sont les influences du sexe sur le choix d'une façade résidentielle ?

Stamps A.E. (1999). « Sex, Complexity and Preferences for Residential Facades », *Perceptual and Motor Skills, 88* (3), 1301-1312.

- Sentir l'odeur de sa grand-mère soulage-t-il de l'humeur dépressive ?

Black S.L. (2001). « Does Smelling Granny Relieve Depressive Mood ? Commentary on Rapid Mood Change and Human Odors », *Biological Psychology, 55*, 215-218.

- Quelles sont nos réactions face à la générosité ou l'avarice d'un collègue de travail qui est, en plus, soit intelligent, soit stupide ?

Kahn A. (1972). « Reactions to Generosity or Stinginess from an Intelligent or Stupid Work Partner », *Journal of Personality and Social Psychology, 21*, 116-123.

- Le statut social de l'expéditeur d'une carte de Noël permet-il d'augmenter le taux de réponse ?

Kunz J. (2000). « Social Class Difference in Response to Christmas Cards », *Perceptual and Motor Skills, 90*, 573-576.

- Quelle est l'explication de l'absence de différence homme-femme à propos des capacités spatiales des Esquimaux ?

  HIER D.B. (1979). « A Genetic Explanation for No Sex Difference in Spatial Ability among Eskimos », *Perceptual and Motor Skills*, *48*, 593-594.

- Notre consommation de bière augmente-t-elle en fonction de la musique et de la présence d'autres personnes ?

  DREWS D.R., VAUGHN D.B., ANFITEATRO A. (1992). « Beer Consumption as a Function of Music and the Presence of Others », *Journal of the Pennsylvania Academy of Science*, *65*, 134-136.

- Quelles sont les anomalies neurologiques et psychologiques des sniffeurs d'essence ?

  MARUFF P., BURNS C.B., TYLER P., CURRIE B.J. et CURRIE J. (1998). « Neurological and Cognitive Abnormalities Associated with Chronic Petrol Sniffing », *Brain*, *121* (10), 1903-1917.

- Le fait d'avoir des clubs de golf à la maison engendre-t-il un risque pour ses enfants ?

  RIDENOUR M.V. (1998). « Golf Clubs : Hidden Home Hazard for Children », *Perceptual and Motor Skills*, *86*, 747-753.

- Les flatulences peuvent-elles servir de défense contre la peur ?

  SIDOLI M. (1996). « Farting as a Defence Against Unspeakable Dread », *Journal of Analytical Psychology*, *41* (2), 165-78.

- Quels sont les effets de l'alcool et de la frustration sur le gribouillage ?

  NORLANDER T., NORDMARKER A., ARCHER T. (1999). « Effects of Alcohol and Frustration on Experimental Graffiti », *Scandinavian Journal of Psychology*, *39*, 201-207.

- Le fait de posséder un chien augmente-t-il le nombre de contacts sociaux ?

  MCNICHOLAS J., COLLIS G.M. (2000). « Dogs as Catalysts for Social Interactions : Robustness of the Effect », *British Journal of Psychology*, *91*, 61-70.

Index des auteurs

A

Aarts (H.), 22
Abbey (A.), 148, 150
Adams (H.E.), 96, 98
Adelman (P.K.), 234, 235
Alicke (M.D.), 123, 129
Allen (E.), 302
Allen (V.), 214, 215
Amabile (T.L.), 85
Ambady (N.), 165, 169
Anfiteatro (A.), 311
Angelone (B.L.), 31, 34
Archer (T.), 311
Arnone (M.), 306, 308
Aron (A.P.), 266, 268
Asch (S.E.), 213, 215

B

Bachorowski (J.A.), 102, 103
Baenninger (R.), 278, 279
Balmer (N.J.), 211
Barash (D.P.), 252, 253
Barbey (A.), 286, 290, 291
Bargh (J.A.), 165, 169, 231, 234
Barlow (D.H.), 97, 98
Barsalou (L.W.), 286, 290, 291
Baumeister (R.F.), 122, 129
Bavelas (J.B.), 233, 234
Bazzini (D.G.), 310
Beauvois (J.-L.), 242, 244
Beck (J.G.), 97, 98
Bem (D.), 132, 135
Benson (P.L.), 246, 249
Benson (S.M.), 245, 247, 249
Berglas (S.), 126, 129
Bernat (J.A.), 98
Bernston (G.G.), 288, 291
Bevc (I.), 250, 252
Bhalla (M.), 35, 36
Biagiotti (R.), 60, 67
Black (A.), 233, 234
Black (S.L.), 310
Blank (A.), 40, 42
Bodenhausen (G.V.), 149, 151, 171, 174
Bolstad (S.A.), 169
Borden (R.J.), 129
Borgida (E.), 44, 46
Bowers (R.), 60, 67
Braun (K.A.), 25, 26
Brehm (J.), 204, 208, 209, 272, 275
Bridges (F.S.), 309
Brigham (J.C.), 161, 162
Bromberg (M.), 156, 159
Brooks (C.), 255, 256
Brown (J.), 51, 53
Brown (J.D.), 138
Bruner (J.S.), 12, 13

Burch (R.L.), 109
Burdairon (N.), 160, 162
Burke (D.M.), 42, 43
Burke (N.), 306, 308
Burns (C.B.), 311
Burrows (L.), 169
Burton (T.), 289, 291
Bushman (B.J.), 194, 198
Buss (D.M.), 280, 285
Byrnes (G.), 60, 67

C

Cacioppo (J.T.), 288, 291
Calhoun (K.S.), 98
Callanan (M.A.), 302
Carli (L.), 50, 53
Carlson (S.), 61, 67
Cassidy (J.), 285
Catalan (J.), 240
Caverni (J.-P.), 16
Chabris (C.F.), 31, 32, 34
Changizi (M.A.), 20, 22
Chanowitz (B.), 40, 42
Chaplin (W.F.), 136, 138
Chapman (J.P.), 63, 67
Chapman (L.J.), 63, 67
Chartrand (T.L.), 231, 234
Chen (H.), 86
Chen (M.), 169
Chen (S.C.), 222, 225
Cherry (E.C.), 27, 30
Church (M.), 255, 256
Cialdini (R.B.), 127, 129, 186, 188, 238, 240
Ciccotti (S.), 20, 22, 156, 159
Clanton (N.R.), 138
Clary (E.G.), 248, 249
Coats (E.J.), 120, 121
Codol (J.-P.), 134, 135, 253
Cohen (A.), 204, 209
Colin (C.), 200, 203
Collins, 282
Collis (G.M.), 311
Combs (B.), 159
Condry (J.), 146, 151
Condry (S.), 146, 151
Conolley (E.S.), 214, 215
Conway (M.), 207, 209
Cook (J.), 289, 291
Corcoran (R.), 277, 279
Costa (P.T.), 260, 261
Cowan (N.), 28, 30
Cox (C.E.), 148, 151
Cozzarelli (C.), 148, 150
Critton (S.R.), 276, 280
Cross (K.P.), 140, 141
Crowley (K.), 301, 302
Crutchfield (R.S.), 214, 215
Currie (B.J.), 311
Currie (J.), 311

D

Dannenmaier (W.D.), 11, 13
Darby (B.L.), 240
Darley (J.M.), 148, 151, 245, 249
Daubman (K.A.), 265
De Vries (P.), 22
Debono (K.G.), 156, 159
DeBruine (L.M.), 107, 109
Deci (E.L.), 269, 271
Delhomme (P.), 140, 141
DeSantis (M.), 305, 308
Desor (D.), 200, 203
Dickes (P.), 200, 203
Dickson (D.H.), 94, 95
Dijksterhuis (A.), 22
Dipboye (R.L.), 146, 151
Dodd (D.), 305, 308
Dolinski (D.), 247, 249
Dorna (A.), 156, 159
Dovidio (J.F.), 176, 179
Drake (M.F.), 148, 151
Drews (D.R.), 311
Dubin (R.), 233, 234
Dubois (N.), 117, 118
Dutton (D.G.), 266, 268

E

Ellis (R.E.), 25, 26
Emler (N.), 298
Epley (N.), 237
Eysenck (S.), 260, 261

F

Fahrenbrugh (C.), 254, 256
Feingold (A.), 147, 151
Felder, 119
Feldman (R.S.), 120, 121
Festinger (L.), 132, 135, 205
Figueroa-Munoz (A.), 119
Firestone (I.), 209
Fischhoff (B.), 50, 53, 159
Fisher (H.), 252
Fisher (J.), 229, 231
Fisher (R.), 188
Flynn (J.R.), 9, 11
Fogg (B.J.), 109, 112
Forer (B.R.), 95
Forrest (J.A.), 121
Forsyte (S.), 148, 151
Fraser (C.C.), 243, 244
Fraser (L.), 255, 256
Freedman (J.L.), 243, 244
French (J.R.P.), 191, 198
Frith (C.D.), 277, 279

G

Gaertner (S.L.), 176
Galanter (E.), 17, 18
Gallup (G.G.), 109, 276, 280
Gatto (L.), 171, 174
Gerard (H.B.), 214, 215
Gergen (K.J.), 16, 147, 151
Gergen (M.M.), 147, 151
Gier (J.A.), 231
Gilbert (D.T.), 84, 174
Gilden (D.L.), 36, 38
Gilovich (T.), 236, 237
Goldin-Meadow (S.), 46, 47, 48
Goodman, 12
Gosling (P.), 117, 118
Gosling (S.D.), 262
Gotzsche (P.C.), 61, 67
Gould (R.), 85
Graves (B.S.), 309
Greenberg (J.), 208, 209
Greene (D.), 141
Gross (P.H.), 148, 151
Guéguen (N.), 152, 153, 196, 199, 229, 230
Gutierres (S.E.), 16

H

Hagen (E.H.), 295, 298
Hall (C.L.), 245, 247, 249
Hall (W.G.), 20, 22
Happ (B.R.), 121
Harkins (S.), 219, 221
Harris (M.B.), 245, 247, 249
Harris (V.A.), 84
Hastie (R.), 49, 53
Hausdorff (J.), 168, 169
Hawkins (S.A.), 49, 53
Hazan (C.), 282, 285
Heilman (M.E.), 273, 275
Hencke (R.), 168, 169
Hendrix (L.), 251, 252
Hennemann (M.), 201, 203
Henslin (J.M.), 74
Hernandez (A.), 248, 249
Hess (N.C.), 295, 298
Hess (T.M.), 166, 169
Hesse (F.), 265
Hier (D.B.), 311
Higgins (R.L.), 127, 129
Hill (C.A.), 131, 135
Hinsz (V.), 307, 308
Holland (R.W.), 235
Holme (W.G.), 109
Horn (B.), 67
House (P.), 141
Hovland (C.), 156, 159
Hrobjartsson (A.), 61, 67

Hudson, 96
Huguet (P.), 220

I

Ilko (S.), 122, 129
Isen (A.M.), 264, 265
Iverson (J.M.), 48

J

Jackson (A.L.), 171, 174
Jacoby (L.L.), 51, 53
James (L.E.), 42, 43
Jamieson (D.), 81
Janoff-Bulman (R.), 50, 53
Jasechko (J.), 51, 53
Jenkins (C.), 305, 308
Jetten (J.), 171, 174
John (O.P.), 262
Johnson (D.J.), 177, 179
Johnson (J.), 171, 174
Johnston (W.A.), 29, 30
Jones (E.E.), 84, 126, 129
Joule (R.V.), 242, 244

K

Kahn (A.), 310
Kahneman (D.), 100, 102, 153, 159
Kakihara (C.), 119
Kallgren, 156
Kamitani (Y.), 34
Kaplan (N.), 285
Karabenick (S.A.), 246, 249
Kasl (S.V.), 169
Kasser (T.), 270, 271
Kaufman (D.), 228, 231
Kelley (C.), 51, 53
Kelly (I.W.), 60, 67, 94, 95
Kelly (S.), 48
Kelman (H.C.), 213, 215
Kenrick (D.T.), 14, 16
Kidd (A.H.), 309
Kidd (R.M.), 309
Kiesler (C.A.), 240
Kilham (W.), 197, 199
King (R.N.), 65, 67
Kleck (R.E.), 176
Kleine (C.), 254, 256
Knetch (J.L.), 102
Koehler (D.J.), 65, 67
Krafft (B.), 200, 203
Kravitz (J.), 160, 162
Krones (J.M.), 14, 16
Kunda (Z.), 78
Kunkel (S.R.), 169
Kunz (J.), 310
Kuo (F.), 304

L

Langer (E.), 40, 42
Langer (E.J.), 71, 74
Lany (J.), 48
Latané (B.), 219, 221, 245, 249
Lau (S.), 306, 308
Lau (T.), 289, 291
Lavis (C.A.), 263, 265
Layman (M.), 159
Le (J.), 231
Lemaine (G.), 133, 135
Lemery (C.R.), 233, 234
Lepper (L.R.), 76
Lepper (M.R.), 78, 270, 271
Lerner (M.J.), 88
Lerner (R.M.), 246, 249
Levin (D.T.), 31, 34
Levine (J.), 214, 215
Levy (B.), 209
Levy (B.R.), 167, 168, 169
Lewis (S.K.), 240
Leyens (J.-P.), 150, 151
Lichtenstein (S.), 154, 159
Lilli (W.), 12, 13
Little (G.), 60, 67
Little (L.H.), 60, 67
Little (S.G.), 63
Llamas (V.), 189, 190
Lockard (J.), 187, 188, 254, 256
Loftus (E.F.), 22, 23, 24, 25, 26

Lohr (B.A.), 96, 98
Lombardo (P.), 24, 26
Lord (C.G.), 76, 78
LoSchiavo (F.M.), 129
Lynch (M.E.), 164
Lynn (M.), 187, 188, 227, 231

M

MacRae (C.N.), 171, 174
Maddux (J.E.), 156, 159
Magro (A.M.), 68, 69, 70
Mahoney (J.), 228, 231
Main (M.), 285
Malone (T.W.), 270, 271
Malpass (R.S.), 160, 161, 162
Malvagia (S.), 24, 26
Mann (L.), 197, 199
Margalit (M.), 260, 261
Martin (L.L.), 286, 291
Maruff (P.), 311
Maur (B.), 306, 308
Mayer (J.D.), 151, 153, 248, 249
Mazmanian (L.), 156, 159
Mazzoni (G.A.L.), 24, 26
McAndrew (F.T.), 297, 298
McCrae (R.R.), 260, 261
McDavid (J.), 214, 215
McGinnies (E.), 86
McIntosh (W.D.), 310
McKenna (F.P.), 74
McLaughlin (K.), 148, 150
McNicholas (J.), 311
Medvec (V.H.), 237
Meltzoff (A.N.), 279
Mentzer (S.J.), 176
Midlarsky (E.), 249
Milenkovic (M.A.), 297, 298
Milgram (S.), 195, 199, 214, 215
Milizia (M.), 310
Mills (P.S.), 310
Milne (A.B.), 171, 174
Monto (M.), 248, 249
Moore (M.K.), 279
Morford (M.), 46, 48
Morgan (C.), 254, 256
Morse (S.), 16
Moscovici (S.), 216, 218
Motta (R.W.), 63, 67
Mullett (J.), 233, 234
Murphy (E.A.), 52
Murphy (S.T.), 234, 235
Myers (T.E.), 276, 280

N

Nass (C.), 109, 112
Nathan (S.), 305, 308
Nehlig (A.), 203
Neuberg (S.L.), 14, 16
Nevill (A.M.), 210, 211
Newcomb (M.), 248, 249
Nezlek (J.B.), 299, 300
Niedenthal (P.M.), 234, 235, 286, 291
Nisbett (R.E.), 44, 46
Noizet (G.), 16
Nordmarker (A.), 311
Norlander (T.), 311
Nowicki (G.P.), 265
Nusbaum (H.), 48
Nuttin (J.M.), 100, 102

O

O'Toole (R.), 233, 234
Oates (K.), 247, 249
Orenstein (L.), 248, 249
Otta (E.), 305, 308
Owren (M.J.), 102, 103

P

Pack (S.J.), 124, 130
Pallak (S.R.), 156, 159
Panyavin (I.S.), 109
Parnes (S.J.), 225
Peignot (P.), 200, 203
Pennebaker (J.W.), 174
Periti (E.), 60, 67
Pettersen (P.), 289, 291

Phillips (J.B.), 138
Piaget (J.), 279, 280
Pittinsky (T.L.), 165, 169
Platek (S.M.), 108, 109, 276, 280
Postman (L.), 13
Potter (J.), 262
Price (C.M.), 36, 38
Priesler (J.R.), 156
Priester (J.R.), 288, 291
Proffitt (D.R.), 35, 36
Provine (R.R.), 233, 234, 280
Py (J.), 160, 162

R

Rabow (J.), 248, 249
Raven (B.H.), 191, 198
Read, 282
Reda (R.), 306, 308
Redelmeier (D.A.), 61, 67
Regan (P.C.), 189, 190
Reid (G.), 270, 271
Reis (H.), 299, 300
Remley (A.), 198, 199
Ricketts, 96
Ridenour (M.V.), 311
Rind (B.), 188
Rogers (R.W.), 156, 159
Rohrberg (R.G.), 129
Rosenhan (D.L.), 151, 153, 248, 249
Ross (L.), 44, 46, 78, 139, 141
Ross (M.), 76, 118, 122, 129, 207, 209
Ross (R.), 85
Roth (E.), 306, 308
Ruggieri (V.), 310
Ruppert (J.), 286, 291
Russell (B.), 305, 308
Ryan (R.M.), 269, 270, 271

S

Sabatini (N.), 310
Sakheim (D.K.), 97, 98
Salovey (P.), 151, 153, 248, 249
Sanna (L.J.), 222, 225
Savitsky (K.), 236, 237
Schachner (D.A.), 283, 285
Schadron (G.), 150, 151
Schmitt (D.P.), 280, 285
Schneider (M.A.), 251, 252
Schroeder (H.), 203
Seaver, 82
Shams (L.), 34
Shaver (P.R.), 282, 283, 285
Sherman (P.W.), 109
Sherwyn (D.), 227, 231
Shih (M.), 165, 169
Shimojo (S.), 34
Sicoly (F.), 118, 122, 129
Sidoli (M.), 311
Sigall (H.), 85
Silver (L.A.), 164
Silverman (I.), 250, 252
Silverthorne (C.), 159
Simon (L.), 208, 209
Simons (D.J.), 31, 32, 34
Simons (T.), 187, 188
Sinclair (R.C.), 263, 265
Sistrunk (F.), 214, 215
Siverthone (C.), 156
Slade (M.D.), 169
Slovic (P.), 153, 159
Smit (S.M.), 310
Smith (D.E.), 226, 231
Smith (J.), 125, 130, 254, 256
Snyder (C.R.), 127, 129
Snyder (M.), 75, 78, 80
Snyder (M.L.), 175, 176
Solomon (H.), 306, 308
Solomon (P.R.), 18
Sonn (M.), 309
Sousa-Poza (J.F.), 129
Spies (K.), 265
Srivastava (S.), 259, 262
Stachnik (T.J.), 95

Stainton (S.R.), 93, 95
Stamps (A.E.), 310
Stang (D.J.), 214, 216
Stayer (D.L.), 29, 30
Steenaert (B.), 235
Stein (J.L.), 138
Steinmetz (J.L.), 85
Stepper (S.), 286, 287, 291
Sthal (G.), 265
Strachnick (T.J.), 93
Strack (F.), 286, 287, 291
Strenta (A.), 176
Strohmetz (D.), 185, 187, 188
Sullivan (W.), 304
Suls (J.), 140, 141
Swann (W.B.), 75, 78, 131, 135

T

Taylor, 133
Taylor (A.), 303, 304
Taylor (S.E.), 118
Telesca (C.), 156, 159
Tencer (H.L.), 48
Tenenbaum (H.R.), 302
Tesser (A.), 125, 130
Thaler (R.H.), 102
Thayer (S.), 256
Thomas (A.K.), 22, 26
Thorne (A.), 129
Thumin (F.J.), 11, 13
Tidd (A.), 187, 188
Timko (C.), 50, 53
Tobin (M.I.), 63, 67
Tom (G.), 289, 291
Tomasian (J.), 120, 121
Tomhave (J.), 307, 308
Toniolo (A.-M.), 200, 201, 203
Tosi (M.T.), 310
Trawalter (S.), 179
Triplett (N.), 221, 225
Tversky (A.), 61, 67, 153, 159
Tyler (P.), 311

U

Ulrich (R.E.), 93, 95

V

Valins (S.), 266, 268
Vallerand (R.J.), 270, 271
Van Baaren (R.B.), 234, 235
Van Knippenberg (A.), 235
Vaughn (D.B.), 311
Vincent (J.E.), 240
Von Hippel (W.), 163, 164

W

Wagner (S.), 48
Walker (R.M.R.), 129
Wan (C.K.), 140, 141
Wasserman (B.H.), 109
Waters (S.J.), 169
Wei (J.), 168, 169
Weiner (B.), 119
Weisenberg (M.), 209
Weiss (W.), 156, 159
Welsh (R.), 309
Westermann (R.), 265
Westermarck (E.), 252
Wheeler (D.), 240
Wheeler (L.), 299, 300
Whitcher (S.), 229, 231
Whitestone (E.), 171, 174
Wilder (D.A.), 161, 162
Wilhelmy (R.A.), 214, 215
Williams (A.M.), 211
Williams (K.), 219, 221
Willis (F.N.), 231
Wilson (M.), 247, 249
Wood (N.), 28, 30, 133, 156
Wright (L.W.), 96, 98

X

Xharnish (R.J.), 148, 150

Y

Yates (B.T.), 86
Yzerbyt (V.), 150, 151

Z

Zajonc (R.B.), 104, 106, 234, 235
Zanna (M.P.), 124, 130
Zeichner (A.), 98
Zener-Solomon (L.), 306, 308
Zerbst (J.I.), 129
Zhang (S.), 129
Zierk (K.L.), 14, 16
Zimbardo (P.G.), 206, 209
Zuckerman (M.), 88, 116, 119

Index des notions

A

accentuation sociale, 11
acteur social, 112
amorçage des stéréotypes, 178
attachement
- « anxieux », 282
- « évitant », 282
- « sécurisé », 282

attitude, 84
- négative, 174

attraction, 188
- physique, 68

attribution
- émotionnelle, 265
- externe, 117
- interne, 117

autodiscipline, 303
autorité, 197

B

biais
- d'autocomplaisance, 115, 121
- de confirmation, 78
- de connaissance après les faits, 49
- de fausse unicité, 139
- de faux consensus, 139
- égocentrique, 116
- rétrospectif, 49, 50

braconnage humain, 280

C

catégorisation, 149
cécité
- attentionnelle, 31
- aux changements, 31

changement, 104
comparaison, 100
- ascendante, 132
- descendante, 133
- sociale, 130, 133

compétence, 178
- sociale, 299

comportement, 61, 86, 128, 164, 169, 185, 188, 200
- d'achat, 226
- d'aide, 245, 307
- expressif, 231
- social, 108, 298

confiance, 296
- et similarité, 106

confirmation des hypothèses, 74, 77
conformisme, 211
confusion des sources, 60
corrélation, 66
- illusoire, 59, 60, 61, 63

croyance, 82, 88, 90
- dans la justice du monde, 87

culture, 214

D

développement de la personnalité, 259
différences individuelles, 203
différenciation, 199
diffusion de la responsabilité, 246
discrimination, 176, 178
dissonance cognitive, 101, 204, 205
dominant, 256

E

effet
– Barnum, 91, 92, 94, 95
– caméléon, 231
– Cocktail Party, 26
– d'incorporation, 286
– de contraste, 13
– de dotation, 99, 100, 101
– de l'humeur sur l'activité, 262
– de race, 160, 161
– de simple exposition, 104
– du spectateur, 245
– Flynn, 9
– LAP, 99, 100, 101
– projecteur, 235
– rebond, 169, 170, 173
– Westermarck, 250
empathie, 85, 275
environnement social, 261
erreur fondamentale, 83, 85, 86
esprit passif, 39
estime de soi, 118, 214
évaluation de la personnalité, 94

F

facilitation sociale, 221
faux souvenirs, 22
flatterie, 109
formation d'impression, 136, 305

G

genius effect, 123
genres et médisances, 295
gestion de l'image de soi, 122
groupe, 214
– de résolution de problèmes (GRP), 224

H

heuristique, 155, 156
– de jugement, 153
– de la disponibilité, 154
homophobie et excitation sexuelle, 96
homosexualité, 96
honnêteté, 120
humour, 151
hypothèse, 76

I

identification, 193, 213
illusion
– de contrôle, 70, 71
– de corrélation, 62
image de soi, 128, 141
– positive, 130
impact
– du besoin sur la perception, 18
– du bruit de la foule, 209
– du regard, 254
inconscient, 170
influence, 170, 197, 213
– de l'action sur la perception, 35
– minoritaire, 216
information, 296
– « vivante », 44
inhibition, 163
intégration scolaire, 300
intelligence, 10
interaction, 231
– sociale, 299
intériorisation, 214
interprétation, 92, 93

J

jugement, 60, 109, 145, 164, 170, 173, 216
– accéléré, 155
– irrationnel, 90
justice du monde, 90

L

liberté, 272
lien entre les gestes et la pensée, 46

M

majorité, 214
mémoire
 – et sens de rotation, 36
 – sélective, 207
mensonge, 119, 120
mot sur le bout de la langue, 42
motivation
 – extrinsèque, 269
 – intrinsèque, 268, 269

N

norme de réciprocité, 185, 230, 239

O

obéissance, 190
opinion, 211

P

paresse sociale, 218, 220
performance, 299
 – individuelle, 220, 221
 – scolaire, 298
personnalité, 93, 200, 211, 261
poids des croyances, 60
pouvoir, 190, 191
 – charismatique, 193
 – d'information ou de persuasion, 192
 – de coercition ou de punition, 191
 – de connaissance, 192
 – de récompense, 191
 – de référence, 193
 – légitime, 194
préjugé, 160, 161, 170, 174
présentation de soi, 119
 – stratégique, 121
processus mentaux, 170
projecteur social, 237
prophétie, 78
punition, 192
pure appartenance à soi, 101

Q

quotient intellectuel, 9

R

réactance, 271
réciprocité, 186, 307
relation
 – de dépendance, 198
 – de pouvoirs, 198
représentation, 170
rire, 102
rôles sociaux, 199

S

schéma, 169
seuil absolu, 17
sexe, 214
simple exposition, 105
situation
 – de groupe, 224
 – individuelle, 224
soumission, 192, 198, 256
stéréotype, 64, 145, 149, 150, 151, 164, 168, 169, 174
 – indésirable, 178
 – négatif, 165, 179
 – positif, 165
style d'attachement, 280, 285

T

tâches collectives, 220
technique
 – d'influence, 241
 – de la « porte au nez », 238
 – du « pied dans la porte », 241
tests
 – d'intelligence, 9
 – de personnalité, 95
théorie
 – de l'évolution, 68
 – naïve, 63, 64
trivialiser, 208

048458-(III)-(3)-OSB 80°-TYP-JME

STEDI, 1, boulevard Ney, 75018 Paris
Dépôt légal, Imprimeur, n° 8475
Dépôt légal : janvier 2005
Imprimé en France